LITERATURA Y BIOPOLÍTICA

EL RÍO DE LA PLATA COMO LECHO MORTUORIO (1980/2007)

Rolando Bonato

Literatura y biopolítica

El Río de la Plata como lecho mortuorio
(1980/2007)

prometeo
libros

Bonato, Rolando

   Literatura y biopolítica : el Río de la Plata como lecho mortuorio : 1980-2007 / Rolando Bonato. - 1a ed . - Ciudad Autónoma de Buenos Aires : Prometeo Libros, 2020.

   260 p. ; 23 x 16 cm.

   1. Ensayo Literario Argentino. 2. Dictadura Militar. 3. Abandono de los Estudios. I. Título.

   CDD A864

Diseño de tapa: R&S
Armado: Eleonora Silva
Corrección: Anshi Morán

Índice

Agradecimientos

Agradezco especialmente a mis directores de doctorado Enrique Foffani y Adriana Mancini por el rol central que ocuparon en la concreción de la investigación que hoy se expresa en las páginas de este libro. A Hugo Achugar y Pablo Roca de la Universidad de la República del Uruguay por el oportuno y generoso asesoramiento que llevaron a cabo en la pasantía que realicé en esa universidad. A Domingo Ighina y Ana María Zubieta por la atenta lectura crítica que realizaron en el marco de la defensa de mi tesis doctoral en la Universidad Nacional de Córdoba. A mis colegas del Departamento de Letras y la Facultad de Humanidades de la UNCo. Rolando Bel, Laura Pollastri, Alicia Frischknecht y Graciela Mayet por su apoyo en distintos momentos de la investigación. A Juan Cruz Goñi por facilitarme documentación jurídica y académica vinculada con los juicios de lesa humanidad. A Damián Arrieta por su ayuda técnica en el recorrido por la ex ESMA.

[1]

Implicancias histórico-culturales
del Río de la Plata

En la tradición literaria hispánica la invención del tropo de la metáfora nace ligando el río con el mar como síntesis inexorable del destino humano hacia la muerte. En efecto, Jorge Manrique erige una poética motivada por la muerte del padre y de esa escritura se consolida también un tópico central en la literatura española hasta el llamado Siglo de Oro: el emblemático *ubi sunt*. Metáfora y tópico articulan las vicisitudes del tiempo en la intersección de la experiencia humana y su artejo vital con el lenguaje. El tropo muestra lo inexorable mientras que el tópico explicita lo inefable ante la inminencia por conocer dónde están los muertos.

Desde la Antigüedad hasta el presente, los ríos han estado en la cultura con el signo inevitable del fluir de la vida, el paso del tiempo y también la muerte. En la Antigüedad, las culturas mesopotámicas con el Tigris y el Éufrates junto al inevitable Nilo del Egipto fueron verdaderos centros de gravitación para el desarrollo de civilizaciones que han dejado un registro ineludible hasta nuestros días. Pasada la Antigüedad, fue a partir del Medioevo que muchas ciudades europeas acrecentaron la identificación de su espacio urbano con un río que, de alguna manera, los nombraba; Londres con el Támesis, Roma con el Tíber y Paris con el Sena por dar sólo algunos emblemáticos ejemplos. Ya en el territorio americano, la cuenca del Mississippi, el Amazonas y el Río de la Plata se vuelven referencias inexorables en la configuración del mapa continental americano y, cada uno de ellos, más que expresar una cultura mitológica o un ejido urbano, alcanza más bien a representar la identidad nacional del territorio en que se encuentra, más allá del hecho de que la totalidad de sus cuencas excede las fronteras nacionales.

En muchos de los ríos han nacido figuras míticas con las que se señala tanto al espacio fluvial como a la cultura y temporalidad en que éstas transcurren. Tal es el caso de la figura mítica de la deidad Osiris identificando al río Nilo y la civilización egipcia. Esta deidad representaba tanto los ciclos productivos de la tierra como los procesos de resurrección del estuario fluvial. En tanto deidad también intervenía en el tribunal del juicio de los difuntos; de manera que Osiris tenía una significación polivalente asociada tanto a la vida, los ciclos productivos y vitales de la tierra como al pasaje de los hombres a la eternidad. En el Río de la Plata no hay una figura mítica proveniente de las culturas americanas como por ejemplo las pertenecientes a la gran nación guaraní. La figura que sí se ha forjado asociada fuertemente con el río es la de los desaparecidos de la última dictadura cívico-militar argentina (1976/1983). De esa figura, sin rostro, sin cuerpo y sin posibilidad alguna de tangibilidad se vuelve, como en la emergencia de la metáfora del Medioevo hispánico, a vincular la interrupción violenta de la vida con la inevitable pregunta de un pueblo sobre sus desaparecidos: ¿dónde están?

El presente trabajo se propone considerar las diversas representaciones estéticas y políticas del Río de la Plata en la literatura rioplatense comprendida en el período 1980-2007 que se relacionan con el imaginario social y particularmente vinculadas al último período dictatorial argentino. La propuesta tiene como objetivo investigar las características de dichos vínculos, las variables posibles en la constitución del imaginario social, las diversas manifestaciones del sujeto ficcional, las maneras de representación de las crisis política acaecidas durante el periodo establecido en un *corpus* específico. El punto de partida de estas indagaciones puede establecerse en ciertas características de algunos textos narrativos y poéticos, editados en las últimas cuatro décadas, que construyen representaciones del Río de la Plata atravesadas por la mirada de los sujetos de ficción, el imaginario social y la historia particularmente política de la región. El *topos* específico de esta investigación capta, por un lado, el impacto subjetivo y político del arrojo de personas vivas al estuario platense y, por otro lado, la articulación establecida entre campo de concentración (puntualmente la ex Escuela Superior de Mecánica de la Armada, ESMA) y Río de la Plata para llevar a cabo este plan sistemático de desaparición forzada de personas. El recorte temporal de esta investigación (1980/2007) obedece al hecho de que, por primera vez en el sistema literario rioplatense, han convergido tres temas-problemas vinculados dialécticamente. La politización y cruce del Río de la Plata, el río como espejo a partir del cual el sujeto ficcional reflexiona sobre su pasado (y la determinación de la temporalidad en el presente) y, por último, el Río de la Plata como lecho mortuorio. Cabe mencionar que los dos primeros tópicos han sido tratados por la literatura mientras que el último no fue trabajado con anterioridad en el particular sentido que adopta a partir de la última dictadura cívico-militar.

Uno de los aspectos más singulares de las obras del período observados en la ficción radica en el hecho de que en algunos casos el tiempo ficcional transcurre fuera de la periodización 1976-1983. En ese sentido, la novela *El entenado* (1983) de Juan José Saer discurre en el período de la conquista española para señalar alegóricamente al Río de la Plata como lecho mortuorio a través de la emblemática escena de los cuerpos flotando en sus aguas. En el caso de la novela *Villa* (1995) de Luis Gusmán, cuya ficción transcurre antes del último golpe cívico-militar argentino, los personajes encargados de la desaparición de cuerpos no estiman al estuario como lugar de arrojo de cadáveres. Esta particularidad permite reafirmar la idea de que el Río de la Plata en tanto lecho mortuorio, propiciado por el Estado, es concebido por el imaginario social y la literatura a una datación específica: 1976/1983.

En las tres décadas que abarca la presente periodización se organizan tres modos particulares de tratar el acontecimiento de la desaparición de personas a través del arrojo de los cuerpos al Río de la Plata. En la década de 1980 se destaca un tratamiento preponderantemente alegórico si se considera la narrativa de Juan José Saer –*Nadie, nada, nunca* (1980), *El entenado* (1983), *El río sin orillas. Tratado imaginario* (1991)– y la novela *En el corazón de junio* (1983) de Luis Gusmán. Esta década, 1980, es abordada en el capítulo cuatro junto al *excursus* vinculado al cuento "De noche al lado del río" (1981) de Marcelo Cohen en el que se trata de una manera frontal el arrojo de cuerpos al Río de la Plata sin establecer mediación alegórica en el modo de referenciar los hechos. Esta estrategia de tratar el tópico lleva a pensar que el procedimiento dominante en esta década no excluye la posibilidad de que se establezca un punto de fuga desde una perspectiva realista.

En la década de 1990 se analiza desde diferentes novelas el modo en que el Estado nacional argentino expulsa a los sujetos señalados desde el poder como criminales, abyectos, marginales o como amenaza ideológica. La literatura organiza formalmente este asunto a través del tópico del cruce del Río de la Plata. Dentro de esta década, se recuperan dos obras que, a través del género de la confesión, construyen, sin mediación alegórica, la desaparición y arrojo de cuerpos al estuario platense. El procedimiento para dar cuenta de la experiencia de horror de los años 70 suele identificarse en clave realista. En el capítulo siete se agrega un *excursus* dedicado a la obra "La civilización occidental y cristiana" (1965) de León Ferrari. Aquí surge una lectura específica de los modos en que una obra artística puede denotar la tragedia de la guerra de Vietnam al tiempo de significar aspectos ulteriores como la violencia estatal de Argentina en el marco de la última dictadura cívico-militar.

En los primeros años de la primera década del siglo XXI se destaca la narrativa del autor Carlos María Domínguez con un programa de escritura desde la República Oriental del Uruguay para continuar con el testimonio en clave realista del impacto que tuvo para costeros y bagayeros ver el arrojo de cuerpos al Río de la Plata y su aparición en las playas uruguayas. El capítulo ocho trabaja con un enunciado de opinión de Lilia Ferreyra en el que se da cuenta de la recuperación del último cuento escrito por Rodolfo Walsh y la reflexión que suscita la idea de una comunidad venidera tras el horror. El *excursus* de este capítulo analiza un recorrido puntual de la ex ESMA especificando la singularidad del acontecimiento de exterminio en la Argentina: la continuidad/contigüidad del campo de concentración y su proyección en el Río de la Plata.

La primera hipótesis de trabajo involucra el cruce y politización del Río de la Plata. La novela rioplatense nace con *Amalia* (1851) de José Mármol e inaugura, en un mismo acontecimiento, una tradición que vinculará el sistema literario nacional argentino con el Río de la Plata. Un año antes, Domingo Faustino Sarmiento publicó en su exilio chileno *Argirópolis* (1850) con el fin de plantear la necesidad de una ciudad administrativa de los Estados Confederados en la isla Martín García. Mientras que en *Argirópolis* se explicita una dimensión geopolítica en cuanto a que el estuario rioplatense se representa como *topos* representativo del incipiente o imaginado Estado nacional, en la novela de Mármol, en cambio, el tópico del cruce del Río de la Plata señala un punto de fuga en relación al despotismo rosista. De este modo se observa entonces que la extensión política de *Argirópolis* enmarca en un tono conciliador las contiendas civiles de entonces: el centro del Río de la Plata delimita un territorio –comercial y culturalmente oportunos– y desarticula las susceptibilidades de cada sector confederado. El Río de la Plata no sólo es parte de una polaridad ungida como civilizatoria –fuera del Plata se ubica la barbarie– sino también la respuesta a la desarticulación del binarismo civilización/barbarie sarmientino en beneficio del progreso. Entre *Argirópolis* y *Amalia* se consolida una primera valencia para considerar: la politización y el cruce del Río de la Plata.

Esta primera hipótesis afirma que la politización del Río de la Plata en el período propuesto, 1980-2007, no da cuenta de un tratamiento geopolítico (tal como aparece en la segunda mitad del siglo XIX) sino más bien confiere una intervención de carácter biopolítico. El pasaje remite a la representación del estuario en tanto espacio de una política de exterminio, como la efectivamente realizada por la última dictadura cívico-militar argentina. El punto de vista desde donde se organiza la investigación tiene por objeto atender / focalizar / analizar / estudiar aquellas voces afectadas como víctimas, testigos o testigos víctimas del plan de exterminio criminal.

Por otro lado, el tópico del cruce del Río de la Plata es, como se sabe, un *topos,* inaugurado por José Mármol como punto de fuga y consecuencia de la práctica del régimen despótico de Juan Manuel de Rosas pero ahora ese *topos* adquiere otra significación ya que se articula con otra forma de exilio o autoexilio a la costa uruguaya. El terror aproxima las dos periodizaciones. El cambio de significación llevado a cabo por los discursos literarios y culturales con relación al Río de la Plata señalan el corrimiento de lo geopolítico por lo biopolítico, a la vez que una continuidad en el tratamiento del cruce fluvial en tanto punto de fuga a un régimen totalitario.

Ahora bien, muchas obras son las que se encuentran atravesadas por el tópico del cruce del Río de la Plata en relación con el terror pero, de ese conjunto, no todos exhiben frontalmente el vínculo biopolítico. Se aludirá a una serie acotada de novelas, cuya selección se orienta exclusivamente al cruce del Río de la Plata, para ejemplificar sucintamente los matices distintivos que de este nudo problemático pueden desprenderse. En todos los casos, el motivo del cruce del Río de la Plata se debe directamente al Estado que excluye a aquellos que se apartan del orden establecido tal como ocurre en *Boomerang* (1993) de Elvio Gandolfo, *Plata quemada* (1997) de Ricardo Piglia, *El Dock* (1993) de Matilde Sánchez y *Aún* (2003) de Mariano Dupont entre otros. La singularidad del tratamiento del tópico radica en la explícita relación que el Río de la Plata tiene con la política ya que los personajes implicados en cada ficción están confrontados con el poder instituido.

La segunda hipótesis considera el Río de la Plata como espejo. A través de la secuencia Juan Bautista Alberdi, Victoria Ocampo y Haroldo Conti, se plantea el encuentro frontal, oblicuo, figurado del sujeto de la ficción, la voz poética o el narrador, con la mirada de sí puesta en las aguas –turbias, prístinas, marrones, inmóviles según el caso– del Río de la Plata. La segunda hipótesis consiste en que, si bien antes del período establecido se llevaron a cabo representaciones respecto de este *topos*, en el período propuesto, el vínculo que los sujetos de ficción mantienen con el Río de la Plata articula por primera vez en la historia literaria tres aspectos importantes: la estética, la política y la esfera de las representaciones culturales, todas asociadas al imaginario social e histórico de la última dictadura cívico-militar argentina. Lo que aparece es un cambio de significación en lo que respecta al vínculo que los personajes mantienen con el Río de la Plata; en principio, hay una dimensión crítica que los personajes afirman con la figura del Estado y la historia cultural y esa relación conflictiva se proyecta directa o indirectamente hacia el pasado dictatorial reciente. La apertura a la interrogación del orden estatal se da a través de escenas en las cuales los personajes se inscriben a partir de miradas refractarias a las aguas del río.

Aquí la figura del espejo fluvial funciona, mediante una distorsión de la imagen propia, como un modo de hacer ver lo siniestro.

A la luz de la segunda hipótesis se propone desarrollar las variaciones que el Río de la Plata como espejo suscita en una serie de narrativas. Desde esta perspectiva, en la novela *Kanaka* (2004) de Juan Duizeide, las sucesivas escenas en que el protagonista se mira en el espejo fluvial conforman un modo de organizar la inteligibilidad del personaje con su vida y la historia cultural de su tiempo. En cambio, en una de las novelas más intensas con respecto a esta valencia es *Memorias del río inmóvil* (2001) de Cristina Feijóo, esta presenta una secuencia paradigmática de escenas de la protagonista Rita Rivero frente a las aguas del Río de la Plata que desemboca (como el río que espeja la interioridad de la subjetividad en su relación con la memoria individual y también histórica) en un orden de inteligibilidad atravesado por lo siniestro y el proceso de anagnórisis.

A su vez, en la narrativa de Juan José Saer, el tratamiento del río como espejo a partir del cual los personajes se encuentran e interrogan su vida y la temporalidad histórica en la que están insertos, exhibe tres modulaciones específicas: la mirada contemplativa del estuario en tanto móvil de la escritura (*El río sin orillas*), la relación del sujeto de ficción, la contingencia y la peripecia (*El entenado*) y la experiencia sensorial del contacto físico con el agua traspuesto a la mirada contemplativa de un sujeto (*El río sin orillas...*). En otro de los relatos, el cuento "De noche, al lado del agua" (1981) de Marcelo Cohen, la llegada a la orilla del río de los personajes encargados de arrojar cuerpos es interceptada con el reflejo fluvial que los interpela a través de una serie sensorial procedente de las aguas del río. Además, la escritura de Carlos María Domínguez hace del río como espejo, un espejismo que interviene a la manera de un síntoma que denota la desaparición forzada de personas: "su espejismo es la fuerza de su mortaja" (Domínguez, 2002: 101).

La tercera hipótesis que se plantea reconoce el Río de la Plata en tanto lecho mortuorio. Si bien complementa de manera clara la primera de las hipótesis (ya no lo geopolítico sino lo biopolítico lo que se instala en el régimen de la representación), también es posible pensar que suplementa la segunda hipótesis, la que sostiene el río como espejo –la novela de Feijóo es el paradigma– subyace la noción freudiana de lo siniestro. Puede constatarse a partir de las interrelaciones entre las tres hipótesis, una secuencia transversal (lo biopolítico, lo siniestro, el lecho mortuorio) que opera en varios sentidos. No sólo como lo emergente del período que se señala ni tampoco una rearticulación sino fundamentalmente como el modo efectivo de recuperación de un pasado literario para mejor confrontar y visibilizar la diferencia que se procura demostrar. En efecto, si esta secuencia comienza con *El matadero* (1871) de Esteban Echeverría (o, si se quiere, con la escena de la antropofagia practicada en el Río de la Plata), es el período histórico al que estas narrativas remiten una y otra vez el que determina y consiente las inéditas manifestaciones ancladas en un imaginario que sale a la luz en los autores propuestos.

De esta forma se presenta, a partir de este enfoque, cómo en el contexto de la literatura argentina en tanto sistema literario, *El matadero* de Esteban Echeverría da inicio a un motivo fructíferamente tratado en la literatura nacional: la inundación y, a partir de ella, una serie de connotaciones fundamentales para la dimensión histórico-cultural de la Argentina. En la medida de que se trata de una publicación de continuo releída en el siglo XX, como ocurre con el emblemático libro de Rodolfo Walsh *Operación masacre*, remite alegóricamente a *El matadero* y al cuento "La fiesta del monstruo" de Jorge Luis Borges y Adolfo Bioy Casares. Dentro de la ficción echeverriana, este tópico se produce en Buenos Aires e involucra las barriadas, la referencia bíblica y el caos. En el programa estético de Echeverría, la subversión de las fuerzas naturales hacia el orden humano preanuncia la escena final de la violación del unitario; las aguas hinchadas como fuerza incontrolable de la naturaleza anticipan el flujo sanguíneo –la hinchazón de las venas– del unitario. La inundación acorrala a Buenos Aires con las aguas del estuario y también, los arroyos afluentes, además de la lluvia, leída como una maldición bíblica. El desborde y el caos grafican la violencia federal según la mirada de Echeverría.

Por fuera de *El matadero*, en general, no se han registrado en la literatura rioplatense anterior al período biopolítico que se estudia antecedentes que consideren la intersección del Río de la Plata con la violencia y, específicamente, la muerte. Se puede, sí, estimar la peripecia sufrida por Francisco del Puerto, el grumete que acompañó la expedición de Juan Díaz de Solís y único sobreviviente de la expedición. Dos narrativas recuperan este suceso: la novela *El mar dulce* (1927) de Roberto Payró y el cuento "Los que comimos a Solís" (1965) de María Esther de Miguel. La novela *El río oscuro* (1943) de Alfredo Varela es particularmente emblemático.

La valencia asociada a la representación del Río de la Plata como lecho mortuorio es el centro de la hipótesis principal, esto es, una representación anclada en la inminencia de lo biopolítico. Los antecedentes señalados más arriba consignan una relación de términos asociados al vínculo que se da entre Río de la Plata y violencia. Por esta razón, la tercera hipótesis plantea que la totalidad del *corpus* señala al río como un lecho de muerte: todas las obras consideradas se refieren –directa o alegóricamente– a la presencia de cadáveres en el río. En esta instancia, se muestra un principio constructivo de los relatos que involucra tanto la voz narrativa o poética como la orilla fluvial para dar cuenta de una constelación significativa de conceptos: el valor de la peripecia en referencia con lo real histórico de ese presente, la oposición *Eros/Thanatos,* la función de la escritura y la dimensión simbólica de la memoria que traen aparejadas la técnica de desaparición de personas llevadas a cabo por la dictadura. De todos modos, algunos autores como Saer recurren a la estrategia de situar sus tramas en otros períodos de la historia pasada para poner de manifiesto los acontecimientos del presente amenazados por la censura y la represión. Desde esta perspectiva, el Río de la Plata ya no representa la búsqueda del ser nacional –tal como aparece en Victoria Ocampo, Ezequiel Martínez Estrada u otros– ni el emblema de una incipiente nación –como en Sarmiento– sino más bien como lugar que aloja los cuerpos desaparecidos (arrojados desde los aviones como resultado de un exterminio programado) o devueltos por el río a la costa.

La categoría biopolítica permite articular los acontecimientos represivos de la década del 70 y su impacto posterior. El vínculo ineludible entre modernidad y biopolítica fue trazado por Michel Foucault para quien el potencial político del hombre moderno queda expuesto a la biopolítica. Esta noción, que apela al reconocimiento de que el hacer público fue captado por el poder con el fin de controlar su hegemonía, resulta preponderante ya que aspira a abordar ficciones que ponen en el centro de la cuestión nada menos que la corporeidad del sujeto para disciplinarlo o bien para eliminarlo. Contradictoriamente, el devenir moderno erigió la idea de que el poder se concibe en términos de garante del cuerpo y las poblaciones aunque los sujete violentamente y los codifique en nombre del capital y la producción. Paradójicamente, esta es la misma idea que sirve de fundamento para justificar las guerras y genocidios más brutales de la historia.

Jacques Ranciere (1996, 2004) opone la policía a la política ya que la primera es un orden que establece la distribución de los cuerpos y el modo de hacer, de ser y de decir de aquellos que tienen o no la palabra. La fuerza de la política se mide precisamente por el modo en que ésta puede alterar la distribución dada, en términos más específicos: "en la repartición del orden de lo sensible" (Ranciere, 2004: 55), y producir en la escena pública el desplazamiento de cuerpos destinados al silencio. La política es la contienda entre dos fuerzas que pelean la distribución de los cuerpos y la posición de la palabra. Dice Ranciere:

> El animal político moderno es en primer lugar un animal literario, preso en el circuito de una literalidad que deshace las relaciones entre el orden de las palabras y el orden de los cuerpos que determinaban el lugar de cada uno. Una subjetivación política es el producto de esas líneas de fractura múltiples por las cuales individuos y redes de individuos subjetivan la distancia

entre su condición de animales dotados de voz y el encuentro violento de la igualdad del logos. (Ranciere, 1996:54)

La relación de la estética con la política en Ranciere señala que hay política en la medida en que se organiza un espacio definido, un recorte de la experiencia de los sujetos y una organización capaz de caracterizar quiénes ostentan el derecho de la palabra y la libertad. La política exhibe la tensión permanente en la definición y existencia de ese territorio. Cuando la política se articula con la estética y los modos de visibilidad del arte hacen intervenir un reparto puntual de lo sensible y las prácticas que lo enmarcan. El arte postutópico en Ranciere exhorta el espacio de lo comunitario y su politicidad depende su autonomía misma.

La revelación del horror en el plan sistemático de desaparición de personas

[2.1] El plan terrorista y la violencia: contracara de la igualdad y la fraternidad del Estado liberal/dionisíaco

> Al igual que muchos otros fenómenos en apariencia antiguos, el terrorismo es en realidad una invención moderna. En tanto que idea política, apareció por primera vez con la Revolución francesa; lo cual equivale a decir en realidad que el terrorismo y el Estado democrático moderno son hermanos gemelos [...]. El terrorismo se remonta incluso a épocas anteriores a la modernidad, cuando el concepto de lo sagrado ve la luz por primera vez; y la idea del terror, por inverosímil que resulte, está estrechamente ligada a este ambiguo concepto.
>
> Terry Eagleton, *Terror santo* (2005)

> Enseguida el coche; enciende la luz, arriba, otra luz. Una luz roja, esta vez. La acerca. Intuyo; intuyo y acierto: policías. Sigue de largo, el patrullero; parece no vernos. Pero no. A diez metros se detiene.
>
> Mariano Dupont, *Aún* (2003)

Terry Eagleton (2005) fuerza una provocadora equivalencia entre Estado moderno y terrorismo. La práctica terrorista que hoy se conoce –*grosso modo*: el arco que va por un lado, en el Terrorismo de Estado en la segunda mitad del siglo XX en Argentina y Latinoamérica y, en el otro vértice, la representación del terror como idea del mal absoluto promovida por los EEUU a partir del atentado a las Torres Gemelas de Nueva York en el año 2001– nace en la postrevolución francesa. El terrorismo, asociado fuertemente a la política jacobina, pone en funcionamiento toda una maquinaria, tanto de control/castigo, como de carisma al servicio del Estado reservándose, en este movimiento ambivalente, un discurso con las proclamas iluministas y revolucionarias de 1789. El ordenamiento jurídico, que se adjudica un principio de soberanía y Ley suprema en la puesta en funcionamiento del Estado, contendría en su interior, además, control y represión para todo aquel que problematice sus lógicas, proyecciones y alcances.

La palabra terrorismo evoca, valga la tautología, no solo a la acción tendiente a provocar consternación y pánico, sino también se extiende su uso en la historia cultural y mitológica de Occidente. El término en cuestión se encuentra emparentado conceptualmente con el vocablo latino *sacer* que denota, en un modo ambivalente, lo sagrado, lo maldito, lo bienaventurado y lo vilipendiado. Desde este mismo principio dual y antitético, muchas civilizaciones antiguas han establecido alrededor de la idea de terror tanto la creación y proyección vital como la destrucción y la muerte.

De manera que el Estado moderno es, en esta lectura dionisíaca y terrorista, conformador de un espacio de la violencia para el sostenimiento de sus proclamas progresistas y su expresado interés hegemónico. A este contexto se le suma una red de prácticas tendientes a sostener una dádiva capaz de interceptar el deseo y el horizonte de espera para quien plácidamente se entregue a sus prerrogativas. Así, se pone de manifiesto un aspecto de la secularización de la cultura política moderna que sigue, en sus sentidos, a Walter Benjamin cuando afirma en *El capitalismo como religión* (2015) que la culpa y la deuda delinean la configuración de la relación del capitalismo y su inscripción religiosa en el que no se redime de la culpa.

Vinculado a la relación del Estado moderno y violencia, Hannah Arendt (1970) analiza el alcance de los modos en que la violencia se ha desarrollado en la modernidad. Sugiere que la dimensión política no logra disputar el accionar y potencial destructivo de la violencia bélica ni intervenir en las lógicas mercantilistas que se montan alrededor de los conflictos armados entre Estados. Arendt va más allá cuando afirma: "el desarrollo técnico de los medios de la violencia ha alcanzado el grado en que ningún objetivo político puede corresponder concebiblemente a su potencial destructivo o justificar su empleo en un conflicto armado". (Arendt, 1970:58)

Hay, según Arendt, una distinción entre poder y violencia; el poder, dentro del orden democrático o incluso fáctico, se vale de la soberanía del número para nombrar al *demos* prescindiendo de las diferencias de las minorías. La violencia, en cambio, no necesita del consenso facturado por el número que dice nombrar. Son los instrumentos utilizados por la violencia los que garantizan su efectividad.

La secuencia sémica: poder, potencia, fuerza, autoridad y violencia son, para Arendt, relativamente equiparables ya que refieren a los mecanismos mediante los cuales el hombre domina a sus semejantes. Cada una de las palabras exhibe la misma prerrogativa de dominio y control, interés y asunto anterior a la constitución misma de lo político. Ahora bien, más allá de las distinciones entre poder y violencia, los términos remiten, en una proximidad a la línea argumental de Terry Eagleton, a la solidaridad recíproca entre ambos términos. El miedo y el terror son los modos, más allá de la legitimidad del número, en que un poder puede sostenerse en una evidente proclama hegemónica, sin incluso la necesidad de la coacción y la persuasión. En una evidente reminiscencia bajtiniana y también en un gesto de resistencia hacia los presupuestos de la violencia, dice Arendt: "El mayor enemigo de la autoridad es, por eso, el desprecio y el más seguro medio de minarla es la risa" (Arendt, 1970: 62). A modo de síntesis, tanto el poder como la violencia se rigen por una potencia y necesidad de crecimiento. En el caso de la violencia, su impulso vital es, valga la contradicción, el pulso a la muerte como potencia de expansión. La práctica creadora de la violencia cambia al mundo aunque éste se vuelva más violento.

De acuerdo a las presunciones de Hannah Arendt, la potencia y el deseo expansionista tanto del poder, representado aquí en la figura del Estado, como de la violencia, dejan abierta la brecha a partir de la cual el retiro de la escena política es condición de posibilidad para que los privilegios del Estado liberal moderno inviertan sus fundamentos, en principio discursivos, en una práctica totalitaria tal como se percibe en la experiencia histórica de Argentina en la década de 1970. En esta línea, la fuerza expansionista de la violencia se corresponde con la multiplicación de la venganza, cuando la víctima no encuentra justicia.

En el apartado siguiente, se analizará una serie de dispositivos reglamentarios emanado del Poder Ejecutivo Nacional argentino en el transcurso de la última dictadura cívico-militar capaz de inducir modificaciones en la praxis social con un doble movimiento: por un lado, producir mensajes cargados afectivamente, afectivo en cuanto capacidad de sensibilidad individual o social, desde un sujeto de la enunciación –el sujeto jurídico estatal– contemplativo y piadoso, pero a su vez, estos mismos mensajes conllevan una implicancia performativa en el lenguaje capaz de paralizar con el miedo, la pérdida de la libertad, la política, la defensa irrestricta de ideales y del deseo. Esta otra potencialidad del poder de constituir un fenómeno discursivo que dirija la atención hacia el control social, regulando y sujetando el lenguaje, es determinante de la condición creativa del poder; es decir, de la creación en un alcance de producción de violencia.

[2.2] La revelación del horror en el *Nunca más* (1984)

> El Capitán Acosta prohibió al principio toda referencia al tema "traslados". En momentos de histeria hizo afirmaciones como la siguiente: "Aquí al que moleste se le pone un Pentho-naval y se va para arriba"
>
> *Nunca más*, 1984

Al quinto día de haber asumido la Presidencia de la República Argentina, 15 de diciembre, Raúl Ricardo Alfonsín promulgó el Decreto 187/83 que instruyó la creación de la Comisión Nacional sobre la Desaparición de Personas (CONADEP). El principal objetivo del organismo fue el de producir un documento que recopilara todas las pruebas sobre los desaparecidos en el contexto del Estado terrorista del recién finalizado golpe. En ese marco, el grupo que integró ese espacio recibió documentación, testimonios y denuncias en relación a secuestros, torturas y desapariciones forzadas de personas junto a otros delitos asociados con el tráfico de niños, niñas y ventas ilegales de inmuebles expropiados ilegalmente a los detenidos/desaparecidos. Algunos de los alcances obtenidos por esta investigación, que suman más de 50.000 fojas, consignan la desaparición de 8961 personas y 380 centros clandestinos de detención de personas. La Comisión estuvo integrada por Ernesto Sabato (designado presidente por el resto de los miembros del organismo), Jaime de Nevares, Santiago Marcelino López, Eduardo Rabossi, Magdalena Ruiz Guiñazú, Gregorio Klimovsky, Marshall Meyer, Ricardo Colombres, Horacio Hugo Huarte, René Favaloro, Hilario Fernández Long, Carlos Gattinoni, y Hugo Diógenes Piucill. Graciela Fernández Meijide ofició de secretaria de la Comisión. La investigación forjada por la Comisión se extendió hasta septiembre de 1984, mes en el que Ernesto Sabato entregó al Presidente Alfonsín el informe titulado *Nunca más*. Se recuerda que en el mismo día en que Alfonsín promulgó el decreto de creación de la CONADEP también emitió otro decreto en el que se estableció el juzgamiento de las Juntas Militares. Algunas de las actividades llevadas a cabo por el grupo de intelectuales y referentes de la cultura tuvieron por objetivo reconocer directamente los centros clandestinos de detención acompañados por las víctimas, relevar el mayor número posible de los ingresos ilegales a las morgues judiciales, recibir declaraciones testimoniales de miembros de las fuerzas armadas y de víctimas del plan terrorista nacional, revisar y consultar los archivos judiciales, carcelarios y policiales e investigar el alcance de los delitos sobre bienes de los desaparecidos.

El título *Nunca más* de la publicación del informe fue propuesto por el rabino Marshall Meyer con el fin de recordar el lema invocado por los sobrevivientes del Gueto de Varsovia una vez terminada la Segunda Guerra Mundial. La expresión *nunca más* ha ingresado desde entonces al imaginario social argentino para referir un evidente pronunciamiento popular vinculado al repudio de toda acción promovida por el Estado en el que esté implicada la vida humana y civil. Esta misma expresión fue utilizada por el fiscal Julio Strassera en el final del alegato llevado a cabo en el emblemático Juicio a la Junta; en él dijo Strassera: "Señores jueces: quiero renunciar expresamente a toda pretensión de originalidad para cerrar esta requisitoria. Quiero utilizar una frase que no me pertenece, porque pertenece ya a todo el pueblo argentino. Señores jueces: ¡nunca más!" (Strassera 1984: causa 13/84). En relación al libro *Nunca más*, Emilio Crenzel publicó en el año 2008 *Historia política del Nunca Más. La memoria de las desapariciones en la Argentina*. En esta investigación, el autor recorre un vínculo entre las condiciones de producción y recepción del documento emitido por la CONADEP a veinte años de su publicación.

En el viaje realizado por el papa argentino a Jerusalén, este visitó el 26 de mayo de 2014 el memorial Yad Vashem que recuerda el Holocausto nazi. Al terminar el recorrido, el ex arzobispo Bergoglio escribió en el libro de visitas su reflexión con relación a los acontecimientos conmemorados en el museo y, en tal ocasión, se valió de la expresión "nunca más". Dijo el religioso: "Con la vergüenza de lo que el hombre, creado a imagen y semejanza de Dios, fue capaz de hacer. Con la vergüenza de que el hombre se haya hecho dueño del mal. Con la vergüenza de que el hombre, creyéndose dios, haya sacrificado así a sus hermanos. ¡Nunca más!! ¡Nunca más!!" De manera que el título del informe de la CONADEP remite a un doble movimiento espacio/temporal: la expresión de un colectivo, víctima del Holocausto nazi, que es apropiado, cuarenta años después, por una sociedad que transita el desgarro del Terrorismo de Estado. Luego, a treinta años de la publicación del *Nunca más*, el máximo exponente religioso y político del cristianismo rememora, con la inminente imagen de la experiencia argentina, la impugnación moral de la eliminación de personas en el marco de los totalitarismos de la segunda mitad del siglo XX.

La primera edición del *Nunca más*, publicado en el año 1984 por Eudeba, con su reconocida tapa, diseñada por Pablo Barragán, con letras blancas y negras sobre fondo rojo, abrió un nuevo capítulo en la historia cultural de Argentina y una indiscutible interrogación hacia los abusos del Estado liberal, y esto no sólo en lo que respecta a la última dictadura cívico-militar sino también a toda la tradición autoritaria y represiva configurada, al menos, desde finales del siglo XIX. La primera caracterización del *Nunca más* le corresponde el atributo de una escritura de carácter colectivo, aunque la figura intelectual de Ernesto Sabato ha sobresalido del resto de los integrantes de la Comisión no sólo por presidir el organismo sino por su inscripción de escritor profesional y su centralidad en el campo literario y cultural de Argentina. En el *Nunca más* se destaca un doble pulso que define en parte el estilo de la publicación: el exhaustivo cúmulo de datos, guarismos y descripciones asociadas a la desaparición de personas y la descripción del plan sistemático de terror. Se ordena en esta línea las primeras interpretaciones y análisis de las implicancias jurídicas y humanas del Proceso de organización nacional.

Estas precisiones se corresponden con el marco general estipulado por el Poder Ejecutivo Nacional a través del decreto 187/83 y con las derivaciones del informe de la Comisión. Ahora bien, a tal caracterización técnica y descriptiva del informe, propia de una comisión que debía dar cuenta de la desaparición de personas, se le adosa una inminente inscripción en la escritura con el fin de dar cuenta del impacto que el relato de los testimonios y la recopilación documental produjeron entre los integrantes de la Comisión: "cuesta creerlo. Sin embargo" (*Nunca más*, 1983: 8), "cuesta creerlo. Pero [...] en el contexto de esta salvaje represión" (*Nunca más*, 1983: 8), "nos hace un doloroso pero patético relato" (*Nunca más*, 1983: 9), "es muy difícil para nosotros, después de la dura y compleja tarea realizada [...] aceptar que muchos de ellos están muertos" (*Nunca más*, 1983: 9), "esta constatación nos induce a preguntarnos el porqué de tan diabólica directiva" (*Nunca más*, 1983:9), "esta tecnología del infierno" (*Nunca más*, 1983: 10). El rasgo de la escritura del *Nunca más* hace presente al yo colectivo del enunciado y, por extensión, el impacto de una nación sobre el terrorismo estatal.

En el prólogo del libro se explicitan una serie de pronunciamientos sobre las condiciones de producción y los puntos más comprometidos del accionar de la Comisión. La primera oración con la que se inicia el libro ya es, en sí misma, polémica: "durante la década del 70 la Argentina fue convulsionada por un terror que provenía tanto desde la extrema derecha como de la extrema izquierda, fenómeno que ha ocurrido en muchos otros países" (*Nunca más*, 1983:7). Esta frase reconoce la convulsa de dos fuerzas antagónicas de la cual se sugiere una equivalente inscripción terrorista por la cual se estimaría la teoría de los dos demonios en tal paralelismo. La polémica abierta en el *Nunca más* se abre paso por el recorte histórico del terrorismo anterior a 1976. En efecto, parte de la negociación alcanzada por el Poder Ejecutivo Nacional en los comienzos de la recuperada democracia implicó acuerdos con otros frentes políticos, ajenos al radicalismo, especialmente el peronismo, en aras de no instalar la discusión, en el marco de la CONADEP, sobre los desaparecidos anteriores a 1976. El prólogo del *Nunca más* se hace cargo de la interpelación de algunos sectores de la sociedad sobre el recorte temporal de la investigación que llevó a cabo la Comisión y, en algún sentido, se pliega al discurso que discute la eventual desaparición de personas antes de 1976 dejando entrever la posibilidad de que los crímenes anteriores no produjeron desapariciones:

> Se nos ha acusado, en fin, de denunciar sólo una parte de los hechos sangrientos que sufrió nuestra nación en los últimos tiempos, silenciando los que cometió el terrorismo que precedió a marzo de 1976 [...]. Los familiares de las víctimas del terrorismo anterior no lo hicieron, seguramente, porque *ese terror produjo muertes, no desaparecidos*. (*Nunca más*, 1983: 8, el subrayado es mío)

El pronunciamiento llevado a cabo por la CONADEP se posiciona con relación a la condición de crímenes de lesa humanidad que será considerado veinte años después en las sentencias que juzgarán a los militares responsables de secuestros, torturas y desapariciones de personas. Por fuera del prólogo, aparece una serie de pruebas, documentos y testimonios que certifican la acción psicológica del Estado tendiente a producir terror social tales como los procedimientos de arrojar a los detenidos, aún con vida, al Río de la Plata y las sepulturas como NN de aquellos cuerpos encontrados en las orillas del estuario platense y sin permitir la entrega de los cadáveres a los familiares. Vinculado a la acción psicológica del Estado terrorista, el informe de la Comisión es especialmente elocuente al otorgar una dimensión estratégica de la Junta militar en lo que respecta al usufructo que obtenían de la parálisis social producida por el miedo. En particular, en lo que respecta a la incertidumbre de familiares o amigos del desaparecido y la eventualidad de que otra persona del entorno pudiera caer en la misma suerte. La emergencia de la figura del desaparecido en el escenario social y privado de los años 70 implicaba la posibilidad de que la indefinición de su paradero albergue, al mismo tiempo que el terror, la perversa ilusión de encontrarlo algún día con vida. El terror, entonces, paralizaba y mantenía expectante la posibilidad del encuentro con el ser querido. Con la construcción del desaparecido se disponían diversos modos de complicidades y silencios ya que la técnica de desaparición forzada de personas, el sistema de rotación de los responsables materiales de arrojar al mar los cuerpos, hacía que cada miembro fuese responsable directo y, a la vez, al abrigo de la complicidad de toda una institución. Dice Enrique Font (2000) a propósito de los efectos performativos que rodeaban la figura del desaparecido. Efectos configurados a través de la negación por parte del Estado de los crímenes de lesa humanidad que perpetraba: "Con las desapariciones se perseguían objetivos de control social de toda la población. Esto era posible en tanto que una desaparición ocurre cuando los actos del secuestro, tortura y ejecución, son complementados por el acto discursivo de la negación" (Font, 2000: 88).

Sobre los cuerpos arrojados al Río de la Plata o al mar, prolifera una serie de testimonios y expedientes en los que se detalla el método de exterminio y desaparición. Los testigos/víctimas que han prestado declaración en la Comisión indican la metodología de la selección, la lectura del número que representaba a cada uno de los internos en el interior del campo, el tránsito hacia la enfermería para el suministro de la dosis de pentotal y luego, la salida del campo en dirección al avión con destino final al interior del Río de la Plata. La atmósfera lúgubre y tensa de los días que se llevaba a cabo la selección es descripta a través de los testimonios: "El día del traslado reinaba un clima muy tenso [...]. Vivos eran sacados por la puerta lateral del sótano e introducidos en un camión. Bastante adormecidos eran llevados al Aeroparque, introducidos en un avión que volaba hacia el Sur, mar adentro, donde eran tirados vivos". (*Nunca más*, 1983: 87)

Desde los primeros meses en que se constituyó la Junta Militar el plan sistemático de desaparición forzada ya estaba en funcionamiento de manera plena, mejorando y perfeccionando incluso sus alcances con relación a lo actuado por la triple A. Desde ese momento, las consecuencias del plan se hicieron evidentes. En lo que respecta a la desaparición de personas en el Río de la Plata, la aparición de cadáveres en la costa de los ríos de la cuenca del Plata implicó medidas por parte del Estado tendientes a resolver su destino. La CONADEP reveló casos de aparición de cuerpos en diversas playas tanto de la costa argentina como en la uruguaya. El informe de la Comisión relató las condiciones en que los cuerpos fueron encontrados, las evidentes señales de tortura y maltrato como así también las manos maniatadas. Las instituciones que, en general, se hacían cargo de atender a los cadáveres eran Bomberos voluntarios, por instrucción de la policía. Tras una rápida y despreocupada pericia, los cuerpos eran sepultados como NN en los cementerios próximos al lugar del hallazgo. Se advertía que los mismos procedían de mar adentro por el estado en que eran hallados y el análisis de la dirección de las corrientes fluviales. Según el relato de los testigos que dieron cuenta de estos hallazgos, se señala que en las localidades marítimas o fluviales en donde debían presenciar los hallazgos se instaló la certeza de que el origen de esas apariciones pertenecía al aparato terrorista del Estado argentino[1]. La instrucción judicial sobre el hallazgo de cuerpos

---

[1] "Los muertos habrían aparecido a partir de mediados de 1976, en distintas playas. El mar, que en la zona del golfo tiene corrientes muy irregulares, los fue arrojando a la arena

en el Río de la Plata era prácticamente inexistente o sumaria. Los familiares que reconocían los cuerpos no eran autorizados a retirarlos ni a conocer el paradero de la sepultura: "los cuerpos no se retiran" (*Nunca más*, 1983) era la respuesta siempre presente para estos casos. El legajo 4272 trabajado por la CONADEP con relación a la familia Sahores ilustra este punto:

> Le reclamé el cadáver de mi hija, a lo que respondió: 'Los cadáveres no se entregan' [...]. "Debió de ser cierto. El país ha sido sembrado de cuerpos de personas no identificadas[...]. Están en los cementerios, en descampados, en los ríos, en los diques, y según ya hemos visto, también en el mar". (VVAA, 1983: 198)

En *Nunca más* se impone la pregunta con relación a por qué se implementó la destrucción humana como parte de un programa político pergeñado por el Estado. El plan sistemático de crímenes no puede, según los integrantes de la CONADEP, pensarse sobre la base de una misma lógica de aquel que, tras cometer un asesinato, procura borrar las pruebas para evitar su procesamiento. Indudablemente, el desaparecido imponía efectos sobre el entorno de la víctima y la sociedad. En general producía disciplinamiento y doblegamiento social. La metodología tenía un cariz maléfico ya que alimentaba la esperanza de que el desaparecido volviera al núcleo familiar y social. El ocultamiento y destrucción de documentos, sumado al robo sistemático de bienes e incluso de niños, aumentaban exponencialmente la crueldad a la que puede llegar la contingencia humana. Luego, en el caso de aquellos cadáveres que volvían a la superficie terrestre nominados NN, acrecentaba el cúmulo de pruebas alrededor de lo que era evidente: el plan de exterminio. Todos estos elementos constituyen aportes fundamentales para la construcción de un basamento desde el cual se pudo pensar el valor no sólo de los enjuiciamientos sino, por sobre todo, la conformación de una verdad lo más aproximada posible a lo acontecido. Todos los sucesos descritos, la enorme cantidad de pruebas aportadas a la Comisión, hacen pensar en la imagen del plan sistemático de desaparición y terrorismo como una pesada máquina de exterminio.

muy desfigurados. En algunos cuerpos se observaban inequívocas señales de violencia; el agua salobre y la voracidad de los peces habían desfigurado a casi todos. Los cadáveres eran recogidos por los bomberos voluntarios de Santa Teresita, con intervención de la Policía provincial. Un médico municipal extendió los correspondientes certificados de defunción, siempre a nombre de N.N. Todos vinieron de mar afuera. Pudieron haberse caído de alguna embarcación o fueron arrojados de aviones, opinó un experto". (*Nunca más*, 1983: 125)

[2.3] Terrorismo y economía neoliberal

La relación que se dio entre el terrorismo de Estado y el neoliberalismo en el contexto de la última dictadura cívico-militar argentina es evidente en tanto se produjo una particular sinergia entre el plan de eliminación subversiva y la implementación de la política económica neoliberal, en manos de José Alfredo Martínez de Hoz. El plan conjunto supuso la obliteración de todo actor político que discutiera los presupuestos ideológicos del Estado liberal, más allá de que las Fuerzas Armadas tuvieran un discurso de defensa frente a la amenaza de la familia, la tradición nacionalista y católica, junto a una política económica que profundizó los alcances del liberalismo económico. El programa de recuperación, saneamiento y expansión de la economía argentina fue pergeñado por la cartera económica con el fin de dar cumplimiento a la implementación de las políticas afines a los organismos internacionales y la toma de deuda como marco regulatorio, en el orden económico, de la praxis social. La política económica consignó cinco puntos centrales: intento del retiro del déficit comercial (que nunca fue alcanzado), reducción del gasto público (con los consecuentes despidos masivos en las empresas del Estado), plan de privatización y achique de empresas del Estado (por ejemplo, la disminución de la extensión ferroviaria, su infraestructura y recursos humanos), reforma abrupta del sistema financiero (que incluyó el cierre de bancos provinciales y regionales y el fuerte incremento de las tasas de interés por préstamo sin la intervención del Estado) y una reforma del sistema financiero con importantes deudas ante organismos internacionales como el Fondo Monetario Internacional.

Al finalizar la gestión de Martínez de Hoz, ni la inflación, ni la deuda externa, ni la recesión fueron saneadas ya que el monto del préstamo se acrecentó cuantiosamente, la inflación tuvo una importante escalada y las medidas tomadas no alteraron la inactivación productiva. En su último discurso como ministro de economía, Martínez de Hoz reconoció que su plan quedó a mitad de camino dado los escasos resultados obtenidos y los altos costos económicos y políticos que el Estado debió asumir por las consecuencias de la política de hacienda. Como dato aleatorio, con relación a la deuda soberana de Argentina, el 13 de julio de 2000 un fallo a cargo de Jorge Ballesteros declaró la deuda contraída por el Estado como ilegítima y fraudulenta sin hacer cumplir sentencias efectivas a sus responsables ideológicos.

Maurizio Lazzarato (2011) analiza la especial envergadura que tiene la deuda dentro del sistema bursátil, económico y social potenciado contemporáneamente en el marco de la crisis económica tanto de Europa (2008-2013) como de Argentina (2001, 2019). La tesis de Lazzarato indica que la deuda, en el contexto capitalista contemporáneo, es la principal determinación simbólica y material en la conformación de subjetividades sociales e individuales. Las relaciones sociales, en esta perspectiva, están motivadas por un paradigma que no se sostiene tanto por el intercambio material o simbólico sino más bien por la asimétrica y violenta relación del deudor con respecto al acreedor: "La deuda es una relación económica indisociable de la producción del sujeto deudor y su 'moral' [...] de modo que economía y ética funcionan de manera conjunta" (Lazzarato, 2013: 13). En la multiplicación del crédito y su consecuente deuda se organiza el principal dispositivo de explotación capitalista, ya que se apropia del trabajo, los recursos del endeudado y una dimensión moral del sujeto endeudado. Lazzarato toma como punto de referencia, tal como lo hace Walter Benjamin en su trabajo *El capitalismo como religión*, la caracterización que primeramente estableció Friedrich Nietzsche sobre los conceptos alemanes de *schuld*, culpa, y *schulden*, deuda, con el fin de establecer la distinción moral del primer término y el alcance inminentemente material del segundo. De modo que "la moral de la deuda induce una moralización a la vez del desempleado, el asistido y el usuario del Estado benefactor, pero también de pueblos enteros" (Lazzarato, 2013: 37). La lectura que realiza el autor a propósito de Nietzsche señala que, en efecto, el crédito, y no el intercambio, se ha convertido en la clave para entender el funcionamiento de la dinámica social.

La relación del acreedor y el deudor tiene tal magnitud que, en el proceso de secularización de la cultura moderna, la deuda ha pasado a ocupar el lugar de la culpa cristiana por cuanto con el nacimiento el sujeto viene al mundo con las deudas materiales propias –las tarjetas de créditos y demás empréstitos financieros y bancarios–, soberanas –del Estado en el cual es ciudadano– y la social. De modo que el pecado original cristiano ha sido sustituido en el capitalismo tardío por la deuda de nacimiento con la cual se llega al mundo. Es así que la imagen del hombre endeudado está regida por una relación drásticamente asimétrica de acreedor/deudor que lo acompañará en toda la existencia. Dice sobre Lazzarato: "Si antaño nos endeudábamos con la comunidad, con los dioses, con los ancestros, ahora estamos en deuda con el dios Capital". (Lazzarato, 2011: 39)

En las relaciones sociales, la deuda no se agota ni detiene sino que se extiende al infinito. Culpa con el dios cristiano y deuda en la conformación del sujeto de consumo sintetizan y grafican un aspecto decisivo del sujeto contemporáneo. El alcance de la deuda abarca al sujeto jurídico del Estado que contrae empréstito y, como consecuencia de ello, la deuda social que acentúa el sistema de exclusión capitalista. De modo que el capitalismo supo readecuar el sentido de culpa infinita del cristianismo, el pecado original que lo acompañará hasta el final de los tiempos, en un alcance de deuda vital extendida en toda su existencia. Para Lazzarato, la magnitud de la deuda al infinito ha producido un régimen mediante el cual el padecimiento del deudor es tal que se convierte en un sentimiento de retorno que emula la culpa religiosa. Estableciendo la correspondencia, y también distinción, entre el cristianismo y el capitalismo, señala Lazzarato: "la deuda interiorizada de la religión cristiana tiene aún una naturaleza trascendente, en el capitalismo su existencia es inmanente" (Lazzarato, 2013: 90). Fue el neoliberalismo el que llevó al máximo la deuda y sus implicancias subjetivas en las esferas sociales e individuales a una escala planetaria. Esta condición desterritorializante, por cuanto niega la soberanía de los Estados, no respeta sus fronteras, los dualismos del sistema de producción (división de clases, activo/pasivo) ni la autonomía de las esferas de lo económico, lo político y lo social en función de sus objetivos de voraz expansión.

Terrorismo de Estado y neoliberalismo económico grafican el encuadre del último golpe cívico-militar argentino. El primero afirmaba positivamente el Estado liberal mientras que el segundo hacía llegar hasta las últimas consecuencias el liberalismo económico. Es en esta articulación donde los semas *culpa* y *deuda* conforman el efecto de sinergia de ambos órdenes discursivos y pragmáticos. La construcción de la culpa, colectiva o individual, fue parte de los objetivos y las consecuencias del Terrorismo de Estado ya que con su plan, de incuestionable reminiscencia cristiana, tenía al menos tres escenas decisivas. En primer lugar, la culpa del sobreviviente de los campos de detención (o bien los que decidieron exiliarse y, al volver, transitaron la culpa por la desaparición de los que se quedaron). En segundo término, vinculado con el sobreviviente de los campos, aquel que transitó la experiencia de la delación con el fin de sobrevivir gracias al beneficio alcanzado por la traición, que, como señala la protagonista de *Memorias del río inmóvil,* "no supo morir como hombre" (Feijóo, 2002). Por último, se puede considerar el particular caso de Adolfo Scilingo que, ocupando claramente el lugar de verdugo, no pudo resultarle indiferente su decisión criminal más allá de los artilugios discursivos del orden eclesiástico. De los tres casos citados, la delación es el que permite ver el pasaje que va de la culpa por haber traicionado un principio básico de lealtad entre un frente político, a la deuda de vivir por la entrega del otro. Los alcances y consecuencias terroristas, en particular la culpa, tienen un punto de gravitación inexorable: el desaparecido. Éste concentra toda la positividad de la política del terror. La culpa tiene, tal como lo hiciera recordar Nietzsche, un valor moral, mientras que el alcance de la deuda ostenta una connotación material que es coincidente con las consecuencias materiales de la política neoliberal de José Martínez de Hoz.

La relación terrorismo de Estado y neoliberalismo se encuentra en otro punto. El Estado argentino, tras producirse la recuperación de la democracia en 1983, procuró saldar la deuda que este tenía con los familiares de los desaparecidos al proponerse indemnizarlos con dinero y concluir, de ese modo, con la responsabilidad ética y política vinculada al pasado reciente. Dentro de la lógica mercantilista liberal que organizaba esta idea, se equivalía el valor de la vida humana al del dinero con el fin de saldar el accionar de la apropiación de personas. Hebe de Bonafini expresó el posicionamiento de Madres de Plaza de Mayo al indicar la articulación que el capitalismo tiene con la muerte y el dinero. Enrique Font recupera el pronunciamiento:

> Nosotras no vamos a aceptar que aquello que tiene que ser reparado con justicia sea reparado con dinero[...]. Porque en realidad hay una deuda interna, una deuda con nosotras, una deuda de justicia... Y ellos [los militares] los quieren muertos, porque la muerte es el fin. El capitalismo tiene dos opciones que van juntas: el dinero para pagar a los muertos y a la muerte en sí misma como el fin de la lucha. [Los desaparecidos] no necesitan flores, tumbas o velas, necesitan vida, la plaza y gente joven que luche. No estamos locas, no pedimos imposibles. (Font, 2000: 97)

La positividad de las implicancias neoliberales se prolongan dos décadas después en la presidencia constitucional de Carlos Saúl Menem. El neoliberalismo del menemato continuó y potenció lo actuado por el plan económico de los años 70 (de hecho los cinco puntos descriptos en la política económica de 1976 fueron, coincidentemente, los ejes propositivos de la política del ministro de economía Domingo Felipe Cavallo). Los años 90 estuvieron marcados además por el individualismo y una certera profundización del modelo de Martínez de Hoz, si se considera el plan sistemático de privatizaciones, el retiro absoluto del Estado en las reglas del mercado, la disolución de la producción y la industria local de acuerdo a los beneficios alcanzados por el plan de convertibilidad, el flujo sideral de préstamos ofrecido por los organismos internaciones y las consecuencias del modelo con los máximos niveles de desocupación alcanzados hasta entonces en el país. Lo iniciado en materia económica durante el período 1976-1980 con Martínez de Hoz permite ver, una vez más, la ligazón, concediendo las evidentes diferencias entre un tiempo y otro, entre el neoliberalismo y la indiferencia por los derechos humanos, ya que fue precisamente durante el menemismo cuando se produjeron no solo el no cuestionamiento de la anulación de las Leyes de Obediencia de Vida y Punto Final sino además se decretaron los indultos a los responsables de Terrorismo de Estado.

[2.4] La desaparición como instrumento de terror: el Estado terrorista y su aparición formal en el "Reglamento de acción psicológica del Ejército Argentino" [1968] y otras fuentes

> "Seguramente Villa, mañana aparecerán 2 o 3 cadáveres. Es como le digo: hay que terminar con la venganza y pasar e implementar una estrategia sistemática".
>
> Luis Gusmán, *Villa* (1995)

> "El secuestrado se ha convertido en un "desaparecido" [...]. Este aislamiento está dado por dos situaciones básicas: la de pérdida y la de incertidumbre [...]. Se imagina a su vez la angustia de ellos, pero ignora su suerte, sus sentimientos, sus movimientos. Por días, meses y hasta años, continúa la incertidumbre. La misma sensación que externamente se siente frente al "desaparecido" es la que él mismo siente ante el mundo de sus afectos exteriores. El mismo dolor e igual impotencia".
>
> Luis Duhalde, *El Estado terrorista argentino. Quince años después, una mirada crítica.* (1999)

Con la apertura –desde 2003– de los juicios de lesa humanidad vinculados a los delitos perpetrados durante la última dictadura cívico-militar argentina se ha tomado conocimiento de una serie de reglamentos y documentos públicos y privados que la jerarquía militar había procurado desaparecer. Estas fuentes, trabajadas en el contexto de los mencionados juicios en tanto prueba irrefutable del funcionamiento del aparato terrorista del Estado, permiten también, fuera del ámbito judicial, configurar sentidos y representaciones que acompañan el proceso de comprensión del horror de esos años, en particular, en lo que atañe a la intención de las Fuerzas Armadas de sistematizar e institucionalizar prácticas de carácter terrorista y genocida. Por otra parte, la puesta en diálogo de estos instrumentos administrativos del Estado con un *corpus* literario y/o testimonial permite captar el modo en que la estética organiza un orden de la comprensión de la experiencia, constituido –en el caso del género novelesco por ejemplo– a través de un efecto de totalidad de sentido de una vida. La *aesthesis* absorbe el impacto, sensorial y subjetivo –se entiende el orden subjetivo como el modo en que un sujeto pliega hacia sí las vicisitudes exteriores y de qué manera ese plegamiento fluye hacia las relaciones intersubjetivas ulteriores (Cohen, 2001)– en este caso, la huella de la violencia, para dar cuenta de la incumbencia personal, moral e ideológica de las condiciones de esa contingencia.

Un caso verdaderamente llamativo es el Reglamento RC5-1 "Operaciones psicológicas del Ejército Argentino" –escrito por el General Santiago Lanusse en 1968– que estuvo vigente en el interior del Ejército Nacional hasta 1997 y que cobró una magnitud inconfundible en 1976, como instrumento administrativo emanado del Poder Ejecutivo Nacional, hasta el retorno de la democracia. El documento fija las estrategias del Estado tendientes a generar pánico y miedo en la sociedad a través de dispositivos de acción psicológica. El reglamento se dirigía tanto a sujetos puntuales, grupos específicos, como a la sociedad en general en busca del quebrantamiento de la acción pública subversiva[2].

Ahora bien, el Reglamento RC5-1 no fue el único instrumento legal, público o secreto, emanado del Poder Ejecutivo Nacional durante la década de 1970. De hecho, el RC5-1 hace sistema con otros que iban en la misma dirección de disciplinamiento social. Se puede señalar el "Plan del Ejército" de 1976, de carácter secreto, y los "Decretos de Aniquilamiento" (2770/75, 2771/75 y 2772/75) de 1975 bajo el Gobierno de Isabel Martínez de Perón[3]. La referencia de estos últimos decretos, emitidos durante el gobierno constitucional de Perón, advierte que el plan sistemático sustanciado en la última dictadura tuvo claros antecedentes; específicamente, los métodos de detención, tortura y desaparición de personas[4]. Jorge Rafael Videla justifica la práctica de aniquilación subversiva como herencia de los Decretos presidenciales del año 1975 y discute con Ítalo Luder sobre el alcance semántico del término *aniquilamiento*. Videla acude a la Real Academia Española y lo explica así: "Él [Ítalo Luder] dijo que no quería decir matar a personas

---

[2] Dice el ex dictador Jorge Rafael Videla a propósito de la desaparición de personas y su articulación con la configuración del miedo social: "La solución fue sutil –la desaparición de personas–, que creaba una sensación ambigua en la gente: no estaban, no se sabía que había pasado con ellos; yo los definí alguna vez como ´entelequia´. Por eso, para no provocar protestas dentro y fuera del país, sobre la marcha se llegó a la decisión de que esa gente desapareciera; cada desaparición puede ser entendida ciertamente como el enmascaramiento, el disimulo, de una muerte" (Reato, 2016: 74).

[3] Dice Jorge Rafael Videla sobre los desaparecidos y su vinculación política anterior a la última dictadura cívico-militar: "Era una figura (los desaparecidos) que venía de los gobiernos anteriores, del gobierno peronista, por ejemplo, en especial luego de los decretos firmados durante el interinato del senador Ítalo Luder, a principios de octubre de 1975". (Reato, 2016: 68)

[4] De hecho, la "disposición final" con la cual se aludía al plan sistemático de desaparición de personas en el período 1976-1983 era una nominación que provenía de la década de 1960. Dice Ceferino Reato al respecto: "Estas palabras, Disposición Final, ya aparecen en la ´Conducción para Fuerzas Terrestres´, de 1968, y continúan vigentes en los cambios introducidos en los reglamentos". (Reato, 2016: 71.

sino que refería a aniquilar el accionar subversivo. Pero, ¿cómo aniquilar el accionar sin aniquilar el accionante?". (Reato, 2016: 182)

El "Reglamento contra elementos subversivos" (Reglamento RC9-1) es otra fuente a tener en cuenta. Éste indica claramente la idea de sistema de control y represión. Se reconoce una primera instancia del proceso de reorganización nacional y la equiparación del terrorista con el referente subversivo de izquierda. El señalamiento del Estado nacional hacia la figura del subversivo como amenaza no hacía otra cosa que producir en el otro su propio espejo. Subversivo era, para el Estado Conjunto del Ejército, el terrorista por excelencia, y esa representación le confería el derecho de aniquilamiento[5]. Se destaca el rol decisivo de la inteligencia militar al servicio de la eliminación del subversivo terrorista. Nótese de qué manera, en la mirada del Reglamento RC9-1, se configura la idea de la guerra entre los dos bandos; esta equiparación del subversivo con el aparato militar, en tanto integrantes de una acción bélica, convierte al Estado en garantía y defensa natural del orden y los valores occidentales y cristianos. En el Reglamento se lee una estrategia de autolegitimación en relación a los primeros pasos del accionar subversivo.

Prima facie, en lo que respecta al "Reglamento de acción psicológica", lo que indica es la existencia de un Estado proclive a utilizar un discurso de orden y seguridad nacional y propiciar, al mismo tiempo, la construcción del terror como medio a partir del cual doblegar y eliminar al enemigo real o figurado. La construcción del miedo y el terror se encuentra fundamentada en la presupuesta seguridad nacional y, a su vez, se sirve de estudios científicos del campo psicológico y de los medios masivos de comunicación como potentes instrumentos de inserción a lo social. En los Conceptos Generales de la normativa se lee un fragmento que es claramente programático en sus presunciones conceptuales e ideológicas:

> Un pueblo que quería imponer su voluntad a otro, ha tenido siempre que emplear fundamentalmente la fuerza, es decir, la GUERRA. Al presente, los progresos de las ciencias sicológicas, de las técnicas de influencia sicológica y de los medios de comunicación de masas, han acrecentado singularmente el efecto y el alcance de nuevos medios de lucha. Estos resultan

---

[5] El máximo responsable militar del genocidio argentino de la década de 1970, Jorge Rafael Videla, explica el alcance del exterminio humano en Argentina en tanto "disposición final" que tiene una vinculación histórica y bíblica: la "solución final" propiciada por el nazismo y el "juicio final" con una clara alusión evangélica. El dictador lo explica en estos términos: "'Disposición Final' fue una frase más utilizada: son dos palabras muy militares y significan sacar de servicio una cosa por inservible. Cuando, por ejemplo, se habla de una ropa que ya no se usa o no sirve porque está gastada, pasa a Disposición Final. Ya no tiene vida útil". (Reato, 2016: 70)

tan temibles como los medios físicos, aunque menos sangrientos, pues son capaces de quebrarla voluntad de lucha de un adversario antes de que la misma haya comenzado. (Reglamento RC5-1)

La principal argumentación que se organiza en el Reglamento supone una perspectiva evolucionista de la cultura humana basada en la lucha y la contienda como medios tendientes a obtener éxito y logro en objetivos civilizatorios precisos. El apotegma darwiniano de que las especies mayores persisten por dominio y eliminación de las menores justifica, algo más de ciento sesenta años después de la publicación de *La evolución de las especies*, la acción bélica tendiente a someter a los pueblos y los grupos adversos: el instinto gregario y la necesidad de sobrevivencia con la ingesta de otras especies son, en el plan sistemático de eliminación de personas de la Argentina de la década de 1970, las determinaciones con las que direccionan instrumentos legales de tortura y terror como lo es el RC5-1. El reacomodamiento de la perspectiva evolucionista que reemplaza el dominio de una etnia por otra se proyecta en este documento al de una ideología, liberal y burguesa, por otra, subversiva y, tal como se indicó a propósito del glosario básico y simplificador castrense, terrorista. Los documentos del *"État-Major Général des Armées"* francés, la "Instruction provisoire pour l'emploi des Forces Armées" de 1959 y la "Instruction provisoire sur l'emploi de l'arme psychologiche" de 1957, son claros y directos antecedentes que asocian los mecanismos biopolíticos de violencia y exterminio de personas en Argentina con la importación de la doctrina de contrainsurgencia que legitimó el accionar de las Fuerzas Armadas francesas, inminentemente colonialistas, tanto en Ruanda como en Argelia.

Se recupera el reglamento RC5-1 ya que no hay, hasta el momento, alguno que explicite frontalmente las instrucciones que hablen sobre los métodos específicos de desaparición de personas. El RC5-1, en cambio, puntúa los mecanismos terroristas del gobierno de facto. Algunos de los cuales, como el empleo del silencio y la invisibilidad forzada de personas en la esfera pública, se aproximan decididamente al procedimiento de desaparición de personas. Esta figura del desaparecido, entonces, cobra especial interés por cuanto la incertidumbre creada por la invisibilidad y el silencio de actores públicos en la sociedad son determinantes de una parálisis identificada con la prerrogativa del terror; quien sufre esta experiencia terrorista, aquel que es consciente de la desaparición de un otro, no está atravesado por el tormento o el hostigamiento directo sino que el impacto es consecuencia de indicios indirectos del Estado terrorista y su potencial de eliminación hacia el insurgente.

El Reglamento RC5-1 está organizado en una introducción, que fija el objeto de la acción psicológica, y tres capítulos en los que se puntúan las diversas categorías que caracterizan los métodos de acción psicológica. El segundo capítulo, en especial, fija las reglas, procedimientos y técnicas que confluirían en los resultados esperados –el quebrantamiento masivo o de grupos específicos– y en el tercer capítulo mandata a los actores que intervienen en las operaciones psicológicas en el apoyo estratégico de la desmovilización de los enemigos. El principio base a partir del cual se sostiene la acción psicológica es el reconocimiento, por parte del ámbito castrense, de la psicología como arma de control y terror con fines decididamente políticos. De hecho, la acción impulsada lleva como premisa la idea de una guerra psicológica del Estado nacional hacia aquellos actores ideológicos hostiles a las prerrogativas del Estado liberal, de ese modo la práctica de terror se justifica en función de un objetivo estratégico, por sobre todo, pero también político y necesario para evitar la amenaza de su destrucción:

> El método de acción compulsiva es toda acción que tienda a motivar conductas y actitudes por apelaciones instintivas [...]. La presión sicológica engendrará angustia, la angustia masiva y generalizada podrá derivar en terror [...]. La fuerza implicará la coacción y hasta la violencia mental. (Reglamento RC-5-1)

Las acciones "ocultas", escritas y a la vez declaradamente ilegales, involucran prácticas que revelan el carácter terrorista del Estado. En los medios "ocultos" aparece la "compulsión física: torturas de tercer grado. Compulsión síquica: anónimos, amenaza, chantaje, seguimiento físico, persecución, secuestros, calumnias, terrorismo, desmanes, sabotaje, toxicomanía, alcoholismo y drogas. Lavado de cerebro". (Reglamento RC-5-1)

La fuerza y, por lo tanto, la guerra se constituyen en el medio en el que un pueblo logra imponer su voluntad a otro y, en un mismo movimiento, la minoría política –aquella que ostenta los medios técnicos de la violencia según Hannah Arendt– se apropia del *demos* para controlar la insurgencia interna. Guerra y política quedan, una vez más, reunidas como equivalentes. Sobresale en la cita del bloque anterior, el principio de causalidad que involucra la escalada, mediante el mecanismo de acción/reacción de la violencia. Al mismo tiempo, el documento reconoce que la intervención del Estado con su máxima violencia debe ser determinante en la resolución del problema interno: "se debe atacar preventivamente en los lugares detectados, para anular el o los focos de germen" (Reglamento RC9-1). Resulta notable el empleo de terminología de salubridad tan característica del discurso sanitario castrense. La noción de *guerra* en el contexto de la subversión o terrorismo se explicita claramente en el Reglamento RC9-1.

En esta perspectiva, y tal como se indica en el RC5-1, el progreso de la ciencia psicológica ha permitido, junto a los medios masivos de comunicación, potenciar nuevos medios de lucha que no involucran necesariamente la fuerza física. La práctica del miedo y el terror se vuelven tan exitosos en el logro de los objetivos ya que, dice el Reglamento: "son capaces de quebrar la voluntad de lucha de un adversario antes de que la misma haya comenzado; a veces permiten imponerse al enemigo sin recurrir a la violencia física. Esta nueva forma de lucha se denomina guerra psicológica" (Reglamento RC-5-1). También es cierto que la práctica de terror no finaliza con el alcance de la parálisis social. La eliminación del enemigo registra, en última instancia, el objetivo principal de la política interna argentina de esos años y la causa de la acentuación del pánico colectivo sobre las consecuencias de los actos que se aparten de las prerrogativas del poder y el Estado.

Entre los procedimientos utilizados por la guerra psicológica se destaca el "laboratorio del rumor" (Reglamento RC9-1), así lo indica el reglamento RC-5-1, como una técnica particular tendiente a producir la obtención de información a través de mecanismos declaradamente ilegales por cuanto se utilizan los medios masivos de comunicación, sus actores públicos y periodistas, para la concreción del objetivo, vulnerando o fabulando un contenido presentado como informativo. La principal tarea en la realización de estos mensajes consiste en crear el mayor efecto de verosimilitud posible para que en la recepción del contenido se alcance la mayor concreción posible del objetivo: disuasión, obtención de información de inteligencia o miedo.

Pilar Calveiro (1998) puntualiza que la acción terrorista del poder hace efectiva su labor cuando individualiza una operación represiva hacia su objetivo. Para Calveiro, el poder estatal en Argentina articuló violencia y represión. Las relaciones entre clase e ideología grafican, en el escenario político, un conjunto de enfrentamientos violentos e intolerantes con las premisas de escucha política.

Todos los mecanismos de represión y violencia utilizados en la historia institucional del Estado argentino cobran un particular vuelco cuando se incorpora la desaparición física de personas como componente de acción psicológica hacia el sujeto desaparecido aún vivo y su entorno inmediato a la espera de una noticia de su paradero y destino. Una persona desaparecida no deja rastro. Al esfumarse sin su consentimiento y al no haber huella alguna de su localización, no hay ni cuerpo de la víctima ni delito. Esta última aseveración, inminentemente de orden jurídico, tiene, no obstante, una impronta simbólica y subjetiva hacia el interior de la sociedad y la cultura.

Como procedimiento represivo y terrorista, la técnica de desaparición de personas comenzó de un modo planificado en Argentina con el golpe militar de 1966. Desde ese momento, el campo de concentración y exterminio se vuelve referencia inexcusable del poder como espacio de eliminación y castigo, práctica sostenida desde las instituciones castrenses y el aparato estatal en su conjunto. Aquí se produjo un viraje en cuanto a que desde ese momento, las cárceles dejaron de ser el enclave privilegiado de tortura y represión para trasladarlo hacia los campos clandestinos de detención y desaparición de personas. Las Fuerzas Armadas fueron las responsables directas de montar el inminente sistema punitivo.

Pilar Calveiro describe el *modus operandi* de los campos de concentración en la Argentina y la repartición de responsabilidades en su interior. Para los verdugos y torturadores existían modos de hacer tolerable las prácticas que allí se llevaban a cabo; una de éstas involucró un uso particular de lenguaje: se empleaban mecanismos de sustitución léxica como el término "interrogación" en reemplazo de "tortura" y, en igual sentido, "interrogadores" sustituyendo "torturadores".

Para hacer más permisible la idea y concreción de arrojar los cuerpos vivos al Río de la Plata se valían del principio de repartición de las responsabilidades en el interior de los campos de concentración y el permanente relevo, tal como lo recuerda Adolfo Scilingo, de aquellos que debían llevar a cabo la tarea final. Dice Calveiro:

> Los "bultos" amordazados, adormecidos, maniatados, encapuchados, los "paquetes" se arrojaban vivos al mar. En suma, el dispositivo de los campos se encargaba de fraccionar, segmentarizar su funcionamiento para que nadie se sintiera finalmente responsable [...]. El hecho de formar parte de un dispositivo del cual se es sólo un engranaje creaba una sensación de impotencia que además de desalentar una resistencia virtualmente inexistente fortalecía la sensación de falta de responsabilidad. (Calveiro, 2008: 39)

La construcción subjetiva, pública y privada del desaparecido es abordada por Eduardo Luis Duhalde (1999) cuando analiza la suerte de conversión que se produce en un individuo cuando es secuestrado e incomunicado con el exterior del campo. El retiro del orden mundano, privado y público, transforma la experiencia del secuestro en desaparición forzada. La consecuente ruptura del mundo exterior connota a ese aislamiento la envoltura de la pérdida y la incertidumbre. Esta pérdida involucra, precisamente, la del mundo exterior y la consecuente angustia por ese sí vuelto desaparecido que además es consciente de que su entorno a la brevedad lo pensará en esa condición. La incertidumbre de no saber qué será de sí atraviesa una experiencia del terror atroz para su cuerpo y su consciencia.

Tal incertidumbre no tiene límites porque el encierro no sólo puede durar años sino que, además, está a la merced de sus verdugos que ostentan toda la impunidad de la ilegalidad con el respaldo de las instituciones estatales y, por lo tanto, de la posibilidad de su exterminio y desaparición final. Dice Enrique Font (2000) sobre el impacto social de los desaparecidos tanto en la década de 1970 como en el devenir histórico: "Ninguna tumba selló el destino de los desaparecidos. Estas muertes nunca pudieron ser cubiertas. Su ausencia irresoluta estaba imbuida de fantasmagórica vitalidad... Para que la historia de los desaparecidos concluyese, las tumbas debían llenarse" (Font, 2000: 93). La "fantasmagórica vitalidad" asumirá diferentes apariencias, como por ejemplo, en la literatura del período biopolítico en que la figura del desaparecido cobrará forma a través de personajes, escenas, géneros y procedimientos.

En lo que respecta al impacto subjetivo del entorno de aquellos que fueron desaparecidos, Ludmila Da Silva Catela (2014) se interroga sobre las implicancias políticas y sociales que se abren alrededor de estos en tanto "muertos sin cuerpos ni sepultura" (Da Silva Catela, 2014: 120). Al no haber un *topos* en el que se organice la experiencia del duelo, la autora formula una serie de preguntas: "¿Dónde es localizada la muerte? ¿Para dónde se trasporta la energía concentrada delante de la sepultura de un hijo, un padre, un hermano muerto? ¿Cómo son rearmadas y construidas las clasificaciones sobre la muerte? ¿Cómo es caracterizada y expresada?" (Silva Catela da, 2014:122). La experiencia de desaparición de familiares y amigos abre, en el marco del terrorismo de Estado, un espacio de espera y búsqueda para saber dónde están sus restos. La falta de un lugar específico para producir el duelo produce una indagación en la esfera pública con el fin de transitar la experiencia de dolor, signada desde la cultura como acontecimiento privado.

La construcción del terror tiene, entonces, un lugar y una figura específica. Tanto el campo de concentración como el desaparecido confluyen en una guerra fabulada por el Estado con el fin de constituir un enemigo que, más allá de las presunciones objetivas de una lucha desigual, justifique una batalla épica de retorno a un esencialismo difuso que entremezclaría la memoria de un nacionalismo junto a otra tradición, inminentemente occidental, católica y liberal. Así al librar esa batalla imaginaria se configuraría el sentido de la existencia misma de la Junta Militar tal como se observó en el documento RC5-1 cuando se igualaban los primeros pasos de la guerrilla subversiva con los del proceso de organización nacional. De esa experiencia histórica y cultural de los años de plomo en Argentina, la literatura territorializa una zona donde el terror y la violencia organizan un relato de la experiencia.

[2.5] La literatura y la búsqueda por la inteligibilidad del vacío: terror y desaparición de cuerpos

Las prerrogativas de Terry Eagleton a propósito de la confraternidad entre Estado moderno y terror por un lado, y la connivencia de un orden capaz de articular el placer y el beneplácito de una nación con el miedo y el pánico dentro de un encuadre jurídico por el otro, disponen el debate crítico del poder en la Argentina totalitaria de los 70. Según las reflexiones de Hannah Arendt, la violencia no sólo es constitutiva de la interioridad misma del Estado sino también del seno de la política que lo sostiene. En la historia reciente de Argentina, concretamente en la experiencia del golpe cívico-militar perpetuado en los 70, estas dos valencias, el terror y el Estado, se precipitan hacia un espacio y una figura que irrumpen para desestabilizar la unidad y beneplácito del relato nacionalista conformado desde la contradictoria generación del 80: el espacio del campo de concentración y la figura del desaparecido. No es posible ver, aunque la observación implique la obviedad, estos dos entes si no es desde una evidente relación lógico/causal. El campo de concentración es determinante de la figura del desaparecido, por lo tanto, la productividad (Agamben, 2000 a) de los *lager* en Argentina se prolonga por fuera de sus límites materiales hacia el Río de la Plata y es motivo de las sucesivas formaciones subjetivas que recorren las representaciones político/ideológicas de los últimos cuarenta años.

El Río de la Plata es el espacio particularmente complejo de una representación material y simbólica de la técnica de desaparición de cuerpos ya que, en efecto, es el inexcusable lugar desde donde se precipita el umbral del desparecido: después de arrojar los cuerpos no hay nada más; y es, también, el sitio desde donde el sujeto —de la pérdida, de la culpa, de la melancolía o historia— detiene la mirada con el fin de concretar, ante la vastedad del espacio, la cita con el vacío, como consecuencia del accionar terrorista. El alcance del término terror remite a la intensidad del miedo y el pánico frente a una experiencia que recorre la vulnerabilidad y el desamparo propio o ajeno. La palabra terror es, por antonomasia, la metodología expeditiva propia de la acción revolucionaria y contrarrevolucionaria; se puntualiza en esta acepción, la época de la Revolución Francesa en que tal método caracterizó el acontecimiento político y social de entonces.

La enumeración de los procedimientos que se encuentran estipulados en el RC5-1 tendientes a instalar efectos específicos en la sociedad o grupos puntuales, describe recursos que nos remiten al interior de géneros literarios como el policial o los cuentos de terror con el fin de garantizar orientaciones de sentidos dirigidos específicamente a los lectores. La consideración de estos procedimientos no son los únicos anclajes que vinculan prácticas de terror y literatura. A lo largo de todo el "Reglamento de acción psicológica" se advierte el empleo de una semántica ficcional y, especialmente dramatúrgico, que permite captar el grado de abstracción con el que el Estado pensó la acción psicológica, los efectos que ésta tiene en el escenario social y la dimensión imaginaria en el uso del campo semántico literario. El RC5-1 da cuenta de un lenguaje particularmente didáctico en los modos en que lleva a cabo el mandato de incitar el terror y, al mismo tiempo, se vale de un principio de economía verbal mediante el cual omite las palabras más comprometidas en el accionar terrorista, en particular, en lo que corresponde a la desaparición forzada de personas y las metodologías de torturas.

La puesta en funcionamiento en el interior del Reglamento de una suerte de, tal como lo indica el documento, "maqueta de operaciones" (Reglamento RC9-1) utilizando términos como: teatro, público (o blanco), silencio –y sus consecuencias– o auditorio, permiten advertir, en efecto, la apropiación de un terreno discursivo bien distante del universo fáctico del ámbito castrense. Esta apropiación no es la única: el registro psicológico, presentado como verdad científica y por lo tanto garante de verdad, es otra. Algunas de las prácticas involucraban la tortura, el hostigamiento y, de una manera más radical, la desaparición física de las personas.

En las primeras novelas que conforman el *corpus* –aquellas publicadas en los primeros años de la década de 1980– (*El entenado, El río de las congojas* y *En el corazón de junio*), como en otras editadas en la década de 1990 (*Nadie nada nunca* y *Kanaka*) prevalece el tratamiento alegórico en lo que respecta al tópico del terror. Es así que algunas novelas exhiben un modo de plantear elípticamente la desaparición de personas mientras que, en otras, se muestra la aparición de sus restos. En *Nada nadie nunca* el asesinato en serie de caballos junto a la perplejidad que este acontecimiento provoca en los protagonistas vislumbra una realidad de incertidumbre y pánico. Si bien es cierto que las desapariciones no involucran a las personas, también es cierto que el miedo y el pavor de hallar un cuerpo que los sorprenda, apostado en la tierra firme o en el interior del río, incita en la subjetividad de los protagonistas una sensación de constante acechanza. La peripecia de muertes sistemáticas consigna, alegóricamente, al imaginario social del plan de exterminio de personas de dos décadas anteriores a la publicación de la novela. El hecho de que un único caballo quede con vida remite, por extensión, al testigo subversivo que las fuerzas militares dejaban con vida con el fin de que narre el horror y provoque estratégicamente el pánico.

Muerte sistemática, visión de los cuerpos muertos en el Río de la Plata y testigo narrador del horror componen la serie que también acompaña la novela *El entenado* de Juan José Saer. La impresión del entenado al ver los cuerpos flotando en el gran río y la conciencia de que la empresa colonizadora española estaba teñida de sangre y barbarie impregnan el relato con el desgarro y el horror. En *Kanaka* de Juan Duizeide la imagen de intensidad y sorpresa de un cadáver joven, visiblemente maltratado, connota, igual que en las dos novelas anteriores, la escena de un cuerpo arrojado a las aguas del Río de la Plata. Tanto en las ficciones de Juan José Saer como en Juan Duizeide las voces narradoras captan la perplejidad de los personajes ante el hallazgo mortuorio. En la novela *El río de las congojas* de Libertad Demitrópulos la desaparición de personajes está narrada por el dolor de sus madres. La añoranza y nostalgia por la pérdida de sus hijos compromete su presente y futuro.

En el corazón de junio de Luis Gusmán ofrece un conjunto de referencias vinculadas, siempre en clave alegórica, al horror y cuyo punto de gravitación es el río que emerge como espacio privilegiado de la ficción. En uno de los capítulos, el protagonista evoca la impresión de los ruidos provenientes del río: "al anochecer, cuando comienzan sus graznidos inquietantes, es como un llamado desde el fondo de las aguas" (Gusmán, 1983: 28). En otro momento, responde a su interlocutor sobre el destino de los almohadones de plumas que se constituyen como una alegoría de los desaparecidos: "No lo sé. Un día deberemos ir juntos al río para deshacernos de él. Sí, pero en una bolsa, para que no se dispersen las plumas" (Gusmán, 1983: 36). Las interpelaciones con relación a la desaparición de cuerpos en la ficción remiten a la experiencia genocida y terrorista de los 70: "Ahora es un cuerpo el que flota […] ¿Dónde están los cuerpos? ¿Dónde están los cuerpos?" (Gusmán, 1983: 89). En todos los casos, el procedimiento alegórico es la forma de la que se vale el narrador dirigiéndose específicamente al imaginario de exterminio de la Argentina setentista.

En *El vuelo*, el testimonio de Adolfo Scilingo grafica la inversión que se produce en el lenguaje según la perspectiva abierta por Pilar Calveiro y también el terror en su dimensión onírica, ya que el cúmulo de pesadillas asociadas a los cuerpos arrojados desde los aviones es una de las determinaciones que lleva a Scilingo a contar lo ocurrido. El objetivo, tal como se indicó anteriormente, era atemperar con la confesión el impacto de la desaparición forzada y el arrojo de personas al Río de la Plata. De esta manera, el horror/terror de lo actuado emerge en Scilingo a través de las pesadillas.

En *Escritos en el agua* y *El río sin orillas* los desaparecidos vuelven del Río de la Plata como cadáveres a la costa oriental, o bien como fantasmagoría para interpelar la aseveración de los uniformados de que los subversivos tirados al mar no volverían a la tierra. *Escritos en el agua* capta el efecto performativo del Estado en relación al silencio que imputaba a quienes vieran los cuerpos, y al mandato de que cerraran las ventanas de las escuelas para que los niños y niñas no los vieran cayendo desde los aviones:

> Los jefes nos habían dicho que no querían que anduviéramos diciendo nada. Teníamos que hacer como que no veíamos [...]. Jamás la policía o los jueces nos interrogaron estando en la cárcel, si llevábamos o traíamos gente, o sobre los cuerpos que veíamos caer [...]. No querían saber. Nadie quería saber. (Domínguez, 2002: 182)

La temática del terror es frontalmente tratada en *Aún* de Mariano Dupont con la constante conciencia de persecución que tiene su protagonista en relación al patrullaje en las proximidades donde vive y a todo un sistema de referencia urbana que remite a la acechanza y al control de los uniformados sobre la sociedad civil. Por lo tanto, terror y persecución son procedimientos formales que organizan constructivamente la trama de la novela.

Por último, *Memorias del río inmóvil* de Cristina Feijoo trata la parálisis emocional y física de Rita Rivero al actualizar la escena de terror cuando un espacio cerrado le recuerda la persecución de ayer. Esta ficción presenta un notable compromiso con los efectos que los procedimientos de terror, pergeñados en el último golpe cívico-militar, tuvieron en aquellos sectores sociales más comprometidos ideológicamente. El terror paraliza la libertad de acción y orienta la conciencia del sobreviviente de los años de plomo hacia los momentos de persecución política: "la mancha que deja pasar la memoria de las voces" (Feijóo, 2002: 14). La rememoración del terror resquebraja, tal como dice la narradora, el "coágulo de la memoria" (Feijóo, 2002: 16) para obligarla a que el pánico invada su derecho a la comprensión de lo ocurrido y también al olvido del dolor.

El ámbito y ejercicio de la justicia ha emergido desde la antigüedad greco/romana como condición de posibilidad de interrupción de la venganza. El recinto del juicio y el capital simbólico de un estrado prometen suspender el apotegma "ojo por ojo, diente por diente" en tanto práctica justiciera de bandos distanciados de las prerrogativas civilizadas. Dice Gustavo Zagrebelsky: "Hay tres cosas que rigen el mundo: la justicia, la verdad y la paz. Así lo entiende la *Mishnah*, que comenta que las tres cosas son en realidad una sola: la justicia. De hecho, apoyándose la justicia en la verdad, a lo que se llega es a la paz" (Zagrebelsky, 2000: 11). En el devenir cultural de Occidente, principalmente en la Era Moderna, el Estado asumió el rol decisivo de rol administración de justicia aunque en la experiencia cultural biopolítica del último golpe cívico-militar argentino se produjo, junto a un largo cúmulo de acontecimientos de igual o mayor envergadura, el doblez clave para pensar la distorsión del discurso jurídico del Estado liberal, tal como lo describe Terry Eagleton. La torsión/desviación tiene como epicentro el abandono de la venganza: el narrador de *Villa* de Luis Gusmán se inscribe en el ideario de la Triple A para dar paso, en el Proceso de Organización Nacional, no al desagravio sino más bien al desarrollo del plan sistemático de exterminio. La venganza tiene su desviación aberrante hacia el genocidio. De manera que el aparato paramilitar de López Rega se desplaza desde el 24 de marzo de 1976 al aparato sistemático de terror de todo el Estado nacional y, en él, las fuerzas militares intervinientes en la Junta. Venganza y genocidio evidencian desde el interior del Estado la contradicción dionisíaca del poder con los sujetos que dice proteger.

La existencia de documentos públicos y secretos emanados por el Poder Ejecutivo Nacional, tales como el "RC5-1" o los "Decretos de Aniquilamiento", deja entrever no sólo la presencia de un Estado impulsor del terror como estrategia de gobierno sino también la representación del poder atento a los discursos científicos, el psicológico por caso, y al empleo del uso del desarrollo de la técnica del momento, por ejemplo los medios de comunicación, como instrumentos de disciplinamiento social.

El acontecimiento del Terrorismo de Estado ha producido distintos impactos en las diferentes esferas sociales. En lo que respecta a la literatura, se ha observado la manera en que el terror singulariza figuras, procedimientos y géneros de un modo que le permite hacer visible el impacto subjetivo e intersubjetivo de aquellos personajes atravesados por la experiencia terrorista. En efecto, se ha indicado que el género de la confesión, el procedimiento alegórico de las desapariciones/apariciones de cadáveres y la figuración, en un sentido amplio, de los campos de concentración en Argentina conjuntamente con aquellos dispositivos dispuestos por el poder en la vía pública tendientes a producir el llamado "laboratorio de rumor" (Reglamento RC9-1) conforman el principal andamiaje formal desde donde la estética capta los modos de singularización de la experiencia del horror.

La literatura y, en ella, el testimonio han dado muestra del acontecimiento político y cultural de las consecuencias del terrorismo de Estado. En principio, ha conformado una contigüidad entre el campo de concentración, espacio cerrado y específicamente de tortura, y el Río de la Plata, lugar inminentemente abierto donde arrojar cuerpos transformándolo, simultáneamente, en sitio de morada y descanso. La figura del desaparecido, en esos dos espacios —campo y Río de la Plata— es organizada por el sujeto melancólico, por el sujeto de la culpa o el sujeto consciente del plan de exterminio que palpa el vacío dejado por el retiro de los militares y la ausencia de las personas. Todos, en algún sentido, fueron cómplices y/o víctimas de los instrumentos del terror. En esa representación del Río de la Plata convergen los personaje para interpelar la existencia y paradero de los que ya no están y revisar las circunstancias de las desapariciones con las implicancias éticas de sus acciones y, también, del silencio.

[3]

El Río de la Plata como lecho mortuorio: la dimensión de lo biopolítico

A lo largo de las dos centurias de literatura rioplatense hasta el período denominado biopolítico, se han producido diversos modos de representación del Río de la Plata. Interesa en esta oportunidad indicar un recorrido posible que procure mostrar el modo en que el estuario platense se constituyó a través de la literatura en una imagen singular en tanto lecho mortuorio a diferencia de otros momentos en que tal denominación se orientó hacia otros aspectos estéticos y políticos. Este proceso de representación del Río de la Plata como lecho mortuorio consolidó no sólo una idea sostenida en diversas propuestas estéticas autorales del período que se analiza, sino que también acompañó el afianzamiento en el imaginario social de un signo privilegiado y representativo de la época de violencia dictatorial.

Pueden identificarse, en ese modo de representación, antecedentes que comienzan a resquebrajar figuraciones ya utilizadas en los discursos culturales, especialmente literarios. La apuesta estética en cada caso posiciona al autor en una constelación que se aparta de lo ya reconocido alrededor del emblemático lecho fluvial. En esta línea se destacan poéticas que permiten horizontes estéticos y valorativos del Río de la Plata desde perspectivas muy diferenciadas: "Fundación mitológica de Buenos Aires" (1929) de Jorge Luis Borges, *Cadáveres* (1980) de Néstor Perlonguer y "País" (2012) de Juan Gelman. Corresponde señalar que, en el caso del poema "Fundación mitológica de Buenos Aires" no aparece alguna referencia que vincule el arrojo de cuerpos al estuario, como sí sucede en los otros dos poemas. Ahora bien, el hecho de que aparezca Borges en el recorrido tiene que ver con el impacto que ese poema tiene en lo que respecta a la relación del Río de la Plata con la ciudad de Buenos Aires. "Fundación mitológica de Buenos Aires" tematiza particularmente el corrimiento del protagonismo del Río de la Plata en la cultura argentina hacia la inminente metrópolis y el inicio de un proceso de resemantización del estuario en el interior de la literatura.

Además de estas tres poesías, el trabajo se organiza con el reconocimiento de, al menos, dos momentos representativos y significativos en la literatura nacional argentina, anterior al período biopolítico. El primer momento, denominado *geopolítico* es coincidente con el período de organización nacional, tiene como epicentro *Argirópolis* (1850) de Domingo Faustino Sarmiento. También son considerados: pasajes de *Viajes* (circa 1835) de Juan Bautista Alberdi, *Amalia* (1851) de José Mármol –en particular el capítulo "Monólogos del río"–, *El tempe argentino* (1842) de Marcos Sastre y *El Matadero* (1871) de Esteban Echeverría. Se advierte en este período una búsqueda por la construcción de una territorialidad minada por los debates políticos e ideológicos del período y un gesto deliberado por forjar una estampa estética en los límites materiales y simbólicos del estuario platense.

La segunda etapa, sincrónica con lo que la historia literaria argentina denomina *búsqueda del ser nacional*, tiene como epicentro "Quiromancia de la pampa" (1930) de Victoria Ocampo. El escrito se organiza partiendo del reconocimiento de una territorialidad identificada como rioplatense de la que hay que dar cuenta en sus rasgos y características. En efecto, hay en Ocampo una indagación ontológica del ser nacional realizada con interlocutores europeos y americanos. En algún sentido, se propone una continuidad, un pliegue con el momento decimonónico. Esto significa, en primer lugar, la afirmación del Río de la Plata como *topos* privilegiado de la identidad nacional y, al mismo tiempo, la ampliación de esas fronteras de la pampa argentina proyectada hacia el río. También se registran otros lugares ya identificados como emblemáticos para la cultura; tal es el caso de la ciudad de Buenos Aires. Entre los siglos XIX y XX se produce un corrimiento en el sistema literario: el Río de la Plata cede a la incipiente metrópoli un protagonismo cultural y político que le permitirá transformar sus límites, figuraciones y narraciones hacia nuevos horizontes para terminar hacia finales del siglo XX con una imagen refractaria de aquello que originariamente representó.

Con el advenimiento del siglo XX se produjo un deslizamiento en lo que respecta al protagonismo del Río de la Plata como lugar característico de la identidad nacional argentina y, en su lugar, Buenos Aires se apropió y resemantizó el modo de hablar en nombre de la cultura y la política rioplatense. En este cambio, los períodos que siguieron articulando escenas o representaciones junto al río lo hicieron desde otros parámetros: la búsqueda del ser nacional y el acentuado vínculo entre Río de la Plata y sujeto de la escritura. El desplazamiento erigió también una relación, por momento hostil, entre ambos espacios, el urbano y fluvial.

La figura insoslayable en lo que respecta a la presencia del Río de la Plata en la segunda mitad del siglo XIX es la de Domingo Faustino Sarmiento. La trascendencia de la figura de Sarmiento consiste en haber construido en torno a la escritura un *topos* público y político, espacio que contrasta con un escenario cultural primordialmente iletrado. La escritura es su fuerza, pero esa fuerza, en la política hegemónica de Rosas, se aleja del poder tramado desde el caudillaje. Sarmiento proyecta en la Confederación Argentina un país inspirado en el comercio y la cultura europea. Si bien es cierto que existe una relativa distancia, utópica quizás, entre el proyecto expresado en *Argirópolis* con los actores que definían la política de entonces, también es cierto que la elección de Sarmiento por Urquiza –en tanto figura política capaz de derrocar a Rosas– no fue azarosa. El autor de *Facundo* escoge dentro del abanico de posibilidades que le ofrecía el momento al comandante del Ejército Grande y al único caudillo que mantuvo desde siempre una postura en defensa de la organización nacional a través de una constitución federal.

Las negociaciones entre los letrados y el caudillaje fueron fructíferas: los letrados en exilio terminaron aceptando el federalismo como bandera de organización jurídica pero, al mismo tiempo, la negociación que Urquiza tramó con los viejos unitarios –que termina en Pavón– fracturó a los líderes federales del interior y Urquiza debió pagar con su vida. La política argentina sienta las bases para una larga serie de acuerdos, traiciones y asesinatos. Es en esta condición política que la escritura de *Argirópolis* puede ser leída ya que construye una intervención en un escenario político, el Río de la Plata, en procura de un orden ante las diferencias de las facciones.

Con relación a los rasgos de la escritura ensayística de Sarmiento, Jaime Rest (1982) –al analizar la escritura de *Facundo*, que bien se puede extrapolar a *Argirópolis*–menciona dos dispositivos centrales en la escritura sarmientina muy difundida a mediados del siglo XIX: el enfoque dialéctico de la novela histórica y el dispositivo dialéctico positivista. De Walter Scott, por ejemplo, se asocia la forma tesis/antítesis/síntesis. El esfuerzo de Sarmiento por señalar el fondo histórico y social es otra marca absorbida de la novela histórica decimonónica. *Argirópolis* es perspicazmente un entrelazado de discursos, tensiones y conflictos que reconstruye el imaginario de incertidumbre política de mediados del XIX. Al mismo tiempo, crea un efecto de cohesión entre las fuerzas antirrosistas. El tono conciliador define geopolíticamente una solución: el centro del Río de la Plata delimita un territorio –comercial y culturalmente oportuno– y desarticula las susceptibilidades de cada sector confederado.

Ante el imaginario de la época, Sarmiento se impone para forjar una conciencia comunitaria que quebrante las disidencias locales. La constitución de ese proyecto pareciera no tener la virulencia que aparece en *Facundo* vinculado a la díada civilización/barbarie. El *nosotros* de *Argirópolis* se inscribe en un proyecto civilizatorio que valida la utilización de la fuerza militar para derrocar el otro impulso que cancela la paz social y el avance del orden jurídico. El Río de la Plata no sólo es parte de una polaridad ungida como civilizatoria –fuera del Plata se ubica la barbarie– sino también la respuesta a la desarticulación del binarismo sarmientino en beneficio del progreso.

> Martín García es el cerrojo echado a la entrada de los ríos [...]. Hablamos de la isla de Martín García, situada en la confluencia de los grandes ríos [...]. Ocupada la isla central por el congreso, quedaría garantida la libertad comercial de todos los Estados contratantes, sin el peligro que hoy subsiste de que devuelta a la jurisdicción del gobierno de Buenos Aires. (Sarmiento, 1997:5)

Sarmiento propuso resolver el conflicto político de la Confederación instalando la sede política y administrativa en la isla Martín García. El autor del *Facundo* nombra al Río de la Plata como el enclave comercial y económico capaz de competir con las grandes potencias de la época. Por otro lado, el Río de la Plata es el cerrojo de los pueblos del sur que se vuelve defensa económica y militar frente a posibles invasiones. El autor de *Facundo* insiste en la necesidad de construir un Estado cuyas bases sean el enriquecimiento económico y la civilización del pueblo. A lo largo de toda la escritura de *Argirópolis*, se elide el nombre de Juan Manuel de Rosas –en tanto figura del bárbaro– en oposición al plan civilizatorio del autor de *Recuerdos de provincia*. En sus artículos, Sarmiento esboza una serie de propuestas –tanto económicas como políticas– con el fin de estabilizar la crisis de la Confederación Argentina.

En 1929 Victoria Ocampo escribió *Quiromancia de la pampa*. El principio organizativo es una carta dirigida a un amigo parisiense. Un rasgo caracteriza nítidamente esta escritura: la multiplicidad de voces y personajes convocados con el fin de dar cuenta aspectos del ser nacional argentino a través de la articulación pampa /Río de la Plata /ser argentino. *Quiromancia de la pampa* despliega un efecto de diálogo íntimo entre Ocampo con distintos exponentes de la cultura occidental. Claro es que Ocampo intercambia con europeos y americanos con el fin de insistir sobre la mirada que los argentinos tienen de sí y la compleja relación con la pampa y el río. Se expresa, al igual que la escritura sarmientina, una actitud cosmopolita de alto valor y agudiza este presupuesto inscribiendo un intercambio con europeos y norteamericanos. Mientras Sarmiento se dirigía, por el objetivo político de su escritura, directamente a los criollos, para Ocampo, todo diálogo cultural es con Europa.

Quiromancia de la pampa indaga la búsqueda de sentido y significación de un espacio reconocido como inconmensurable y vacío para el examen escudriñador del visitante extranjero y aceptado por la autora. La articulación planicie pampeana/Río de la Plata se sostiene en cuanto continuidad y monotonía. La puesta en abismo que hace que un metro cuadrado se multiplique en infinitos kilómetros de pampa se proyecta también al estuario. La idea de vacío que le comunicaban sus amigos a propósito de la pampa argentina no busca ser rebatida por la autora, así como tampoco es retóricamente resuelta en tanto ausencia y sentido.

En el inicio de *Quiromancia de la pampa* hay un gesto de encuentro con Sarmiento en el que Ocampo abre la discusión en torno a la identidad argentina a través de una somera descripción del territorio físico de América en el que toma como punto de referencia la novela *Ecuador* de Michaux. Los rasgos que el autor resalta en la descripción americana son muy próximos a los modos en que el territorio es descrito en *Facundo*. El devenir argumental de Ocampo claramente se diferencia del de Sarmiento en tanto no se construye la escisión civilización/barbarie. La autora indaga ontológicamente la identidad nacional sin alistarse en los conflictos internos. La reflexión final de Ocampo es que la mirada del argentino sobre sí está pendiente del modo en que el foráneo lo observa y, como si éste fuera un quiromántico, capaz de interpretar la realidad ontológica del ser nacional, la autora misma cae, sin proponérselo, en su propia observación al concebir al ser nacional a partir de la mirada de estos otros, sus interlocutores. El Río de la Plata problematiza, conjuntamente con la pampa, la identidad nacional, aunque esta articulación se efectivicc a través de un modo elíptico y refractario: las voces foráneas que son convocadas por Ocampo.

"Fundación mítica de Buenos Aires" se retira de los modos en que el Río de la Plata había sido representado a lo largo del siglo XIX. El poema se ordena como espacio emblemático del incipiente Estado argentino, estableciendo al mismo tiempo un apartamiento del relato del río como emblema de la plata y las riquezas. Para llevar a cabo esta distancia, Borges efectúa tres operaciones decisivas. En primer término, articula la representación del Río de la Plata al servicio de la fundación de Buenos Aires. En segundo lugar, especifica la inscripción subjetiva de la voz poética atravesada por el modo en que el río y la ciudad son descriptos por el hablante poético. Esta modulación se asienta en la relación que la fundación citadina establece con la emergencia de la voz autoral de Jorge Luis Borges. Por último, se modula una suerte de vacilación y al mismo tiempo concomitancia entre un río de "sueñera y barro" y la figuración de quimera, riquezas y aguas prístinas características del siglo XIX.

Jorge Luis Borges inaugura un proceso de resemantización del Río de la Plata desplazando aspectos políticos y culturales a la incipiente metrópolis porteña. Borges inicia un camino de reposicionamiento del protagonismo del *topos* fluvial orientado a la urbe y no a la totalidad del territorio argentino. Más bien, en "Fundación mitológica de Buenos Aires" se exacerban diversos movimientos espacio-temporales entre la fundación de una ciudad, el río/mar que trae a los colonizadores y la preocupación estética de *Cuaderno San Martín*, particularmente en lo que respecta al emplazado íntimo. El poema se apoya sobre un programa estético de fuerte inscripción autoral que sitúa no sólo un emplazamiento de la ciudad fundada sino también una entidad tópica al servicio de una emergencia autoral. De hecho, los elementos míticos y mágicos muy próximos a la épica se dan cita para producir un efecto particular de la suspensión del tiempo y el espacio. En el poema, se lleva a cabo un doble desplazamiento que va del río a los primeros emplazados urbanos y de ahí a la manzana citadina privilegiada por Borges.

Los dos espacios configurados, el río y la ciudad, reafirman rasgos bien definidos: el Río de la Plata en una dimensión mítica y la pampa como imagen de vastedad y pura contingencia. La "estrellita roja" (Borges, 1986: 34) y la cuadrícula en el emplazado de la pampa y la ciudad exhiben un *punctum* bartheano con el fin de producir dos referencias decisivas en la vastedad pampeana y fluvial. El primer cuarteto se inicia con una pregunta retórica: "¿Y fue por este río de sueñera y de barro/ que las proas vinieron a fundarme la patria?" (Borges, 1986: 34). La sueñera y el barro abren el poema como gesto arcaico y de ensoñación. El cuarteto se cierra con la metonimia "las proas" figurando la totalidad de los barcos y evitando la referencia a dataciones históricas y nominales como gestos que reacentúan la dimensión épica. Los dos últimos versos de esta estrofa ilustran con una imagen visual plástica el movimiento de los barcos, expresados en diminutivo, frente al río obturado y en movimiento. "Irían a los tumbos los barquitos pintados/ entre los camalotes de la corriente zaina" (Borges, 1986: 34). La adjetivación 'zaina' contrapone la representación de un río de aguas prístinas y comunicantes hacia las riquezas del Rey Blanco. A la mención de la fundación, única referencia de esta palabra tan decisiva, se le adereza el pronombre enclítico que exhibe la comunión entre la inauguración de la urbe con el autor. De hecho, en el título se congregan dos términos constituyentes de un incipiente procedimiento típicamente borgeano, el oxímoron. La fundación mitológica responde a dos realidades convocadas en el poema, realidades que juegan permanentemente entre las indicaciones legendarias y las asociadas a la ciudad de Buenos Aires y el Río de la Plata. La fundación tiene una datación mientras que lo mítico conforma una temporalidad cerrada y distante de la linealidad cronológica del tiempo.

En la segunda estrofa, la especulación del origen del río en tanto azulejo originario del cielo lo elucubra como responsable de vincular los conquistadores y el inminente emplazamiento urbano. La continuidad del río con el cielo retoma no sólo una narración bíblica sino también, con el paso abrupto del último verso, una antítesis con la peripecia del ayuno y muerte antropofágica. El hambre y ambición del conquistador –nótese la abreviación del nombre propio indicada en el último verso de la segunda estrofa como procedimiento de extrañificación– sació el canibalismo del americano. Hay una tensión en el orden lógico del último verso asociado a dos verbos clave y contrapuestos: el ayuno y la ingesta de los cuerpos. Las dos imágenes privilegiadas del río se contraponen: por un lado, la indicación zaina/barrial y por otro, la estetización del río como azulejo.

> Pensando bien la cosa, supondremos que el río
> era azulejo entonces como oriundo del cielo
> con su estrellita roja para marcar el sitio
> en que ayunó Juan Díaz y los indios comieron. (Borges, 1986: 34)

El tercer cuarteto construye dos imágenes: la primera organizada con la hipérbole de la extensión marítima –que por momentos se confunde con la fluvial– mientras que los dos últimos versos precedidos por la anáfora pueblan la escena de agua con elementos mitológicos conjuntamente con la consideración de un lugar que escapa a la razón y el orden. El uso de la anáfora le otorga una respiración particular al cierre de la estrofa. A la vastedad del río se le suma la multitud humana.

> Lo cierto es que mil hombres y otros mil arribaron
> por un mar que tenía cinco lunas de anchura
> y aún estaba poblado de sirenas y endriagos
> y de piedras imanes que enloquecen la brújula. (Borges, 1986: 34)

La cuarta estrofa produce el pasaje del río/mar a las costas y de ahí al epicentro de la referencia espacial construida por Borges. Los respingos temporales están conectados cronotópicamente, situando en un mismo aquí/ahora la exploración del territorio, los primeros asentamientos y la emergencia de una ciudad enclavada en un territorio que es íntimo para el poeta. La elección del verbo con que se inicia la estrofa orienta dos acepciones que califican la ranchada: la apreciación de que estos "prendieron" anima la idea de una plantación y también el incendio; el calificativo indicado a los ranchos –trémulos– connota un ligero temblor que intensifica la doble acepción suscitada por el verbo. El último verso de la estrofa confiere, junto con el pronombre posesivo, la asunción de la voz autoral al tiempo de imponer dos relatos fundacionales: el de la especulación histórica contrapuesta a la artificiosidad de la versión borgeana.

> Prendieron unos ranchos trémulos en la costa,
> durmieron extrañados. Dicen que en el Riachuelo,
> pero son embelecos fraguados en la Boca.
> Fue una manzana entera y en mi barrio: en Palermo. (Borges, 1986: 34)

La estrofa siguiente describe la manzana urbana clave con una serie de indicaciones propia del comportamiento de los ríos: sudestadas, vientos y lluvias. Ahí se figura el hogar del poeta que ha colapsado a la ciudad y, en ella, se cifra la identidad citadina. Lo que queda es desierto. Los dos párrafos siguientes afianzan un *topos* con fuertes atributos míticos. El proceso de singularización borgeano opone a la metonimia urbana, el desierto. La cuadra es el punto de un orden en que se afianza el yo de la escritura en contraste con un desierto inconmensurable.

> Una manzana entera pero en mitá del campo
> expuesta a las auroras y lluvias y sudestadas.
> La manzana pareja que persiste en mi barrio:
> Guatemala, Serrano, Paraguay y Gurruchaga. (Borges, 1986: 34)

Se instala un modo de representación capaz de vincular la representación del Río de la Plata con un interés especial de fundar un *topos* de manera conexa con la emergencia de la voz autoral. Jorge Luis Borges sitúa la atención particular de expresar una poética del río al servicio de un programa estético de la metrópolis y del autor. La sueñera y el barro serán dos semas retomados ulteriormente por la literatura argentina con el fin de otorgar al Río de la Plata una connotación umbrosa interceptada no con los idearios de la plata prístina o como representante del Estado nación. Sus aguas arrastrarán los cadáveres arrojados por un Estado en los finales de un siglo regido por la violencia.

Haroldo Conti inviste un protagonismo particular en la segunda mitad del siglo XX en lo que respecta a la relación que su producción literaria mantiene con el Río de la Plata y el delta. Si Domingo Faustino Sarmiento y Victoria Ocampo son autores representativos de dos momentos particulares de la literatura nacional argentina, tanto por el posicionamiento geopolítico del primero como por la representatividad de la búsqueda por el ser nacional en Ocampo, Haroldo Conti puntualiza una serie de rasgos que interesa destacar. Las tres narraciones contianas *Sudeste, Alrededor de la Jaula* y "Memoria y celebración" de *La balada del álamo Carolina* tienen una apuesta asociada con los modos en que la voz narradora logra captar escenas de personajes ante el río y el delta. La apropiación subjetiva del espacio en las voces implicadas atraviesa la narrativa de Conti y señala un viraje interesante en lo que respecta a la vinculación subjetiva del paisaje a través del lenguaje y la mirada. Finalmente, la recuperación de personajes de la costa y del río, el proceso de singularización que realiza en ellos, inaugura una búsqueda particular que algunos escritores realizarán posteriormente tanto en Argentina como en la República Oriental del Uruguay.

Sudeste tiene tres aspectos que se destacan especialmente. En primer término, el punto y modo de observación del narrador se organiza desde dos estrategias. Una descripción del río y delta pensada como totalidad visual, con efecto de inconmensurabilidad y, a la vez, objetividad. Un segundo modo puntual de representación captura rasgos que se vuelven primer plano del escenario: la singularidad de la descripción son los contrastes producidos entre luces y sombras, la preponderancia del brillo del sol o la oscuridad de los atardeceres sumada a las sombras sobre la geografía. En el inicio de la novela el narrador presenta el *topos* que vertebrará la trama del relato y lo hace desde una perspectiva que procura dar un gesto de objetividad a la descripción con una evidente afectación de la voz atravesada por el espacio. A medida que avanza el relato se encuentra una transformación en la manera de describir y dar cuenta del delta:

> Entre la media mañana y la media tarde, las islas brillan con una luz intensa y pareja, adormecida al sol. Parecen un poco chatas. Un trazo de luz, un trazo de sombra. Nada de medios tonos. El aire sofoca. La arena en las playas cruje levemente. Hay un silencio espeso e hirviente. La atmósfera es arriba *diáfana*, pero a ras del suelo *vibra y ondula* de manera extraña. Luego el silencio se transforma en un *zumbido* interminable. Pero esto es una parte del verano. En el amanecer y en el anochecer, el día da lo mejor de sí. Y después queda la noche. *La brisa del amanecer es fresca y el pescador se estremece levemente.* Llega desde el río y sobresalta a las islas. Entonces comienza ese *bullicio y ese cosquilleo* en la sangre y esa *ansiedad que empuja* al hombre hacia el horizonte. (Conti, 1997: 34, el subrayado es mío)

La descripción se asocia, en primer término, con una dimensión temporal que determina los límites descriptos. La temporalidad impone a través del efecto lumínico el modo en que la mirada capta el espacio. La temporalidad es organizada según el momento del día y la estación. El contraste entre el mediodía y el amanecer/atardecer produce pasajes vinculados al movimiento y la tensión/distensión de la atmósfera y el personaje. En el mediodía la arena cruje, la atmósfera es oximorónica, vibrante y ondulada, y el zumbido inunda la percepción auditiva. En el amanecer y el atardecer la frescura de la brisa es afable y la sensorialidad del pescador anuncia la vibración del mediodía: el contacto con la naturaleza lo estremece con un bullicio de ansiedad.

La segunda característica a resaltar en *Sudeste* se asocia con el río, el hombre y el río con el cielo. Se crea el efecto de que no hay límite entre sujeto y el espacio. Próximo a este aspecto en *Con otra gente*, Conti rescata personajes del río que viven estrechamente vinculados al espacio fluvial. En el cuento "Todos los veranos" el protagonista reconoce que "Un hombre como yo sin un barco como yo no está completo. He tardado un tiempo en comprenderlo" (Conti, 2008: 94). Será el ciclo de las inundaciones lo que posicionará al hombre frente a la muerte y la vida y graficará la imagen del personaje atado a su bote y al río: "En la primera crecida de abril, encontró el bote boyando en medio del río, cerca de donde estaban acurrucados en el fondo del bote como si durmieran. Eso parecía, salvo aquel olor que nos alcanzó de lejos cuando el Maldonado lo remolcó hasta el Honda". (Conti, 2008: 98)

La tercera indicación sobre *Sudeste* tiene que ver con el proceso de animación del río, la presencia de bajantes y crecidas del estuario, la percepción del cielo y la tierra como partes constituyentes de una totalidad. La representación del río se compone como imagen del hombre. Las crecidas irrumpen para afirmar o desbaratar la vida mientras que las bajantes exhiben los trastos visibles de los barcos como rememoración del pasado humano en el río. Pero, al final del ciclo, la inundación obtura la imagen para arrastrar nuevamente un ciclo de muerte:

> El río cambia. A veces es duro y amargo, pero otras veces parece hecho a la medida del hombre. El comienzo del verano coincidió con aquella gran bajante de diciembre, que duró cinco días. Vieron bajar las aguas y vaciarse el río en forma interminable. Por las noches sobrevenía un pequeño repunte, pero a las pocas horas el agua volvía a tirar hacia el río abierto, cada vez más espesa, arrastrando el barro del fondo [...]. El sexto día amaneció todo inundado. En la madrugada, se levantó el sudeste y comenzó a entrar el agua a una velocidad increíble. (Conti, 1997: 29)

De *La balada del álamo Carolina* se recupera el relato "Memoria y celebración" que es una crónica de viaje hacia la isla Juncal. Conti reaviva el vínculo fraternal con Julia Lanfranconi, única habitante de la isla. Este personaje aparece en *Con otra gente*. En "Memoria y celebración" el río es caracterizado como una imprenta de agua. La condición de escritor redactando sus crónicas en el río mientras vuelve a Buenos Aires reafirma la idea de un hacer escritura junto al escenario en el cual transcurre la escena a narrar.

El barroco contemporáneo presupone para Néstor Perlonguer el despedazamiento del realismo y la pérdida de valor del realismo mágico y lo real maravilloso. Frente a estas características, el barro del Plata enviste un cambio, una mutación del brillo barroco con el fin de arribar a una constelación neobarrosa. Algunos rasgos de la escritura de Néstor Perlonguer destacan el uso de cadenas significantes constituyendo lo que el autor llama "enchastre", capaces éstos de interrumpir una lectura lineal y progresiva del enunciado. El procedimiento crea un efecto de relajamiento en la progresión de la lectura debido a los permanentes interruptus a nivel del significado.

> En el barquillero que se obliga a hacer garrapiñada
> En el garrapiñiero que se empana
> En la pana, en la paja, ahí
>
> Hay Cadáveres (Perlonguer 1987:1)

> En eso que empuja
> lo que se atraganta,
> En eso que traga
> lo que emputarra,
> En eso que amputa
> lo que empala,
> En eso que ¡puta!
> Hay Cadáveres (Perlonguer, 1987: 3)

El poema *Cadáveres* se impone con neologismos incrustados a términos procedentes de minorías marginales que, a su vez, se superponen a cadenas semánticas inscriptas en saberes específicos del campo intelectual. Este recurso aparece en la literatura postdictatorial argentina a través de lo que Beatriz Sarlo denomina "giro subjetivo de la literatura" (2005). En el poema surgen figuras de la poesía tradicional y particularmente el parafraseo modernista rubendariano. Hacia el interior de la tradición literaria se vincula con *La cautiva* de Esteban Echeverría, la tradición oral próxima a la gauchesca y, tal como se indicó, Rubén Darío.

> Y se convierte inmediatamente en La Cautiva,
> los caciques le hacen un enema,
> le abre el c... para sacarle el chico,
> el marido se queda con la nena,
> pero ella consigue conservar un escapulario con una foto
> borroneada
> de un camarín donde...
> Hay Cadáveres (Perlonguer 1987: 5)

> Yo soy aquél que ayer nomás…
> Ella es la que…
> Veíase el arpa…
> En alfombras sala…
> Villegas o
> Hay cadáveres. (Perlonguer, 1987: 8)

Abundan en la casi totalidad de las estrofas el uso de diminutivos como: lingüita, barquillo, saquito, frasquitos, balsitas, modistilla, cuadernillos, puntilla de boquilla, rallito de sol, canto clarito, martillito, centrito. La escritura afirma la movilidad de las identidades y pone en primer plano la corporeidad. Los diferentes procedimientos formales del poema desterritorializan la inscripción social que existe alrededor de la idea del arrojo y ocultación de cadáveres en el espacio fluvial. Al no haber nombre propio ni emplazado concreto vinculado a dónde están los cuerpos, el poema ubica un lugar no reconocible pero altamente significativo para el imaginario social en relación a la articulación río/cadáveres.

Poema largo organizado en 57 estrofas de métrica irregular y una rima, como diría el autor, "tonta" inicia un torrente, un flujo verbal. Lo que sí permanece estable ante la fluctuación del significado es el final de cada estrofa que por contraste insiste con el ímpetu de la contundencia. La insistencia instituye una paradoja ya que la expresión "hay cadáveres" afirma y niega la visibilidad de los cuerpos referidos. El resultado de esta operación tiene por fin producir la emergencia de una figura en diálogo con la década en que fue escrito: los desaparecidos. Más allá de esto, no hay una alusión frontal hacia un territorio vinculado con los desaparecidos como bien podría ser el Río de la Plata, aunque sí aparece un campo semántico muy próximo a lo fluvial como los pantanos o bien barcos y suicidas arrojándose desde estos: "Se ven, se los despanza divisantes flotando en el pantano". (Perlonguer, 1987: 2)

La extensión del poema permite un efecto final de saturación de sentidos sin estar concatenados más allá del *leitmotiv* con que cierra cada estrofa y que, por oposición, remite por extensión a la inquietud perfilada en esta investigación: "Hay Cadáveres". Se diseminan en el poema una serie de pasajes propensos a juegos conceptuales:

> En ese soslayo de la que no conviene que se diga, y
> en el desdén de la que no se diga que no piensa, acaso
> en la que no se dice que se sepa…
> Hay Cadáveres (Perlonguer, 1987: 12)

La poética de Néstor Perlonguer recorre una estética enmarcada en el neobarroso latinoamericano y rioplatense que desmitifica la presunción de un estuario de aguas prístinas, conducente a tierras con riquezas, y representativo de una nación destinada al éxito y grandeza. Por oposición, las aguas negras y sucias de sus ríos afluentes nutren un territorio con los materiales de una Latinoamérica profunda negando al mismo tiempo los embelecos filoeuropeos.

En "País" de Juan Gelman aparece una escritura hermética al mismo tiempo que el poema posee una inscripción autoral destacada en lo que respecta al estado público que tomó el caso de la desaparición de los hijos y nuera del autor, seguido del posterior reencuentro con la nieta nacida en cautiverio. A la claridad con la que aparece la inscripción del autor Juan Gelman como personalidad pública identificada con la búsqueda de los hijos y la nieta desaparecidos, se le superpone un poema especialmente opaco que demanda una lectura detenida y específica en lo que respecta al impacto subjetivo del período dictatorial. En agosto de 1976 los hijos de Juan Gelman, Nora y Marcelo, fueron capturados y desaparecidos junto a la pareja de su hijo, María Claudia Iruretagoyena. Tras una larga lucha del poeta por el hallazgo de los restos de sus familiares, en el año 1990 el Equipo Argentino de Antropología Forense localizó a Marcelo en el interior de un tambor con cemento y arena arrojado en un río de San Fernando, en la cuenca del Río de la Plata. Diez años después, Gelman pudo encontrarse con su nieta nacida en cautiverio quien decidió adoptar los apellidos de sus padres biológicos.

En el año 1996, en el primer número de la revista *Hijos*, Gelman escribe su "Carta pública a mi nieto" que evidencia muchos de los aspectos que constituyen los principales dilemas de los personajes que recorren el *corpus*. En primer término, el lugar de lo inminente y peripatético en la violencia estatal como causal de un cambio radical y trágico en la vida de las personas. En segundo lugar, la problematización del tiempo en cuanto a que se interpela el acontecimiento de la peripecia como aquello que vuelve para señalar la temporalidad particular de la nieta tras recobrar su identidad. Un tiempo de porvenir que a los padres les fue arrebatado. En la nota de Gelman hay una suerte de equivalencia en lo que hace a la reunión de un abuelo con su nieto, ambos en la condición de huérfanos por el lugar de la pérdida. La segunda equivalencia es que el nieto al que se dirige tiene la misma edad de sus padres biológicos al momento en que éstos fueron desaparecidos. El encuentro muestra una valencia positiva ya que la vida para el hijo nacido en cautiverio tiene el potencial de continuidad en el tiempo. Se señala:

> Me resulta muy extraño hablarte de mis hijos como tus padres que no fueron. No sé si sos varón o mujer. Sé que naciste [...]. Por un lado, siempre

> me repugnó la posibilidad de que llamaras "papá" a un militar o policía ladrón de vos [...]. Por otro lado, siempre quise que, cualquiera hubiese sido el hogar en el que fuiste a parar, te criaran y te educaran bien y te quisieran mucho [...]. Ahora tenés casi la edad de tus padres cuando los mataron y pronto serás mayor que ellos. Ellos se quedaron en los 20 años para siempre [...]. Me gustaría hablarte de ellos y que me hables de vos. Para reconocer en vos a mi hijo y para que reconozcas en mí lo que de tu padre tengo: los dos somos huérfanos de él. Para reparar de algún modo este corte brutal o silencio que en la carne de la familia perpetró la dictadura militar. Para darte tu historia, no para apartarte de lo que no te quieras apartar. Ya sos grande, dije. (Gelman, 1995: 14)

Frente a la contundencia trágica de los hechos, el estado público de la búsqueda por los cuerpos desaparecidos y la restitución de la identidad de la nieta surge el poema "País". Este se inicia con dos versos que sostienen un contraste: por un lado, la apertura del espacio –universo– y el tiempo –infinito–; estas dos dimensiones espacio-temporales están reacentuadas por la interjección –claro– y el adverbio –además–. Por otro lado, aparece un objeto concreto y tangible como la carne reafirmada por la expresión adverbial "desde luego": "¿El universo? Claro. ¿El infinito? Además. / ¿La carne? Desde luego. *Carne celeste*". (Gelman, 2012: 145)

El cúmulo de interjección y adverbios crean un efecto de reunión solidaria de ambas secuencias. Las dos cadenas de términos están contenidas en preguntas retóricas en solidaridad con los conectores. Concluyen estos versos mediante el oxímoron remarcado con una indicación paratextual cursiva: "carne celeste". Este recurso da cuenta de una primera síntesis caracterizada por la opacidad. Los primeros versos otorgan una respiración particular marcada por una falta melódica de la organización fonológica de los términos. Al mismo tiempo, se desprende un evidente extrañamiento o anacoluto del enunciado por la omisión verbal al tiempo de un gesto de coloquial, en el sentido de formular preguntas que son respondidas positivamente. Al absoluto y la expansión del espacio y el tiempo se le pliega la carne, material y concreta. La carne celeste vendría a establecer una zona, un *topos* en el cual cobran sentido las dos secuencias, primera imagen visual destacada del poema que genera un efecto de distancia y abismo. Las expresiones conectivas tienen como finalidad convocar de manera positiva dos secuencias disímiles.

Los conectores de los primeros versos mantienen la reunión de la secuencia cielo, espacio y tiempo en oposición a la carne terrestre. Los siguientes dos versos están ensamblados por la conjunción disyuntiva en un sentido negativo: "o con un cielo arriba que nubla cuando tocás /el odio o llueve un agua triste" (Gelman, 2012: 145). Las dos imágenes sinestésicas provocadas por estos versos introducen el movimiento y el tacto, para la primera imagen, a la condición visual y de movimiento para la segunda. Hay que insistir en el encadenamiento disyuntivo que provoca una condición negativa en oposición a los dos primeros versos. Aquí se cierra provisoriamente una primera secuencia del poema caracterizada por la presentación de una temática que prefigura ambiguamente, al menos por ahora, la corporeidad y la evanescencia de lo humano.

El quinto verso, "Una vaca pace en el hueso que vas a recordar" (Gelman, 2012: 145) incorpora un símbolo identificado con la leche y la tierra. El verbo representado con la ingesta promueve un salto en abismo ya que el animal referido a la leche, el signo de vida, ingiere restos cadavéricos trasmutados en la tierra e identificada en tanto muerte y regeneración. El hueso convertido en alimento es el resto de aquel que hay que evocar. Las dos preguntas comprendidas en los versos siete y ocho, "¿Y los que olvidan?/ ¿Se tapan las vergüenzas?" (Gelman, 2012: 145), remiten a lo anunciado en el final del verso seis y claramente introducen una temática decisiva en el poema: el tratamiento político de la memoria de la desaparición de los cuerpos. De hecho, el siguiente verso, "País desaparecido en una gorra" (Gelman, 2012: 145) es, sintácticamente, el más completo y el más frontal en su denuncia contra la responsabilidad castrense; la forma y el contenido se emplazan con el fin de intimidar la acción militar. La pregunta del verso siguiente se distingue por la frontalidad de la interpelación acentuada por la inclusión de la segunda persona gramatical: "Estás en lo que venga". (Gelman, 2012: 145)

La incorporación de Paul Celan pone de manifiesto su inscripción poética en lo que respecta a la experiencia del Holocausto nazi, y constituye a la vez un gesto que va hacia el interior de un poema decisivo en la poética del autor rumano: "Fuga de la muerte". Dice Juan Gelman en un evidente guiño intertextual: "Tumbas cavadas en el agua, Paul Celan" (Gelman, 2012: 145) Deja en claro el gesto de reunión de los primeros versos de su poema, en particular la imagen decisiva de "carne celeste". La claridad conceptual con la que se nombra a Celan viene a transparentar la opacidad de los primeros versos y a iluminar el sentido virtual de la indicación paratextual cursiva. El poema "Fuga de la muerte" de Paul Celan posee un serie de semas, imágenes y procedimientos que entablan un virtual diálogo con Gelman. Es permanente la insistencia de la imagen visual "leche negra" bebida durante todo el día. Las víctimas digieren la leche, a diferencia de lo señalado en la poesía de Gelman donde es trasmutada en la rememoración a través de la imagen del animal paciendo. Dice Paul Celan: "Leche negra de la madrugada la bebemos al atardecer /la bebemos al mediodía y por la mañana la bebemos de noche /bebemos y bebemos". La gorra militar se materializa en un cuerpo definido: "en la casa vive un hombre que juega con las serpientes que escribe" (Celan, 2005). Se anuncia que "tocad más oscuros los violines luego subiréis como humo en el aire/ luego tendréis una fosa en las nubes donde no hay estrechez" (Celan, 2005). "Fugas de la muerte" posee mayor acción y dinamismo en comparación con el poema de Gelman, cuyo cierre juega con referencias asociadas a la tierra y el cielo. "Raíces de pájaro" constituye una puesta en abismo: se enfrenta el tratamiento de lo interior a una serie de imágenes que se posicionan en el exterior. "El día me recuerda que no soy árbol y no tengo raíces de pájaro /vivo vagamente /y nadie me ve entrar" (Gelman, 2012: 145); para el caso de Celan, la fosa que fuera cavada "en el aire donde no hay estrechez" (2005).

Las obras y autores analizados permiten vislumbrar una suerte de cartografía en la que se grafican diversos momentos de la historia literaria rioplatense tendientes a prefigurar una representación del Río de la Plata como lecho mortuorio. En cada uno de los poemas examinados se intenta resemantizar, frontal o indirectamente, el estuario platense. En el caso de Jorge Luis Borges es evidente el apartamiento por un interés geopolítico o descriptivo en el sentido naturalista del Río de la Plata. Este distanciamiento va en procura de un programa escritural focalizado en el impacto de la estética vanguardista y al servicio de una identificación autoral que permitirá renovar el modo en que hasta ese momento era representada la cuenca platense. La "sueñera" y el "barro" de Borges permitieron iniciar un nuevo camino que las estéticas venideras considerarán relevante apropiarse. Mientras que podría estimarse en la referencia a la sueñera el potencial creador del Río de la Plata por su densidad simbólica e histórica, el barro problematizaría esa idealización de las aguas con el Plata y a la oscuridad del pasado, la mezcla y la fusión con las que la cultura latinoamericana se fue forjando. Es también Néstor Perlonguer, a través del poema *Cadáveres*, quien se apropia de la nominación y calificación del barro para señalar —en tanto atributo— al Río de la Plata y a la cultura rioplatense, tal como se esboza en el comentario de "Fundación mitológica de Buenos Aires".

Juan Gelman en "País" logra producir una síntesis de las implicancias políticas, estéticas e históricas en el reconocimiento e identificación del Río de la Plata como lecho de muerte. A través de una escritura hermética, de una identificación del autor como parte y víctima junto a su familia del último proceso militar argentino y de un diálogo intertextual con "Fugas de la muerte" de Paul Celan, la visual del arrojo de cuerpos al Río de la Plata excede la constitución de un espacio puntual, como el agua para desplazarse, hacia otros puntos de referencia como el aire y la institución castrense; incluso desde el título, que indica a la totalidad de una nación teñida por el impacto biopolítico de los años 70.

[4]

El Río de la Plata en clave alegórica
en la década del 80

[4.1] Juan José Saer. La narración trópico/alegórica: narrar la contingencia de la desaparición humana

En *Alegoría. Teoría de un modo simbólico* (2002), Angus Fletcher retoma la etimología del término alegoría en tanto inversión del sentido de *agoreuein*, hablar ante la asamblea o público, propuesto por el prefijo *allos* que posibilita el devenir de la palabra como transformación de lo que se quiere decir. En la alegoría, el sentido de la palabra y la expresión se encuentran superpuestos. En la homilía medieval, los creyentes no recibían el mensaje del sacerdote como un exordio ligero o abstracto. Al volver a sus casas, examinaban lo escuchado en la ceremonia religiosa como un mensaje a ser descifrado; en especial frente a la contingencia de las pestes, las sequías o las guerras civiles, la palabra divina adquiría un esplendor capaz de explicar las circunstancias contingentes. En la Edad Moderna, el contenido alegórico ya no se apoya sobre la base de la exégesis bíblica sino en un contenido formal, en el orden de una institución moderna, como la literatura en la que ella también descansa, sobre la base de un discernimiento entre el bien y el mal (los detectives buscan al ladrón o al criminal en procura del retorno al orden de estabilidad anterior al delito). Fletcher evalúa que los lectores más sofisticados son aquellos que leen *en* la literatura un contenido alegórico particularmente latente.

La perspectiva de Walter Benjamin a propósito de la alegoría incorpora un giro dialéctico. En *El origen del drama barroco alemán* (1920) explicita que el frenesí y la apoteosis barrocas implican una perspectiva reflexiva a través del movimiento revolucionario de los extremos implicados. Estos extremos, de algún modo, pueden sintetizarse en la *coincidentia oppositorum* barroca. La obra artística barroca es solidaria a la expresión conceptual y al movimiento críptico de una idea. Tanto la alegoría como el símbolo son modos de representación. En Benjamin, el símbolo se distancia de la expresión alegórica. De este modo, encarna la conceptualización configurada sensiblemente, mientras que la alegoría da cuenta de un concepto general y una idea que no es coincidente con la literalidad del enunciado. Para este autor, el símbolo es la referencia, sin mediación trópica, mientras que la representación alegórica expresa un concepto y una idea que no es coincidente con la literalidad de su enunciado. El símbolo es la expresión de una idea, la alegoría una réplica de ese contenido. Réplica que se expresa de un modo móvil y progresivo en el discurrir del tiempo.

La alegoría se sostiene en el tropo metafórico mientras que el símbolo lo hace desde la metonimia. Este último se despliega sin mediación y sostenido desde un principio instantáneo de correspondencia, a diferencia de la alegoría que requiere una serie de progresión. Si el símbolo es el signo de las ideas, la alegoría es una réplica drásticamente dinámica que acompaña al tiempo en su movimiento.

Siguiendo el trabajo de Benjamin sobre la alegoría, Idelber Avelar (2005) reflexiona a propósito del movimiento dialógico producido por la articulación metáfora/metonimia hacia la del símbolo/alegoría. Avelar toma la noción de ruina en tanto mercancía en desuso; un resto del orden capitalista pensado como un anacronismo museizado. El mercado, en su afán de producción de lo nuevo, desecha lo viejo y es precisamente ese resto lo que exige una restitución desde el pasado. La sobrevida de la ruina exige un pensamiento o distinción que es diferenciado de la articulación metáfora/metonimia. Es, más bien, lo que erige los presupuestos de la estética moderna: la oposición entre símbolo y alegoría. Los restos o desechos del pasado, mercancías abandonadas, retornan en tanto devenir alegórico atado a una temporalidad-otra. Los desechos producen un retorno temporal de fragmentos, destrozos y calaveras: "se dice de la alegoría que ella está siempre fechada es decir, ella exhibe en su superficie las marcas de su tiempo de producción (…). Los índices del fracaso pasado interpelan al presente en condición de alegoría" (Avelar, 2005: 15). La alegoría daría cuenta de un "desvío aberrante" (Avelar, 2005: 21) del ideal simbólico. El símbolo totaliza la representación en la que el sentido y la imagen, signo y concepto, se tornan indisolubles. En el símbolo estético la asimilación conceptual es tal que la separación efectuada en la alegoría se corregiría. Para Benjamin, la alegoría y el duelo son constitutivamente irreductibles. En esa línea, la incrustación cadavérica, retomada también por Avelar, constituiría la forma emblemática por excelencia.

En tiempos postdictatoriales el arte ordena relatos y representaciones capaces de volver alegórico un símbolo. Imagen que retorna en tanto acaecer del pasado y sobrevida del mundo pretérito. La alegoría deviene a partir de viejos símbolos y totalidades quebrantadas que pueden datarse en el pasado. La literatura postdictatorial –eje de discusión con el que Idelber Avelar aborda su enfoque– absorbería los nudos problemáticos del pasado retomados en el presente bajo una relación de forma/contenido devenido en cripta/cadáver. La lectura de este marco remitiría a una relación crítica del tiempo presente escamoteado por el pasado que irrumpe. En síntesis, la alegoría consignada como forma de pensamiento y también procedimiento formal privilegiado en la estética contemporánea, ha sido consignada por pensadores que inscriben alrededor de esta figura un pensamiento dialéctico capaz de producir una serie de ensambles entre esta categoría con el duelo, la violencia y sus modos de mediación efectuadas por el arte. Así, considerada la alegoría en su sentido etimológico de inversión y desviación del sentido literal de los términos, ha asumido nuevas formas de problematización que permiten acompañar desde tales especulaciones la complejización de la cultura contemporánea. Desde el pensamiento benjaminiano, la alegoría implicaría no sólo un proceso de sustitución metafórico sino también el adosamiento de la impronta temporal capaz de restituir restos que vuelven del pasado para interpelar el presente.

En las imágenes, símbolos y figuraciones que vienen del pasado la narrativa de Juan José Saer da cuenta de una serie de procedimientos formales capaces de producir un cúmulo de superposiciones entre el sentido y la forma, el significado y el significante, para connotar el impacto cultural del último régimen dictatorial argentino. El género literario privilegiado por Saer, la novela, intensifica el carácter reflexivo de la violencia y el impacto que éste tiene tanto en los personajes como en el horizonte de lectura. La intensidad de ciertas escenas y acontecimientos –la muerte sistemática de los caballos en *Nadie nada nunca* (1980) dando una clara referencia a los desaparecidos, la imagen de las sombras de los desaparecidos saliendo del Río de la Plata en *El río sin orillas* (1991) o la escena de los cuerpos flotando en el río en la novela *El entenado* (1983)– remiten a la apoteosis barroca descripta por Benjamin. Una saturación de sentido resignificada por el imaginario social vinculado a los 70. La novela, en esta dirección permite, por el propio pacto de lectura y la mediación simbólica de la ficción, constituir una temporalidad otra aunque exista una evidente proximidad temporal entre los acontecimientos de violencia de los cuales se quiere dar cuenta y la emergencia de las novelas en cuestión con la sensibilidad social alrededor del tema de los desaparecidos en el Río de la Plata (tal como ocurre con *El entenado* editado en 1983 y *Nadie nada nunca* editado en 1980). En algún sentido, la obra de Juan José Saer consignada toma una figura simbólica, especialmente representativa en el imaginario social del último golpe cívico-militar argentino, los desaparecidos junto al Río de la Plata, con el fin de volverla alegórica por el movimiento trópico y dialéctico.

[4.1.2] *Tras las huellas del pasado, el espejo de la escritura. Muerte y resurrección en* El entenado *[1983] de Juan José Saer*

Para el narrador de *El entenado* el problema de los colastiné era la exterioridad. Asumían con vehemencia y responsabilidad el deber de sostener el mundo y darle sentido en cada momento. Eran conscientes del agujero oscuro que los circundaba –esto es, toda exterioridad cósmica por fuera de la centralidad que suponía la aldea y el río– y, motivo éste de su tristeza y sobriedad, disponían de pocas posibilidades del abrigo de la contingencia. El gran río y la costa donde estaban asentados se convertían en el espacio a partir del cual se definía un centro y una periferia, lo real de lo no real. Ellos se adjudicaban con entereza el deber de mantener en orden y equilibrio el mundo sobre sus espaldas. El miedo a la grieta o borde que los situara en el límite de lo no cognoscible o la negrura los llenaba de pavor e incertidumbre. Al mismo tiempo, la oscuridad que los acechaba era el reflejo de su propia interioridad. Dice el entenado sobre la presunción de realidad de los colastiné: "Tenían, sobre sus cabezas, en equilibrio precario, perecederas, las cosas. Al menor descuido, podían venirse abajo, arrastrándolos con ellas" (Saer, 1983: 127).

El entenado no posee una división interna organizada en capítulos. Más allá de esta determinación formal se devela una trama reconocible. Se pueden identificar dos temporalidades nítidamente diferenciadas en la historia. La primera transcurre desde el comienzo del relato hasta el retorno del protagonista a España. La segunda acontece desde el encuentro de éste con el padre Quesada, único personaje con nombre propio, hasta el final de la novela. Ahora bien, en cada parte de la ficción se producen plegamientos internos y, en el caso de la segunda parte, hay un gesto de retorno sobre lo narrado en la primera parte. Una vez llegado a América, el acontecimiento fundamental en la trama es la escena de la emboscada. Esta primera parte se caracteriza por una narración lineal que permite construir un procedimiento característico de los relatos de viaje. La etapa americana finaliza con la llegada del nuevo contingente español que recupera al entenado. En España, el narrador conoce al padre Quesada. Con él recibe una imagen nítida de la paternidad y también la adquisición de la escritura. Fallecido el monje franciscano, inicia un proceso de exteriorización de su estadía americana. El retorno –luego del plegamiento que supone su estadía monacal– el volver sobre lo vivido se organiza en la puesta en escena de una obra teatral y en la escritura de sus memorias antes de morir. En la intersección de estos dos procesos –la exposición dramática corporal y la escritural–, consolida una familia adoptiva en la que él deviene padre. La segunda parte del libro es más reflexiva y analítica en lo que respecta a la idea de comprensión de la experiencia y las reflexiones alrededor del problema de la contingencia y el mundo.

La pérdida es un principio que interviene en diversos momentos de la historia y actúa como móvil de la trama y la acción del relato. El entenado pierde a sus padres en el momento de nacer y esto lo desplaza a una marginalidad portuaria al abrigo de prostitutas y marineros. El asesinato de sus compañeros de expedición lo llevará a tener la experiencia más significativa de su vida: la del nacimiento en un sentido de conciencia de alumbramiento. Conciencia revelada en la práctica de escritura de anciano. Por otra parte, la pérdida del padre Quesada incita otra positividad: la actuación que le permitirá tener solvencia económica, una familia y definir una relación del sí mismo/otro. Desde la dramatización ve un modo particular de comportamiento social, justo él que se convertiría en el sujeto de la mirada. Tras los sucesivos conflictos y violencias en el grupo teatral, deja las tablas y emprende otro proyecto familiar, la imprenta –otro modo de duplicación al infinito según Michel Foucault (1999)– y la escritura. Estas continuas pérdidas son motor de cambio y acontecimientos significativos en su vida.

El procedimiento destacado en la escritura es la imagen de revelación/ aparición. La presencia del segundo contingente español fue no sólo inesperada sino que también representó la posibilidad de revelación en su condición de español. La presencia del padre Quesada fue la explicación de la experiencia paternal y, dato no menor, la toma de la palabra. La actuación le otorgó el medio necesario vinculado con la duplicidad y la exterioridad; asuntos estrechamente vinculados a la cosmogonía colastiné. Y así, el movimiento pérdida/revelación es, una vez más, coincidente con aspectos de la cosmogonía colastiné en lo que respecta al equilibrio entre el cosmos y el mundo.

[4.1.3] *El río como punto de gravitación y alegoría del exterminio*

> En los días que fueron pasando, las miradas iban, casi continuamente, hacia el gran río destellante y desierto.
>
> Juan José Saer, *El entenado* (1983)

El entenado, una vez devuelto por los indios a una nueva expedición es entregado en España a un convento. El alcance final de esta etapa de su vida será un hallazgo: como consecuencia de esa toma de la palabra escrita, junto a la figura del maestro en tanto guía, logra conocerse a sí mismo. En este momento es donde se produce uno de los aportes más valiosos. El acto de escritura permitió al personaje hacer inteligible su propia experiencia en América. La peripecia en la que mueren todos sus compañeros de viaje le plantea la conciencia del acontecer y también del vacío a partir del cual nada de lo que viniera podría ser prefigurado. Es en la intersección de la práctica escritural con su pasado que emerge simbólicamente un nuevo acto de nacimiento. La escritura se vuelve, al mismo tiempo, acto de conciencia del sí mismo y de nacimiento:

> Toda vida es un pozo de soledad que va ahondándose con los años. [...] pero esa noche, mi soledad, ya grande, se volvió de golpe desmesurada, como si en ese pozo que se ahonda poco a poco, el fondo, brusco, hubiese cedido, dejándome caer en la negrura. Me acosté desconsolado, en el suelo, y me puse a llorar. Ahora que estoy escribiendo [...] esa criatura que llora en un mundo desconocido asiste, sin saberlo, a su propio nacimiento [...]. Entenado y todo, yo nacía sin saberlo y como el niño que sale [...] no podía hacer otra cosa que echarme a llorar [...]. Del otro lado de los árboles me fue llegando, constante, el rumor de las voces rápidas y chillonas y el olor matricial de ese río desmesurado, hasta que por fin me quedé dormido. (Saer, 1983: 35)

En la última cita se organiza un trazo que opone la idea de la vida, como concepto rector de una existencia, en tanto negrura y espesura vinculada al hundimiento y la negatividad. Ese continuo temporal se encuentra representado por la descripción del espacio que se "va ahondando con los años" (Saer, 1983: 58). Sin embargo, el acto de nacimiento establece una ruptura de esa continuidad al vivificar la escena, entremezclada con el llanto, de las imágenes táctiles y olfativas que son las más sensibles en un recién nacido y que se vuelven condición de posibilidad para sosegarse. En esa disrupción surgida en la conciencia de nacimiento, el movimiento y la constancia acentúan el carácter vivificante de la escena: el rumor es persistente, las voces son rápidas. Es el sentido del olfato con el que el narrador remite a la más importante de las descripciones: el olor matricial del río en su condición de inconmensurabilidad capta la idea de un espacio fluvial con una fuerte connotación maternal. El entenado nace a orillas del río y los cadáveres de sus amigos quedan a la intemperie de la orilla fluvial mientras se prepara el ritual antropofágico: "A no ser por sus cadáveres amontonados al pie de la barranca, en la orilla del agua, el capitán y mis compañeros de expedición ya hubiesen desaparecido para siempre de mi vida" (Saer, 1983: 32).

El relato tiene como narrador a un personaje que, con la vejez, pudo construir un espacio de enunciación y que, como tal, es un lugar construido en tanto poder. Un sujeto anónimo que logra erigir una palabra para que desde ella se referencie, a la manera de espejo, un momento biográfico que, como sujeto histórico, el lector identifica en tanto Francisco del Puerto. El narrador busca hacer inteligible el tiempo a sí mismo. El entenado nace múltiples veces: primero, su nacimiento natal, luego, al llegar a las costas americanas y –en esta circunstancia– es el elegido por los colastiné para vivir. También nace, finalmente, adquiere dominio de la escritura y emerge una voz biográfica. La voz narradora confiere transformaciones al protagonista para poner en discusión los alcances de la empresa colonizadora en lo que respecta a sus fines de control y dominación. La fuerza expansiva del incipiente imperio español se actualiza, desde la mirada del entenado, desde una prerrogativa eurocéntrica y civilizatoria, aunque la escena mortuoria de los cadáveres flotando sobre el río le hará revisar la ideología de dominación hispánica.

La palabra, tal como la concibe Foucault (1966, 1970, 1982), despliega en sí misma la necesidad de exhibir el vacío que provoca en los hombres la muerte. Esta abre una dimensión que ubica al lenguaje no sólo como un orden simbólico sino como mancha, en tanto signo, desde donde se dice la desgracia de la muerte. La muerte nuevamente pare un límite donde el lenguaje y ella misma abren un infinito simbólico. Dice Foucault: "La desgracia […] marca el punto donde comienza el lenguaje; pero el límite de la muerte abre ante el lenguaje, o más bien en él, un espacio infinito" (Foucault 1999: 29). En definitiva, la enunciación de la historia se construye desde la voz de un sujeto que se encuentra en los prolegómenos de la muerte. El relato, visto como memorial de vida, cumple de alguna forma este cometido. A partir de la última cita de *El entenado*, la ficción actualiza el lapso temporal de los cuatro siglos que separan los hechos históricos de la escritura de la novela. Hay una doble proyección del lenguaje. Por un lado, el protagonista erige una voz para referir una vida; por otro, un autor que explora el paréntesis temporal que lo separa del narrador y su propio relato, en tanto novela histórica de finales de siglo XX. La reunión de las dos temporalidades dialoga y articula un modelo moderno de control tanto de la empresa colonizadora del siglo XVI como el ya consolidado Estado liberal de finales de siglo XX. En una temporalidad y otra confluye el presupuesto en el que la diferencia, la cultura americana, se piensan para ser explotadas o bien eliminadas.

La escritura se vuelve cuerpo, expresión plausible de la palabra, del verbo. La palabra escrita repone la necesidad de un doble para el lenguaje: la palabra oral, como revelación, y la palabra escrita, como materialidad y cuerpo que la hace visible. La palabra escrita, según Foucault, construye un doble que es también un otro y parte constitutiva de sí. Pero se debe agregar otra dimensión a la palabra escrita; su carácter de signo, en tanto grafema, revela la urgencia de perdurabilidad en el tiempo, en el infinito. Cuando el entenado escribe, advierte: "estos signos que buscan, inciertos, su perduración" (Saer, 1983: 114). Se puede ubicar la letra como artefacto y tecnología del *verbum* dicho. Además de esta doble articulación de la oralidad y la escritura, se capta un impacto en el sujeto que produce la letra escrita y es aquí donde se desarrolla lo que Foucault llama construcción del espejo. El código escrito diagrama una espacialidad a partir de la cual quien enuncia ve en el acto de escritura una dimensión que le permite verse y a la vez refractarse, de ahí que la refracción de la imagen, como deformación, puede imprimir en el sujeto la idea de un otro posible.

El entenado, mientras rememora su estadía americana, parece construir una voz desde una memoria corpórea. Hay un sujeto que erige una mirada del mundo a partir de un registro otro que es producido desde la piel. Es un mirar y percibir con el resto de sus sentidos el vínculo entre sí mismo y el mundo. En efecto, junto a las comunidades lugareñas, el lenguaje articulado quedó en un segundo plano para ceder espacio a un sistema de referenciación, de naturaleza táctil y escópica: la mirada constante al río y al entorno en general junto con el roce de los cuerpos, permiten mantener un lazo estrecho entre cada individualidad y el afuera o mundo. No obstante, alrededor de la reflexión sobre la lengua colastiné se entreteje una mirada metafísica del mundo al tiempo de exteriorizar el sentimiento de desazón que la comunidad india mantenía con el cosmos. Hay un principio que organiza su existencia a partir del cual ellos se constituyen como verdad y el resto como sustancia corruptible y efímera en cuanto a su vida. El vínculo que instituyen con el entorno del río es central en su cultura ya que ahí está, según ellos, el centro de sus vidas y el universo. Desplazarse de ese centro –como efectivamente lo hacen por las inundaciones o las invasiones– significaba perder contacto con lo real.

Una vez que la comida estuvo servida, comienza a incrementarse y hacerse más dinámica la acción. Hay una suerte de clímax entre el comienzo del banquete hasta la orgía final. A lo largo de diez páginas de lectura en que transcurre el rito, el cuerpo adquiere un rasgo grotesco no sólo por las imágenes y gestos hiperbólicos sino por las escenas muchas veces irrisorias del coito. Esta idea de unicidad en la tribu luego se ratifica cuando muchos de los sobrevivientes del atracón tienen signos de heridas que representan a la comunidad toda. Estas descripciones corporales ponen en cuestión la idea de un cuerpo poroso que señala la relación del adentro/afuera. También las descripciones apuntan al florecimiento y expansión de los cuerpos: "Las tetas de las hembras daban la impresión de inflarse o de florecer" (Saer, 1994: 54). La piel se describe como gruesa y lisa, un espíritu de plenitud y entusiasmo los invadía al igual que la excitación generalizada. Todos los cuerpos pasan a ser una unidad de goce. Estos ostentan la desnudez y la exhiben. La fiesta corporal también muestra la emanación de un grito arcaico. Todo el ceremonial les permite: "salirse un poco de sí mismos, desde esa actitud hosca y reconcentrada en que los había sumido la comida" (Saer, 1983:54).

El observador y narrador sabe que luego de la excitación y la fiesta vuelven "otra vez, en la cárcel de los cuerpos" (Saer, 1983:55). Los efectos trágicos de la ingesta producen muerte y cuerpos que exteriorizan o emanan las consecuencias del aguardiente. Nuevamente, las emanaciones son vertientes del cuerpo dirigido a lo externo: llagas, pus, sangre sumidos en la sensación vacilante de la contingencia. Las consecuencias de la fiesta los deja con la certeza de "la prisión de los cuerpos" (Saer, 1983: 54) y el contraste entre la excitación con la desmesura del dolor de los cuerpos que pugnan por un lugar protagónico. Como el problema de la comunidad es la exterioridad, la práctica de canibalismo e ingesta de aguardientes se vuelve un marco propicio para controlar su obsesión por la contingencia. En toda la extendida escena antropofágica a orillas del río, los sentidos están desarrollados y exhibidos. Los indios oyen, palpan, gustan, ven ostentosamente, perciben los aromas crujientes de la carne que se chamusca. De este crujido se pasa luego al "rumor de miembros tensos, de esfínteres, de poros, al que se mezclaban el hálito inaudible de los suspiros internos que nos llegaban de afuera para alterar el aire" (Saer, 1983: 59).

La escena carnavalesca intercepta el problema de la contingencia a la cual se puede vincular una serie de momentos en que ciertas figuras confluyen también en el tratamiento del problema existencial. En efecto, uno de los modos de la representación del espacio tiene como constante el trazo de figuras geométricas; principalmente la línea recta, el punto, el semicírculo y el círculo. Los ejes horizontal y vertical amplían este lenguaje geométrico. En efecto, el mar duplicaba el azul del cielo convirtiendo al espacio en un "horizonte circular" (Saer, 1983: 11). La imagen de cielo estrellado que se volvía insoportable como acto de percepción por cuanto se exacerbaba la idea de pequeñez del entenado, dibujaba, en ese acto de observación, una recta o, para ser más específico, un triángulo invertido cuyo vértice era la mirada del grumete y la base del triángulo el cielo infinito. Frente a esta imagen, lo que se opone en el sistema de figuras es la idea de que en las ciudades el espacio es, básicamente, horizontal. Esta representación se contrapone a la anterior en cuanto a que el personaje percibe un control o dominio de la espacialidad que lo circunda. En *El entenado* se capta la inconmensurabilidad de una geografía que pone al sujeto en la más extrema fragilidad.

La silueta más sugestiva desde el punto de vista geométrico es la escena donde los niños juegan en la playa. En esos momentos eran los privilegiados que escapaban de la contingencia y el juego parecía abrir un espacio distinto: "La limpidez geométrica de esas figuras que las criaturas trazaban, con sus cuerpos, en el suelo arenoso, al abrigo de la contingencia" (Saer, 1983: 139). Las formas que construían era una secuencia geométrica que iba de la recta, el círculo, a la forma del espiral. La recurrencia en señalar que a los colastinés la contingencia los abrumaba, de manera que quedaba suspendida, excepcionalmente, en estos juegos y en prácticas canibalísticas. Se debe tener en cuenta también que al descender de las naves por primera vez, los españoles daban saltos y correrías por la superficie terrestre y las formas que esbozaban eran el círculo, la línea recta y el punto: "algunos se pusieron a correr sin finalidad, en línea recta y en todas direcciones; otros en círculo otros saltaban en el mismo lugar" (Saer, 1983: 17).

En diversos pasajes de la novela se alude[1] al término contingencia como problema existencial de la comunidad colastiné. La primera acepción del término, dada por la Real Academia Española (2014), da cuenta de la posibilidad de que algo pueda o no suceder. En general, el término está asociado con lo funesto, lo trágico y la peripecia. La voz narradora explora esta atmósfera de riesgo cuando analiza la cultura y el modo en que los indios pensaban la exterioridad como riesgo. La exterioridad en cuanto límite entre la costa y su aldea con lo externo y, al mismo tiempo, la conciencia de una incompletud consigo mismo. Las capturas de personas tenían por objeto que los colastiné pudieran encontrarse consigo mismos en la degustación antropofágica, ya que lo devorado representaba lo externo y lo no real: comer la carne de aquel que no pertenecía a su mundo los afirmaba, paradójicamente, en su construcción de realidad aunque el acto los sumergiera en el horror.

La playa aparece representada por la única imagen geométrica inacabada: el semicírculo. Esta idea de espacio truncado que, por otra parte, coincide con ser el epicentro de la ficción, muestra de manera constante las perplejidades de la comunidad colastiné con lo externo de sí mismos, problema que se señaló en el párrafo anterior. Un dato importante que refuerza la idea de que la playa y la costa se constituían como una centralidad espacial es el hecho de destacar de manera insistente el privilegio del color amarillo por sobre otros que circundan la zona descripta: el marrón del río,

---

[1] En las páginas: 85, 99, 139 y 142 aparecen algunos ejemplos de esta insistencia por el tema de la contingencia.

el verde de la vegetación o el azul del cielo[2]. Véase el siguiente pasaje de la novela: "Ellos lo llaman padre de ríos. Y es verdad que, mientras viene bajando, engendra ríos a su paso [...] río de muchas orillas, a causa de las islas sombrías y pantanosas que las forman" (Saer, 1983: 54). Si en el acto de nacimiento el olor matricial impregnó la escena, la cita anterior otorga al espacio fluvial una dimensión paternal y de engendramiento en un proceso de multiplicación al infinito.

La inconmensurabilidad del Río de la Plata en la mirada del grumete es además expansiva y se presenta en el horizonte de lectura como el escenario central de esta novela. Su presencia es constante y promotora de la construcción de la trama narrativa. Frente a las variaciones en el campo historiográfico referidas al período de la Conquista, las posibilidades de los sujetos de volverse un otro, el quebrantamiento del hombre ante el tiempo y el universo, la necesidad de un orden ante el enigma del tiempo, la diversidad y el caos de un universo, son el río y la costa los que constituyen la mayor certeza vital del entenado. En el caso de los colonizadores, el Río de la Plata se representa como un espacio no de variaciones e inestabilidad, sino de presencia que erige un lugar de mismidad: allí donde el colonizador sabe que con escasas referencias cartográficas se lo encuentra en su periplo colonizador. Este río se organiza como un universo o microcosmos fluvial. Es identificable, por su anchura y totalidad como único. Dice el narrador con relación al vínculo que estos pueblos originarios tenían con el río antes de la llegada de los españoles: "Los indios [...] se mantenían a distancia [...] para no perder ni pie ni realidad en esas aguas que [...] se prolongaban al infinito" (Saer, 1983: 43).

Se indica que la comunidad colastiné no podía apartarse de las aguas del río ya que distanciarse de esa playa semicircular significaba alterar un orden y equilibrio. La costa se constituía como un semicírculo que junto a la bóveda celeste oscilaba con representaciones vinculadas al círculo. En esta doble constitución, la luz juega un efecto óptico constante cuando se la representa en el río o bien, en el final de la novela, con la presencia del eclipse. Hay una idea que perdura a lo largo de la novela y es el hecho de que la costa es sostenida y soportada por la comunidad. La costa posee especial significación ya que es el emplazado que recibe a los muertos: del ataque de los indios a los europeos y, diez años más tarde, de los españoles a la nación guaraní, víctima de la ingesta de alcohol y carne humana.

---

[2] En las páginas 11, 63, 68, 69, 74, 132 y 150 el color amarillo está relacionado con la playa. En la página 71 la alusión es al follaje y las hojas. En la 74 se alude al brillo amarillo de la luz; en la página 146 se hace referencia al color amarillo de la comunidad en determinados momentos del día mientras que en la página 89 es a la tierra amarilla.

También es el lugar que pareciera salirse de la contingencia del tiempo, no sólo con los juegos de los niños sino también con los atracos de comida, aguardientes y placeres carnales.

[4.1.4] *La encrucijada del sujeto moderno: plegamiento, duplicidad y contingencia*

Con el fin de señalar los modos en que se organiza la trama narrativa en *El entenado*, se han seleccionado tres fragmentos de la novela que especifican tres momentos estructurantes del relato. Los fragmentos en cuestión no dividen la escritura de Saer en tres secciones, más bien definen rasgos significativos de la prosa saeriana desde una perspectiva circular: muchas de las imágenes, percepciones y acontecimientos son retomados en diferentes momentos de la novela para señalar tanto la percepción como la singularidad de cada vivencia y práctica de escritura. Estos tres momentos son: el comienzo de la novela, una de las reflexiones que realiza el anciano en la última parte de la historia y, por último, el cierre de la ficción.

En el primer fragmento, coincidente con la apertura de la novela, el entenado puntea, ya anciano, que la vida horizontal, la de las ciudades, lo preserva a diferencia de la intemperie americana. La inmensidad y vastedad del espacio lo enfrenta con la contingencia. La impresión de verticalidad del territorio americano dejó a los colastiné sin el abrigo que tenían en el escenario urbano español. Los americanos debían sostener el mundo sobre sí mismos ya que eran su garante. La intensidad de la experiencia de la muerte en los colastinés, que el alnado capta al final de sus días, la percibían de manera incesante todo tiempo. La imagen construida en asociación con la luminosidad y oscuridad que hay entre los puntos de las estrellas grafica la pesadumbre de la experiencia; la imagen antitética de luz y oscuridad abre y cierra la novela:

> De esas costas vacías me quedó sobre todo la abundancia de cielo. Más de una vez me sentí diminuto bajo ese azul dilatado: en la playa amarilla, éramos como hormigas en el centro de un desierto. Y si ahora que soy un viejo paso mis días en las ciudades, es porque en ellas la vida es horizontal, porque las ciudades disimulan el cielo. Allá, de noche, en cambio, dormíamos, a la intemperie, casi aplastados por las estrellas. Estaban como al alcance de la mano y eran grandes, innumerables, sin mucha negrura entre una y otra, casi chisporroteantes, como si el cielo hubiese sido la pared acribillada de un volcán en actividades que dejase entrever por sus orificios la incandescencia interna. (Saer, 1983:11)

La vastedad se contrapone con lo diminuto de la conciencia de estar en el mundo sintiéndose "como hormigas" (1983: 11). El cielo dilata y deja distinguir la luminosidad de las estrellas en oposición a ellos, humanos, librados al azar. El sentido del cielo como una "pared acribillada" (1983: 11) abre el espacio hacia lo impredecible y temerario por no poder manipular ni asir a este como sí se intentó con la ocupación americana. Lo que está imposibilitado de ser tomado sugiere una apertura a otro lugar susceptiblemente más vasto que se deja entrever solo con la luminosidad a través de sus orificios. La convergencia de las líneas horizontal/vertical funciona como un principio que enmarca, pone en palabras y da inteligibilidad a la experiencia humana frente a la contingencia. Un sistema de opuestos –la verticalidad y la horizontalidad, la *ratio* colonialista frente a la inconmensurabilidad del territorio– que interviene contrapuestamente da cuenta de la relación conflictiva entre el hombre con el mundo/naturaleza. En este sistema de oposición, la vastedad y dilatación del territorio terrestre y cósmico se opone a la imagen diminuta de la humanidad en la playa. El río, entretanto, funge como espejo en que los personajes se enfrentan a esta experiencia contingente del hombre ante la expansión del universo. La dilatación del cielo deja divisar un principio de apertura en tanto *leitmotiv*; en el cosmos se abre un hueco que deja librada la incógnita del más allá, conjuntamente con el río que duplica esta vastedad. La magnitud del cielo no se concibe como imagen de plenitud y libertad sino que su expansión insiste en la idea de opresión frente a lo diminuto. A la costa vacía, ante el universo vasto e incierto, se le opone un segundo lugar organizado racionalmente en la doble presencia de la horizontalidad y verticalidad. Las ciudades se extienden sobre la horizontalidad y captan la mirada del ciudadano. Las costas están en la intemperie mientras que las ciudades producen un disimulo de la inconmensurabilidad del universo.

Foucault (1970) refiere la literatura como el discurso del murmullo. Para el pensador francés, hay una indagación en la literatura por hallar en su interioridad nuevos espacios de resignificación que articulen la vida en su punto crucial con el ruido de la muerte. Aquí la noción de ruido debe leerse como un efecto perturbador y, a la vez, movilizante de la persona: causa y generador de nuevas praxis. En la ficción estudiada, lo no dicho, lo que no se pudo saber por ausencia de registros de un sujeto histórico, supone un vacío y un espacio de enigma y seducción. Además de estas posibilidades, el ausente es quizás una revelación de *thanatos*. Se debe tener en cuenta por lo tanto que la escritura histórica posee, en su materialidad escrituraria, una mayor perdurabilidad en el tiempo. En la memoria historiográfica y el lenguaje literario se exhibe esta ausencia y la hace espectáculo narrativo. Por otro lado, el lenguaje, en este caso el relato narrativo, se ofrece como eco del discurso ausente, que es un metadiscurso del lenguaje. La literatura murmura, revela no sólo la ausencia de lo que no se sabe que ocurrió sino que, al decir, exhibe una posibilidad de lo que pudo haber sido. Aparecen dos discursos en paralelo: uno explícito, la historia imaginada por un escritor de la actual literatura argentina, y otro implícito, donde de manera subterránea se dice también que aquello que aparece es una posibilidad de lo que ocurrió.

En *El entenado* la recurrencia de sucesos con una fuerte presencia de ruidos y murmullos sostiene la idea, por un lado, de ininteligibilidad de un enunciado, tal como ocurre cuando el narrador protagonista intenta comunicarse con los colastiné, o bien, el ruido y murmullo actúa como un pulso que lo incita a buscar otros rumbos: "Yo escuchaba esos rumores con asombro y palpitaciones; creyéndome, como todas las criaturas destinado a toda gloria y abrigo" (Saer, 1983: 13). Las primeras impresiones del español al escuchar la lengua colastiné estaban circunscriptas al ruido incomprensible. Los rumores y murmullos están asociados con el movimiento intempestuoso: "subía un rumor arcaico" (Saer, 1983: 47), "rumor de voces rápidas y chillonas" (Saer, 1983: 54), "rumor de miembros tensos" (Saer, 1983: 59), algunos fragmentos que vinculan este no discurso con una zona de expansión, con una fuerza que insta la acción y es límite entre la vulnerabilidad del cuerpo con lo externo.

Cabría analizar si existe a través del alnado, una mirada crítica al sujeto cartesiano. Si habilitáramos tal posibilidad sería bueno tener en cuenta que los relatos construidos a finales del siglo XX revelan las contradicciones de la representación humana que se construyó en el devenir moderno. Las críticas explícitas a los ideales de progreso y mejora en las condiciones de vida para todos parecen estar cuestionadas y vistas como desde la lente de un prisma, ya que están reunidos en esa mirada todos los dispositivos de poder para controlar y doblegar no sólo el territorio americano sino también los ámbitos culturales allí construidos. Se puede desmontar la estrategia discursiva de aquello que justificó la conquista americana en pos de la fe y el progreso, para convertir tal hecho en un espectáculo de la opresión y el castigo. Desde esa clave de interpretación, el discurso contestatario de Latinoamérica a la represión europea está perfectamente montado.

Desde estas consideraciones se señala el interés de ver cómo se resuelve en la escritura la construcción del otro: ya sea en el doble mirar —mirada de europeo y la que forjó en el Río de la Plata— del alnado radicado en suelo americano y también la autorreferenciación que realiza el protagonista y la construcción de un sí vuelto otro a través de su propia escritura. La puesta en escena que lleva a cabo en España y Europa vinculada a su experiencia americana le permitirá verse desde una perspectiva particular al tiempo de percibir al otro, el público expectante, como una quimera. De ahí que la noción de pliegue (Deleuze, 1988) del discurso sea válida considerarla ya que la mirada incompleta de sí, y la efectuada por los americanos, se convocan en la práctica de escritura en procura de un efecto de totalización de sentido. Este rasgo inequívoco del pliegue enmarca la novela. Las acciones y la percepción que realiza el protagonista en relación a la experiencia y los acontecimientos se vuelven recurrentemente sobre sí, tal como lo hace el capitán sobre sus pasos, antes de ser asesinado por una flecha. El entenado realiza un movimiento similar de manera insistente; el retorno a España sobre sus pasos, la actuación y la escritura que le permiten retornar, de algún modo, a América reiteran el procedimiento constructivo de plegamiento. A diferencia del capitán, en cada retorno, la percepción y la significación para el alnado cambian. Plegamiento y duplicación sintetizan un rasgo central en *El entenado*. La duplicidad puede ser captada en la relación de la voz narradora y la escritura, en su actuación, siendo él mismo intérprete y testigo de la travesía a América. La función asignada a éste por la comunidad colastiné en la que debía reproducir sus gestos desorbitados para que éstos perduren en el tiempo. La noción de duplicación no debe entenderse en tanto reflejo de, sino, más bien, como la posibilidad de un espejo que refracta una imagen para volver extraña la memoria y el sí mismo.

El viaje a América determina en el narrador, luego de la peripecia de sus amigos, un nuevo nacimiento. El retorno a España, esto es, el regreso a través de sus pasos, servirá de móvil para producir otro viaje, no material sino escritural a partir de la adquisición de la escritura. La escritura repone y configura el sentido de la vida del entenado. También capta un nuevo nacimiento. La escritura reacentúa este principio de plegamiento en lo que respecta a la vinculación lenguaje y vida y, de ese modo, se representa una constante ya que en cada acto de nacimiento surge uno de pérdida. La pérdida provee una positividad captada en tanto acontecimiento de singularización y de inteligibilidad. Para concluir, la negatividad es un territorio de producción de sentido. Las nociones de pliegue y pérdida/nacimiento esbozan la materialidad primaria con la que se estructura la novela saeriana.

Dos temas están vinculados con el modo de describir y referir la costa y el río en la escritura de *El entenado*. El tratamiento de la otredad por un lado, y los recurrentes pasajes ligados a la necesidad de reproducir o duplicar imágenes, por otro. Con relación al último procedimiento, duplicación, se puede señalar que la comunidad colastiné descripta por el entenado plantea lo externo como problema. Lo externo a la costa y la comunidad se vuelve una indagación constante y de un tratamiento ambiguo, ya que, si bien ellos se conciben como centro de un universo y lo demás como meros accidentes, su necesidad de que otros los recuerden y los sostengan en el tiempo los hacía particularmente vulnerables. La razón por la cual el entenado no fue asesinado se debió a que éste debía contar y testificar al mundo la existencia de esta comunidad. En cada acto de rememoración cada individualidad era actualizada a través del recuerdo. La imagen construida es clara. Lo que aporta la ficción, además, es la idea de que esa imagen que perduraría en el tiempo no debía ser necesariamente real o fehaciente. De hecho cada colastiné exageraba grotescamente su propia actuación para que el europeo lo retuviera con más facilidad en el tiempo. El testigo que sobrevivía debía recordar la imagen de la comunidad, su costa y el río pero, por sobre todo, la singularidad y gestos de cada miembro, para constituir en el conjunto una forma cultural en la que cada individuo y el colectivo social se organizaran alrededor del emblemático río.

Así, sobresale la repetición de una escena especialmente significativa en la costa del río y en la totalidad de la novela: de manera literal o figurada los personajes en reiteradas oportunidades vuelven sobre sus pasos. Mientras los marineros observan al capitán caminar hacia la playa para luego volver sobre sus pasos, este realiza una media vuelta e inicia su regreso al barco luego de dar su estrepitoso y grotesco suspiro: "acto seguido, el capitán realizó, por fin, su esperado giro de talones, y empezó a recorrer en sentido inverso su camino, pasando junto a los marineros sin siquiera advertir su presencia" (Saer, 1983: 21). Luego, en el segundo avistaje, el capitán efectiviza un gesto corporal muy parecido al anterior al comenzar con su sermón, interrumpido por la flecha que lo mata. Para el grumete la escena se repite, como práctica de rememoración, en la vejez: en el cruce de la escritura y la rememoración se lleva a cabo un retorno hacia el pasado, a sus pasos perdidos. La escritura ostenta un gesto de revocación que detiene la flecha de la muerte.

El protagonista representa su papel de narrador y testigo según lo designado por los colastinés. En la figuración del sí mismo en la escena dramática, debió efectivizar una serie de intervenciones tanto de su obra dramática como de la representación corporal, hasta convertir a esta última en una mera exterioridad, una mueca. En la obra teatral había un vacío de contenido, la falta de una versión diferenciada de aquello que se hablaba sobre América, para constituirse en una mercancía cultural que permitía llenar de dinero y fama a la compañía y al protagonista de la historia. Los indios también tenían un permanente gesto de sobreactuación cuando suponían que era necesario que ese momento fuera retenido por su testigo foráneo. Para los colastiné el exceso de gestualidad era una suerte de tormento que asumían con resignación ya que, por fuera de esas intervenciones, procuraban el orden y el control de la desmesura. El rol asumido por el alnado, como testigo y también como escucha de la tribu, se cumplió con la mediación que va del recuerdo a la trama de la historia configurada por el autor en sus memorias. Antes, fue la realización de la puesta en escena frente al público. Allí, cuando el entenado los observaba percibía que los espectadores presentes eran monigotes, mera gestualidad y exterioridad.

Roland Barthes (1984) sostiene que las obras modernas tienen dos límites: la posibilidad de lograr un lugar de pérdida/fisura y la cultura que vuelve como límite. La fisura de la novela es la grieta —la pared acribillada del comienzo del relato observada desde la costa del gran río—, el espacio de duplicidad que se construye entre el presente de la escritura con el pasado configurado en la novela. La luminosidad es la imagen característica del cielo y el río; y, también, una conciencia que nace junto a la escritura del anciano. La luminosidad de la escritura abre una incursión hacia lo acontecido. Ratifica lo inapelable del tiempo hacia la muerte pero también el lenguaje da una fuerza ingobernable que impulsa desde la práctica misma, la mano que escribe, la búsqueda del sentido de aquello que ya no está. El segundo fragmento especialmente seleccionado dice:

> Es un momento luminoso que pasa, rápido, cada noche, a la hora de la cena y que después, durante unos momentos, me deja como adormecido. También es inútil, porque no sirve para contrarrestar, en los días monótonos, la noche que los gobierna y nos va llevando, como porque sí, al matadero. Y, sin embargo, son esos momentos los que sostienen, cada noche, la mano que empuña la pluma, haciéndola trazar, en nombre de los que ya, definitivamente, se perdieron, estos signos que buscan, inciertos, su perduración. (Saer, 1983:114)

La escritura es una fuerza intempestiva que construye no sólo el efecto de detención del tiempo y la muerte, sino también la actualización consciente de una escena que se repite insistentemente cada noche. En ella, la luminosidad del recuerdo reaviva el letargo que empuja el devenir de la escritura y la problematización del tiempo pasado sobre el presente. Los signos escriturales indagan y potencian una búsqueda de reconocimiento en relación a las preguntas *¿quién soy?* y *¿hacia dónde voy?* La repetición de la imagen de la cena y el fulgor de lo antaño en el presente conectan, en esa intensidad de la experiencia, lo que Walter Benjamin (1999) define como imagen dialéctica. Tal como se ha señalado, la preponderancia del efecto de luces y sombras en el comienzo de la historia (también en la escena del eclipse o en la imagen de la noche a la luz de las estrellas) es una constante en la novela. En la lectura de *El entenado* se asiste a la experiencia consciente de una anciano en la inminencia de su muerte; la novela moderna abre la brecha en la que el sujeto de la lectura capta una experiencia ajena como posibilidad cierta de su propio devenir en el tiempo.

[4.1.5] Extensión y temporalidad: de la amplitud al *punctum*

> Ahora bien, el espaciamiento como escritura es el devenir-ausente y el devenir-inconsciente del sujeto [...]. Todo grafema es de esencia testamentaria. Y la ausencia original del sujeto de la escritura es también la de la cosa o del referente.
>
> Jacques Derrida, *De la gramatología* (2000)

En *El entenado* las referencias temporales están organizadas desde dos perspectivas. Por un lado, el acto de enunciación, como escritura, pertenece a un anciano que, en su vejez, subraya el trayecto de su vida. En segundo lugar, el tiempo estructurado por la comunidad americana se encuentra regido por huellas y señales provenientes de la naturaleza, indicando fin y comienzo de estaciones. Un ejemplo significativo son los espectáculos cabalísticos. En esos momentos, como transes, la tribu rompía con una tensión acumulada durante el año que había pasado desde la última vez que lo practicaron para transitar, comenzar, por un nuevo ciclo temporal y cósmico. En el comienzo de la novela se establece una línea divisoria entre la playa, el cielo y las costas en oposición a las ciudades. En el caso de la serie playa/cielo /costa, el espacio terrestre se define por su vacío e inconmensurabilidad. Quienes habitan esta geografía son percibidos por el entenado como pequeños y diminutos. El cielo se convierte en exceso, abundancia y ensanchamiento. En lo que respecta a las ciudades, éstas se organizan espacialmente a partir del dominio del eje horizontal. Hay una percepción de imposibilidad de manipulación y control de la geografía que se proyecta en la imagen de vastedad celeste. No obstante, para la primera expedición, cuando esta llega a la costa, el espacio se hace tolerable puesto que el continente es percibido con accidentes, una superficie rugosa que permite ver lo variable, a diferencia del mar cuya superficie se caracteriza por lo llano y lugar circular entre el cielo y el mar. Los accidentes y la posibilidad de tocar la superficie crean un efecto de realidad sólo al llegar a la costa.

La vastedad del cielo adquiere un efecto fantasmagórico en el mar ya que éste lo duplica. En la imagen construida por el narrador, cuasi uterina, se figura una esfera azul o negra según el momento del día que se señale. Por otra parte, la sensación de ver las estrellas como un volcán que acribilló una pared se reitera en otros pasajes e intensifica esta idea de sujeto diminuto frente a la vastedad: "El espesor se borra y yo me siento [...] entre dos mundos: el tabique fino del cuerpo que los separa se vuelve [...] poroso y transparente y pareciera ser que es ahora, que estoy en la gran playa semicircular" (Saer, 1983: 59). La referencia nasal revela el pasaje entre dos tiempos y espacios. El tabique es una zona de tránsito y de encuentro entre el aire que ingresa y el que egresa del cuerpo. La metáfora, conectando dos temporalidades, es sugerente en lo que respecta a la relación del sujeto del lenguaje, su subjetividad con el tiempo y lo externo, la escritura. Recordemos que, en la imagen del cielo, los "orificios" (Saer, 1983:11) dejan entrever la incandescencia del brillo de algo apenas percibido e incognoscible.

En cada avistaje, los tripulantes de la expedición tenían la percepción de fundar el lugar. Este gesto fundacional, inminentemente etnocéntrico, se irá descartando a lo largo de su estadía americana. En la primera parte de la novela predomina la idea de una América vacía, por significar, y un sujeto europeo cognoscente que lo sostiene, interpreta y valora. En la segunda parte de la trama, mientras el entenado rememora su pasado, explora una impresión vinculada al lugar totalmente distinto. Capta, por ejemplo, que son los colastinés quienes también creían sostener y dar sentido al mundo. Éste se vuelve inconmensurable y temerario mientras que la experiencia del sujeto es la vulnerabilidad. Se perciben aspectos decisivos asociados al sujeto moderno como las alusiones a la hipótesis de la redondez de la Tierra: "Yo le había oído decir a un oficial que cada una de ellas era un mundo habitado, como el nuestro; que la tierra era redonda y que flotaba también en el espacio, como una estrella" (Saer, 1983: 17). La racionalidad del entenado y su imbricación con el espacio, el vínculo entre sujeto del conocimiento y el objeto se da cita cuando afirma: "Nuestro entendimiento y esa tierra eran una y la misma cosa; resultaba imposible imaginar uno sin la otra, o viceversa" (Saer, 1983: 25).

El cambio entre la apropiación de los presupuestos de la Conquista y la reflexión que alcanza el anciano es abrupto: de un gesto fundacional motivado por la empresa colonizadora, de nominalización y control de América, se pasa a una percepción de no dominio espacial. Además, la zona americana moldeó la textura de los cuerpos de quienes allí vivían. La equivalencia del color de los hombres con la del barro de la costa lleva al narrador a conjeturar que fueron nacidos por el río tal como él lo percibió al nacer luego de la peripecia de sus compañeros: "los hombres que habitan en las inmediaciones, tienen el color del barro de la costa, como si también ellos hubiesen sido engendrados por el río" (Saer, 1983: 54).

El entenado mismo se confiesa haber llegado como "arcilla blanda" (Saer, 1983: 89) y haber vuelto como "piedra inmutable" (Saer, 1983: 89) a España. En el cierre de la novela (que es, se recuerda, el tercer fragmento especialmente seleccionado) el protagonista rememora el espectáculo del eclipse lunar junto a la comunidad americana. Esta experiencia, entendida como síntesis, le permite captar al protagonista su lugar en el mundo y el universo. La síntesis espacio-temporal lograda es la más significativa de la novela. Con ella, caduca el relato:

> Por venir de los puertos [...] yo sabía lo que era un eclipse. Pero saber no basta. El único justo, es el saber que reconoce que sabemos únicamente lo que es condesciende a mostrarse. Desde aquella noche, las ciudades me cobijan. No es por miedo. Por esa vez, cuando la negrura alcanzó su extremo, la luna, poco a poco, empezó de nuevo a brillar [...]. Me quedé solo en la playa. A lo que vino después, lo llamo años o mi vida –rumor de mares, de ciudades, de latidos humanos, cuya corriente, como un río arcaico que arrastra los trastos de lo visible, me dejó en una pieza blanca, a la luz de las velas ya casi consumidas, balbuceando sobre un encuentro casual entre [...] las estrellas. (Saer, 1983: 155)

El avistaje del eclipse, rememorada en el acto de escritura, pone en escena, en un juego de luces y sombras, la presencia de un sujeto contemplativo en el ocaso de su vida. Paradójicamente, parecieran unirse dos espacio-tiempos en un mismo instante: el recuerdo de la noche del espectáculo lunar con el entenado que mira una vela iluminando la habitación en el ocaso de su vida; esta luminaria expresa, metafóricamente, su propia vejez. Los hombres que sabían del cielo daban cuenta de un cambio paradigmático en la relación del hombre con el mundo: la certeza de que la Tierra era redonda. La alusión al saber que se deja ver, como la luz de un posible volcán que acribilló el cielo, reafirma una lectura inscripta en la relación saber/ciencia. Las ciudades que cobijan aseveran la idea descripta en el primer párrafo de la novela desde los ejes del espacio y el tiempo.

La imagen que indaga el efecto de luces y sombras abre una comprensión de lo humano en el tiempo. La luz del eclipse y la de las velas sintetizan el encuentro de estas percepciones: luz y sombra frente a Eros/Thanatos. El entenado, al ser interceptado por los colastiné, describe, en detalle, el efecto de luces y sombras mientras era transportado por sus escoltas hasta la comunidad. En esa travesía, la descripción de los cambios lumínicos no se refiere sólo a la oposición de luz y sombra, sino a una gama de colores producida según los cambios horarios. El párrafo final de la novela exhibe la preponderancia de la percepción en cuanto acontecimiento ya que el saber no alcanza. Otro dato a consignar es la experiencia que se encuentra atravesada por la soledad. El entenado está solo mientras contempla el silencio y la oscuridad de la noche, solo en la escritura junto a la luz de las velas, solo en la playa, consciente de haber perdido todo y nacer de nuevo. El tiempo americano fue un tiempo de nacimiento. El mismo río que fue testigo del asesinato del resto de la expedición, lo restituyó a una tierra para renacer. Como acto simbólico, pensado en el momento de la vejez, la vida del protagonista sugiere una vuelta elíptica sobre los pasos de su devenir vital. Su conciencia materializa la idea de perdurabilidad a través del acto de escritura. Así, la aporía es perversa: esta toma de conciencia es tan intensa y desaforada como efímera, puesto que su tiempo humano –y esto también se hace explícito como conciencia– finalizará a la brevedad.

[4.1.6] La alegoría descarnada. La visión del crimen y el testigo mudo

Nadie nada nunca de Juan José Saer propone al igual que *El entenado* una lectura alegórica en la representación del exterminio de personas que, en la historia reciente de Argentina, se identifica con los años de plomo de la década de 1970, aunque la novela haya sido escrita antes de esta etapa dictatorial. No obstante, el procedimiento alegórico –el asesinato de caballos a orillas del río figurando el exterminio de personas– enmarca el conflicto central de la trama junto al desconcierto de que solo uno de ellos quede con vida, como el alnado, símil del testigo que sobrevive para cargar con la culpa de la sobrevivencia y/o ser el testigo privilegiado del horror. Aparece el lugar de la inocencia, en cuanto a que las víctimas se encuentran inermes antes el poder del asesino: "Alguien se ha puesto [...] a matar caballos. Llega de noche, aprovechando la oscuridad, cuando todo el mundo duerme, y le pega al animal un tiro en la cabeza [...] hoy en un punto de la costa [...] asesinando inocentes" (Saer, 1980: 60).

El miedo y terror provocado por la posibilidad de nuevas víctimas y la infructuosa búsqueda de los asesinos hacen que lentamente el relato adquiera una particular visión más verosímil y frontal sobre la desaparición y crímenes del último período militar. En esta novela de Juan José Saer se muestra una especial visión alegórica de los desaparecidos en la década de 1970, al representar a las víctimas de un modo diferenciado sustituyendo las figuras humanas por la de caballos y, en segundo lugar, al dejar a la vista sus cuerpos acribillados en la intemperie de la llanura. El viraje producido en el relato se condensa especialmente a través del diálogo de Elisa y El Gato. En esa instancia, la figura alegórica referida cede espacio a una frontalidad sin mediaciones e inversiones tal como es característico en la alegoría. Lo particular de *Nadie nada nunca* es este movimiento de presentar un acontecimiento histórico bajo la forma de la alegoría. El contraste así facturado intensifica la dimensión política de la desaparición forzada de personas.

El diálogo entre Elisa y El Gato suscita la intensidad de una visión imprevista que exhibe el rastro de la tragedia como consecuencia de que el despojo de víctimas se encuentra a la vista de un caminante. Entre Elisa y El Gato hay dos miradas contrapuestas vinculadas con el miedo a la visión y sorpresa de que algo pueda manifestarse monstruoso, tal como sucede en la tierra firme según el personaje femenino, o bien, un ataque repentino en la opacidad de las aguas. Los dos personajes comparten en la interlocución sus miedos por lo súbito e intempestivo. Para El Gato, Elisa: "siempre tiene la impresión de que entre los yuyos se oculta *algo, algo, algo* que no espera otra cosa que la llegada de algún caminante para ponerse en evidencia" (Saer, 1980:84). El motivo del horror adquiere una suerte de prosopopeya en cuanto a que acecha a los protagonistas una visión que haga tangible y, de alguna forma, que dé sentido la fisonomía siniestra. El miedo se dirige al caminante fortuito que se enfrenta con los restos cadavéricos de la peripecia, los cadáveres insepultos y putrefactos sobre todo: "algo que se aparezca súbito, algo vivo, o muerto, entre los yuyos" (Saer, 1980:80). Ambos personajes avanzan en un diálogo que termina con el choque de las dos representaciones posibles del horror y también con el desvanecimiento definitivo de la alegoría por la frontalidad de la temática de los cuerpos arrojados al río desde los vuelos de la muerte para hacerlos desaparecer en el río. Si se tienen en cuenta las variaciones del punto de vista construido por el narrador, en el empleo del acto de habla indirecto en Elisa se observa que hay una diferencia notable con la primera persona cuando aparece la voz de El Gato. Esta distancia entre un personaje y otro con relación al punto de vista narrativo explicita la contundencia del enunciado: "Si un asesino, argumenta, quisiera desembarazarse de un cuerpo, ¿adónde se le ocurriría hacerlo desaparecer? En el campo. O en el río —digo yo. Dos buenos bloques de cemento, uno en cada pie, y hasta la vista" (Saer, 1980:85). A la doble mirada de El Gato y Elisa sobre los modos de desaparición de personas se le adosa un tratamiento especial del espacio tanto urbano como rural capaz de conformar en el conjunto una topografía muy clara. La decisión de un asesino urbano de ocultar y hacer desaparecer la evidencia de un delito en el territorio del campo ostenta el guiño de descuido al no enterrar el cuerpo entre la maleza. Este gesto negligente, que a Giorgio Agamben le gusta oponer a la dialéctica profanatoria, vuelve al acto de desaparición una escena de abandono. El despojo arrojado a la intemperie es una afirmación de incuria y siempre una arqueología del pasado que vuelve como resto o fantasmagoría para interpelar a quien camina por el campo inadvertidamente. El descuido y el abandono captan la totalidad de la escena en su máxima expresión cuando El Gato afirma con un evidente tono coloquial "no va que vienen los perros" (Saer, 1980:86) al momento en que se descubre el crimen. La materialización del horror cuando se encuentra con los restos putrefactos asume en un mismo movimiento de perplejidad la representación pública de una voz que dice por primera vez la contundencia de la consternación.

[4.1.7] Escritura, espacialidad, tiempo.
La imagen del hombre en El río sin orillas *[1991] de Juan José Saer*

Se considera como punto de partida la secuencia sémica: escritura/Río de la Plata /contingencia, con el fin de sintetizar una serie de planteos –primeramente– estéticos que aparecen en *El río sin orillas. Tratado imaginario* de Juan José Saer. Cabe señalar que cada término de esta serie no interviene de manera aislada. Todo lo contrario, hay un principio de circularidad y diálogo que los aúna. En este apartado se examinarán los rasgos figurativos y las representaciones del Río de la Plata. Esto es, revisar los modos en que la referencia fluvial constituye una descripción geográfica anclada en problemáticas de orden estético y político. Junto a estas representaciones, la escritura de Juan José Saer revisa una serie de asuntos: las inscripciones autobiográficas, la recuperación de imágenes y un sistema de descripciones asociado con el estuario que permite advertir rupturas y continuidades con respecto a la tradición literaria argentina. Uno de los procedimientos que se dan cita, la elisión de la costa uruguaya y la contigüidad de la pampa con el Río de la Plata –en tanto escenarios estrechamente asociados al efecto de circularidad o semiesfera que provoca la inmensidad y vacío de su territorio, simultáneamente con la bóveda celeste– exhibe más allá del diálogo con otros autores una marca propia en la obra de Juan José Saer. Esta identificación llanura/río se vincula con reflexiones estéticas y filosóficas que involucran entre otros planteos la contingencia (Rorty, 1991), el ser, la individualidad y la experiencia/condición humanas. Esto significa que la secuencia de términos de la oración anterior religa en el enunciado una relación problemática del sujeto con el frente fluvial; una indagación que procura responder la pregunta alrededor de la ligadura entre el sujeto y el espacio del Río de la Plata en su vinculación con el tiempo.

El Río de la Plata está asociado en sus límites físicos y simbólicos a la pampa argentina y es, paralelamente, artífice del emplazamiento tanto urbano del litoral como cultural de la Argentina. Escritura y representación del río son indisolubles en el tratado imaginario. Un rasgo especial que aparece ya en el título del libro –río *sin* orillas– es la negatividad como modo de producción de sentido. Con esta clave de lectura se explorarán los rasgos que caracterizan la escritura, la organización y estructura general del libro, la problematización del horizonte genérico, la inscripción del yo de la enunciación y el vínculo que entabla con el Río de la Plata en tanto lecho mortuorio.

En lo que respecta a la relación con la historia reciente del país, las alusiones a la última dictadura militar aparecen –en primer término– mediatizadas por un discurso alegórico y simbólico en la línea de Mircea Eliade que es indicada puntualmente en el libro. Además, hay un reconocimiento frontal a las crisis subjetivas del período con un presente que, desde el poder, pretende olvidar la violencia pasada. La historia es presentada con una impronta íntima y organizada a través de la noción de acontecimiento. De hecho, Saer, al caracterizar su escritura, construye la dupla ficción/acontecimiento y no la de ficción/verdad. El desplazamiento obliga a explicitar distinciones puntuales. En relación con las hipótesis y valencias, *El río sin orillas* interviene vivamente. En efecto, presenta un vínculo inequívoco entre estética, política y representaciones asociadas con los imaginarios sociales. En especial, con aquellos autores argentinos que han absorbido y, a la vez, configurado imaginarios puntuales. Las sucesivas descripciones del río procurando hallar nuevas adjetivaciones e imágenes, la insistencia por dar cuenta de los rasgos de su escritura, una misma experiencia aunque mínima y aparentemente baladí son retomadas por la pluma de Saer. Referencias a pensadores, términos clave en su escritura como geopolítica, constituyen una marca privilegiada que, por momentos, parecen desviar un hilo conductor. Hay que reconocer que este procedimiento vuelve la mirada sobre algo ya dicho y, en tal insistencia, reacentúa el motivo para verlo desde otro ángulo. La estrategia nos resuena a la narrativa de la *nouveau roman* francesa, en la que Juan José Saer intervino con sus ficciones. Otro rasgo en la escritura de *El río sin orillas* es la intertextualidad implícita que se da con el resto de su obra, especialmente con la novela *El entenado*. La insistencia por señalar el acto de escritura conectado tanto al espacio fluvial como al pasado biográfico condensa una idea cronotópica fundamental: "Una felicidad sin límites, que duró unos minutos, me arrasó, y cuya sensación dura todavía quince años más tarde, en este momento en que estoy describiéndola" (Saer, 1991:77). Otro rasgo insistente, que también se reitera en la ficción, es la presencia de imágenes para captar lo que es inconmensurable.

Los modos de representación del Río de la Plata están franqueados por la mirada subjetiva del yo de la enunciación y, a la vez, el río es el espejo desde donde el autor implicado se piensa en la historia y la cultura rioplatense. Esta vinculación de la voz narradora con el estuario platense no se corresponde con la representación del Río de la Plata como lecho mortuorio. En el título *El río sin orillas* se anuncia un sentido negativo en la representación del Río de la Plata. Su imagen se organiza desde la falta de uno de los rasgos que constituye, precisamente, el límite y el punto en que un observador contempla –y diferencia de aquello que no es río– un escenario fluvial: la orilla. En la hipérbole y oxímoron del título se prefiguran una serie de rasgos dados al Río de la Plata que tornan la negatividad una entidad proteica y que son parte de un programa que explicita el encuentro intersubjetivo entre el yo de la enunciación y el escenario fluvial. Hay, además, una disolución de las fronteras naturales y simbólicas del estuario con el fin de producir una articulación entre la pampa y el río, la historia y el río. La definición de identidad –al igual que la caracterización del Río de la Plata en el título– se sostiene con un principio negativo cuando el narrador afirma que "el primer paso para penetrar en nuestra identidad consiste en admitir (…) ninguna identidad afirmativa" (Saer, 1991: 204). Las dos junturas producidas por el Río de la Plata –la espacial con la pampa y la temporal con la historia cultural de la región– hacen que el estuario reverbere en términos cronotópicos. En efecto, el Mar de Solís y su continuidad/ alteridad –ciudades litoraleñas, pampa, cielo o simplemente cultura forjada como rioplatense– anudan tanto la voz que enuncia como el pasado histórico.

El tratado imaginario saeriano está dividido en cuatro secciones o capítulos: cada uno de ellos se titula con el nombre de una estación climática. El río es representado en el cruce de los acontecimientos históricos, configurante de espacialidades y del asentamiento de ciudades y colonias rurales. Sus límites son puestos en discusión a partir del anclaje que se produce entre el Río de la Plata y la dimensión simbólico-cultural que éste posee para la región. Saer innova en la representación del estuario al contrastar visiblemente aquel espacio de clausura propuesto por Sarmiento en pleno período de organización nacional, para establecer una apertura de sus límites, principalmente simbólicos, en una etapa histórica en que los idearios nacionalistas decimonónicos son puestos a consideración.

La distribución de los capítulos no sigue un orden estrictamente causal y cronológico. La escritura de Saer plantea una deriva deleuzeana en la que la reiteración de un tópico vuelve la atención sobre un mismo tema para sorprender la mirada y el acontecimiento de la observación. La clasificación genérica de *El río sin orillas* es problematizada por el propio autor. En el comienzo, este define su escritura como un "tratado imaginario" (Saer, 1991: 19). No obstante, prevalecen los principales rasgos de una escritura ensayística: carácter hipotético especulativo del tratamiento del asunto, elementos persuasivos dirigidos al lector, efecto estético en el lenguaje, fuerte señalamiento del yo de la enunciación. Empero, se exceden los límites sugeridos por el ensayo. Indaga otros aspectos que se apartan del tema del cual pretende hablar. Por ejemplo, la incursión por la percepción, el encuentro intersubjetivo, digresiones asociadas a la idea de autor o al análisis de topónimos hacen que la escritura de *El río sin orillas* no encaje en un único género.

Desde las primeras páginas de *El río sin orillas* hay una marcada presencia enunciativa que vincula la identidad del autor con el espacio fluvial. La noción de identidad es, en principio, remitida al yo de la enunciación: "Ese lugar chato y abandonado era para mí, mientras lo contemplaba [...]. Era mi lugar: en él muerte y delicia me eran inevitablemente propias" (Saer, 1991: 17). El Río de la Plata es una centralidad articulada subjetivamente: no hay un principio de totalización que se imponga en términos políticos o geográficos. El modo de representar la cuenca del Plata tiene que ver con una idea de intensidad del espacio asociada al ímpetu de quien lo nombra. Muerte y delicia se relacionan directamente con las imágenes que el narrador conjetura a partir de la visualización del río desde el avión. El río es la posibilidad de incursionar en la historia personal del autor; el relato es un medio de hacer inteligible una vida: "Cada uno trata de entrar, infructuoso, en su propio río" (Saer, 1991: 24). El encuentro con el río instituye la escritura y delinea otro semblante de sí mismo, no como totalidad sino como sujeto que busca e indaga la temporalidad y la espacialidad como accesos a la comprensión del tiempo y el espacio.

La experiencia visual del Río de la Plata, que procura movilizar la práctica de escritura, resulta ser infructuosa en su primer viaje a la costa y las adjetivaciones que utiliza para caracterizarlo se modulan con Eduardo Mallea, en particular, en lo que respecta a los semas inmovilidad y vacío. En efecto, Juan José Saer aguarda con la experiencia del contacto visual convocar la escritura del relato pero el proyecto resulta ser infructuoso en un primer momento. La erudición, según Saer, es el camino posible que le permite gestionar la escritura. Sin embargo, cuando finaliza la lectura del tratado imaginario, se observa una aproximación a la vivencia del espacio inscripto tanto en la erudición como con la experiencia frontal y subjetiva con la geografía. En un nuevo acercamiento empírico al Río de la Plata, la impresión que indica Saer fue la de estar en el centro de un círculo de agua. De la adjetivación incolora y neutra del estuario en su primera experiencia pasó a una superficie pesada y accidentada con una tonalidad indefinida y confundida con el cielo: "Me puse a contemplar el río, la superficie lisa, sin una sola arruga [...] incolora y vacía [...]. Un calificativo frecuente para designarlo [...] inmortalizado por el escritor Eduardo Mallea, y que se impone de inmediato a la mente, es el de inmóvil" (Saer, 1991:30). De la tranquilidad de las aguas se transitó a la turbulencia del espejo fluvial. Cada experiencia con el río es única: las adjetivaciones se relativizan en cada incursión. La percepción ocupa un lugar central en la vinculación del sujeto con el espacio. Por lo tanto, Juan José Saer construye una idea de circularidad y también de vacío en la llanura, ya que en ella se tiene la sensación de estar en el interior de una semiesfera: el vacío de los campos se iguala al del Río de la Plata. La bóveda celeste —en ambos casos— se percibe como una esfera que, al igual que una pantalla, completa la imagen inacabada de cada espacio.

Se puede señalar que para la representación del Río de la Plata la duplicidad es un principio constructivo que interviene en distintos momentos y asuntos. A modo de ejemplo, en lo que respecta a la relación pampa/río, se destacan dos observaciones. Por un lado, hay una suerte de prolongación de un espacio hacia el otro, en particular para la inscripción identitaria del Río de la Plata desde sus fronteras móviles. En segundo lugar, ambas esferas se perciben como espacios que delinean en conjunto dos círculos o bóvedas a través de la mirada de quien observa, sin accidentes, la imaginaria línea del horizonte pampeano o fluvial. Además, el principio de dualidad: pampa/río, superficie terrestre/cielo, guerras/paz, tragedia/comedia, hombres del Renacimiento/hombres prehistóricos son algunas de las duplas que surgen a lo largo de la lectura.

[4.1.8] *Los desaparecidos que vuelven como fantasmagoría*

> "Los militares se felicitaron de haber instaurado, como los romanos de Tácito, la paz, hasta que poco a poco, la inconcebible muchedumbre de sombras que ellos creían haber pulverizado y sacado para siempre del aire de este mundo, se puso, con obstinación, a volver. El río, el océano, devolvían, periódicos, los cadáveres; la tierra vomitaba los huesos, los fragmentos de huesos, calcinados pero irreductibles"
>
> (…)
>
> "El desdén de muchos por las inconsecuencias de la vida […] se transformó en horror, y los discursos falsamente conciliadores que se profieren en la actualidad, no logran ocultar rencores legítimos y duraderos"
>
> Juan José Saer, *El río sin orillas. Tratado imaginario.* (1994)

En el primer epígrafe de este apartado, la imagen de avance de la muchedumbre que se revela como escena del horror tiene, tal como se ha esbozado sobre el comienzo de *El matadero*, una inscripción política atravesada en un discurso estético. La imagen devuelta a través del Río de la Plata carece de contornos precisos. Sus límites, difusos, se vuelven mera revelación. Lo inconcebible de la muchedumbre se corresponde con la idea de irreductibilidad de los cuerpos. La muchedumbre es reducida a sombra, el río devuelve los cuerpos y la tierra vomita los huesos. La imagen del exceso transita un umbral que afirma y niega al mismo tiempo: la afirmación procura rememoración mientras que la negación ostenta la certeza de que la imagen de cuerpo construida es, en definitiva, mero escamoteo. En este doble movimiento se delinea la figura inminente de la dictadura: los desaparecidos. El fragmento, tomado del tratado imaginario, articula una polaridad muy perceptible: la de los militares, artífices de un orden, carentes de reservas éticas, que miran la tradición occidental hasta llegar a los romanos y, por otro lado, la imagen de un río solidario con la expulsión de aquellos que fueron eliminados. Obsérvese la pesada adjetivación que tienen las palabras "inconcebibles" para designar el alcance provocador que supuso el retorno de los restos de los desaparecidos. La segunda adjetivación relevante es la de los huesos como "irreductibles" pese a la calcinación y las vicisitudes de sus destinos. La irreductibilidad y lo inconcebible de la aparición tiene, más allá del ímpetu de la selección léxica, un inminente contraste al hablar de sombras. La fuerza de las sombras se materializa en el osario. La línea de oposición de esta polaridad se corresponde, además, con el impacto de la pulverización de las personas en oposición a la persistencia, la obstinación, de un río por hacer visible, periódicamente, lo que debió quedar enterrado. Los cadáveres regurgitados por la tierra vuelven a conectar al Río de la Plata como la dimensión terrestre al movimiento profanatorio de la restitución de los muertos y también en tanto réplica de la imagen vista en *El entenado* cuando los personajes vomitaban hacia el interior del río tras la ingesta de carne humana.

En *El río sin orillas* la revisión histórica que realiza el autor de lo acontecido cultural y políticamente en el estuario platense es provocativa. A diferencia de Sarmiento, Saer realiza un movimiento de apertura del Río de la Plata en la problematización de sus fronteras simbólicas y materiales. El gesto de abrir los límites simbólicos del estuario le permite exhibir las fragilidades de las distintas representaciones canónicas del estuario desmontando el lugar hierático que tiene este espacio en la tradición literaria. Al realizar esta operación, las muertes y las sucesivas desapariciones físicas se hacen presentes. Muestra por ejemplo, el efecto traumático de la última dictadura militar cuando afirma: "Las sucesivas catástrofes [...] han perturbado de algún modo la sucesión de generaciones [...] en épocas turbulentas se invierte el orden natural de las cosas, y son los padres quienes entierran a sus hijos" (Saer, 1991: 18). La idea de perturbación/inversión / perversión ubica en las primeras páginas del libro dos figuras insolubles: el Estado frente a la población. En uno, se vislumbra el orden, la virilidad, el abuso y la tiranía. En el otro, aparece el encuentro humano, la víctima, el desaparecido. El poder sostiene este accionar: perturba o invierte el orden natural de la vida ya que son los padres los que entierran a sus hijos.

La geografía desmesurada del continente que acababan de conocer los españoles forjó una imagen de sí mismos irreconocible: por un lado, avance en la Conquista y por otro, hallazgo o rencuentro. Esta idea es una imagen del inacabamiento e imposibilidad del sujeto de verse como totalidad. Una identidad racional que hace consciente su fragilidad y vulnerabilidad desde la imagen del otro, americano. Hay algo decisivo en la escritura saeriana sobre la percepción: según el autor, la distancia resuelve todo en formas, piezas geométricas que dejan complacida a la racionalidad. Como oposición, la llanura, por sus límites igualmente indefinidos, perturba las percepciones y la desazón de quien observa. El espacio vacío de la pampa es, para el viajero, el acceso a la desesperación. Estos principios de realidad esbozados bosquejan en última instancia la relación que un lugar puede tener con el logos y la realidad. Para Saer no existe lo exótico sino la mera contingencia geológica y los saberes culturales que constituyen un logos común a los hombres. La argumentación se dirige directamente al color local ya que por debajo de él está el "empastamiento del mundo" (Saer, 1999: 81). Realidad exterior, verdades supuestas, racionalidad cartesiana son los frentes de discusión que Juan José Saer desautomatiza a través del factor contingente. En tanto, el proyecto colonizador español hacia el Río de la Plata propició un desdoblamiento y una revisión crítica por parte de los expedicionarios asociado a las verdades eurocéntricas. De este modo, en el avance hacia el suelo americano se produjo un doble movimiento. Precipitarse hacia lo nuevo para conquistarlo y dominarlo (imponiendo así una verdad absoluta, racional y cristiana) y, por otro lado, en ese avance del espacio (marítimo primero y fluvial después) los españoles fueron testigos de su propia mutabilidad. En el devenir hubo un movimiento de retroceso hacia otra verdad atávica. En la desmesura del territorio fluvial y geográfico del Río de la Plata emergieron aspectos desconocidos. Al dejar las aguas del mar e internándose en las nuevas aguas dulces del Plata fueron testigos de la expulsión de sus costumbres y ambiciones que los habían traído a América. La condición humana, sus límites y perversiones, fueron forjando un semblante distinto entre ellos.

Vinculado a la representación del espacio fluvial en *El río sin orillas*, la primera descripción que trae Saer sobre el Río de la Plata se realiza a partir de la observación aérea del río mientras el avión aterriza en sus cercanías. El tratado comienza narrando los viajes que el autor realiza periódicamente desde Francia a la Argentina. En cada incursión que hace a su país natal, revive una experiencia de visualización del estuario platense cada vez que el avión se aproxima a Buenos Aires. Así, en cada descenso en el Aeropuerto Internacional de Ezeiza ve el río desde dos figuras posibles:

> Su forma verdadera [...] se avecina mucho a la del escorpión, con la bahía de Samborombón [...] y la bahía de Montevideo que forman las pinzas, y el último tramo del río Uruguay formando la cola [...]. Pero podemos

> invertir el dibujo, [...] y entonces aparece con claridad la silueta de un pene, con las dos bahías serviciales ya mencionadas figurando sin error posible los testículos, penetrando hacia el interior de la tierra, de la que la provincia de Entre Ríos contendría el útero, el vértice del delta el clítoris. (Saer, 1991: 31)

Los contornos del río habilitan dos imágenes posibles. Se recuerda que la silueta del escorpión tiene dos pinzas que permiten al animal atrapar y capturar eficazmente a sus presas. Estas permiten rememorar dos series de hechos y circunstancias ocurridas en el lugar: por un lado, la figura del escorpión, símbolo de la destrucción y estrechamente ligado a la muerte, remite a las pruebas y desafíos que debieron soportar muchos de los que se aventuraron por el territorio. Saer señala a J. L. Cirlot, quien expone la presencia de este animal que connota trampa y traición en diversas culturas como la egipcia y la griega. En Saer, se ubican estas pinzas en el comienzo del estuario platense. Es allí donde Domingo Faustino Sarmiento pensó la edificación de la ciudad de Argirópolis.

La escritura del tratado imaginario es profanatoria en cuanto restituye restos –sombras, calcinación, espasmos, insubordinación de cuerpos– pero al mismo tiempo se vuelve reposición a nivel del relato de aquello de lo que estas huellas envisten: admite un encuentro con la contingencia y un sujeto inscripto por el impacto histórico. La biopolítica, en cambio, niega el acto consagratorio y lo repone por una figura –el desaparecido– que anhela escamotear lo residual para afirmar la restitución de un tiempo, presente, apartado del impacto de violencia del ayer. En esta serie antinómica de la reposición y la negación, la figura que se delinea es la del desaparecido. Con ella la biopolítica cierra la incursión al pasado. En *El río sin orillas* abre un registro, un cambio, como diría Rorty, con el "juego del lenguaje" (Rorty, 1991: 17), a partir del cual la significación y la representación de lo que ocurrió habilitan nuevas formas de relato.

Los opuestos son absorbidos en el Río de la Plata. Tragedia y comedia, muerte y delicia constituyen duplas que Saer indaga tanto en las reflexiones suscitadas por la observación del río como por las indagaciones librescas consultadas. La primera parte del tratado imaginario refiere los conflictos políticos y sociales que asolaron a la Argentina y cuyo principal testigo fue el Río de la Plata. De esta manera, el estuario se percibe como un lugar de encuentro entre el sujeto que observa su pasado personal, franqueado por la historia nacional reciente en una suerte de imagen histórica y cultural que le devuelve el río. El pasado reciente no es el único período recuperado: de alguna manera en la intersección con el Río de la Plata se esboza también la imagen sangrienta de la historia desde la llegada española.

[4.1.9] *Mujer en el río*

En el último capítulo, "Primavera", prevalece la experiencia perceptual, subjetiva e intersubjetiva junto a la costa. Ahí, el narrador contempla una mujer adulta llevando niños para que jueguen en el río. Cuando la mujer decide mojar sus pies, en la orilla, provoca en el observador, el autor implicado Juan José Saer, una experiencia sensorial que le hace sentir el contacto del agua en sus pies. Este vínculo con el río y la mujer –sin articulación de palabras ni contacto corporal– hace que el acontecimiento de la escena se vuelva el más íntimo y, quizás, el más trascendente de todo el libro, por cuanto pareciera ser la cifra en la que Saer piensa la esperanza de un porvenir. Esta síntesis recubre el objetivo tanto de la escritura del libro como el vínculo entablado entre la voz narradora, el río y la cultura. En el cierre del tratado imaginario se apela a la experiencia atravesada por el espacio y su intersección inexorable con la intersubjetividad.

Estos principios de realidad esbozados (el valor de la experiencia y el saber, el vínculo subjetivo con un determinado espacio, la preponderancia de la contingencia como articulador de lo inteligible, etc.) bosquejan en última instancia la relación que un lugar puede tener con el logos y la realidad. El autor refiere en el cierre la experiencia de encuentro entre el río y la mujer captada a través de la mirada del narrador: "Yo experimentaba […] y me costaba un esfuerzo, sentir las que en apariencia eran las reales […] el agua me ceñía hasta más arriba de las rodillas, y el ruedo mojado del vestido se pegaba contra mis propios muslos" (Saer, 1991: 217). La posibilidad de experimentar una sensación común con un otro que lleva a cabo la actividad acentúa la idea de Heráclito por la que el Logos es común a todos aunque se insista en un pensamiento propio y singular: "La mujer que entraba en el río me iba mostrando a medida que se internaba en el agua, el espejismo tenue de lo individual […]. Es posible que el río cambie continuamente, pero siempre es uno y el mismo el que penetra en él" (Saer, 1991: 218).

La escritura da cuenta de una serie de rasgos y procedimientos al servicio de la representación directa o indirecta del Río de la Plata en el que la repetición es un primer procedimiento que es válido señalar. Por ejemplo, el epígrafe inicial del padre Cattaneo es retomado en las primeras páginas. En la introducción insiste con la cita del sacerdote cuando se aproxima a contemplar la superficie del río y percibe una sensación de mar y semicircularidad (Saer, 1994: 30). En el segundo capítulo retoma esta idea de Cattaneo para reacentuar la magnificencia del estuario platense comparándolo con los ríos de Europa.

Si en las primeras páginas del libro ni la experiencia libresca que tuviera referencia con el Río de la Plata ni la visión frontal en la orilla le permitía al narrador apropiarse simbólicamente del estuario, se observa que en el final del tratado sí logra el cometido de referir un *topos* inscripto en la secuencia acontecimiento y subjetividad:

> Lo singular de la llanura no es su horizonte infinito, sino su capacidad de perturbar, de muchas maneras, nuestras percepciones [...]. Lo mismo pasa con el espacio vacío, que se yuxtapone, sobre todo para el ojo del viajero, siempre igual a sí mismo, y como en apariencia nada cambia con el desplazamiento del ojo, la imaginación adiciona los fragmentos y crea la ilusión de infinitud [...]. Cuanto más se afirma su presencia material, se vuelven inciertas y brumosas. (Saer, 1991:121)

En las presentes páginas se han revisado algunos planteos provenientes de la narrativa de Juan José Saer en su tratado imaginario *El río sin orillas*. En esta incursión, se ha observado un principio de articulación entre escritura, Río de la Plata y contingencia proclive a señalar cómo en la puesta en relato —más allá de la problematización de los horizontes genéricos y de evitar modos de representación totalizadores— el yo de la enunciación se constituye en la encrucijada de estos términos. Saer insiste sobre la noción de vacío, ya sea en las impresiones que tuvieron los visitantes del Río de la Plata desde la Conquista hasta el siglo pasado, como sus propias vivencias o acontecimientos en el estuario. El vacío irrumpe para exhibir la fragilidad de quien observa el espacio en su mera individualidad. Esta experiencia le permite incursionar su estar en el aquí/ahora minado por el pasado propio y a la vez, común de una sociedad. De ahí la recuperación del logos como idea común que en cada sujeto explora apenas la singularidad. En el vacío del Río de la Plata se abre una brecha que anuda, en la experiencia de lectura, rememoración, pasado y porvenir. Vacío es el exceso que seduce al viajero al ver los trazos de un mapa, y al percibir *in situ* la vastedad del lugar, trastabilla la realidad y caen los relatos que sostiene, incluida la fragilidad cartográfica.

La experiencia con la que cierra el relato y ordena el acontecimiento de la singularidad del encuentro con el río lo lleva a cabo con la mujer con la que no habla ni lo mira. El logos que es común cobra su sentido en esta apropiación de la experiencia del otro como propia; su condición subjetiva incluso está atravesada por la corporeidad de la mujer y él mismo. La experiencia con la mujer parece dar sentido a lo que antes se percibía sólo como vacío. Vinculado a la percepción y el vínculo intersubjetivo, esta posibilidad de completar una significación no se ha advertido en la escritura de Victoria Ocampo cuando, en definitiva, el planteo último de su escrito esboza el problema de la vastedad y vacío de la pampa y el Río de la Plata. Ocampo quizás yerra la indagación en lo que el propio Saer cuestiona insistentemente: el diálogo racional y erudito entre intelectuales, cuando en verdad la apropiación y significación del espacio radica en otros códigos. Giorgio Agamben plantea lo siguiente:

> El espejo es el lugar en el que descubrimos que tenemos una imagen y, al mismo tiempo, que ella puede ser separada de nosotros [...]. Entre la percepción de la imagen y el reconocerse en ella hay un intervalo que los poetas medievales llamaron amor. El espejo de Narciso es, en este sentido, el manantial del amor, la experiencia inaudita y feroz de que la imagen es y no es nuestra imagen. (2005: 29)

El intervalo se produce entre la imagen reflejada en el espejo frente el sujeto que se contempla. Esta brecha separa, por correspondencia, la escritura y su doble: la oralidad o el autor. Se puede extrapolar esta imagen al intervalo que sitúa el Río de la Plata como un prisma que devuelve la imagen pero también sumerge al sujeto en las profundidades de su memoria en cuanto testigo privilegiado del país. Volviendo a Agamben, el amor anunciado por los medievales que se situaría en esa tregua repondría el tercero excluido del pensamiento occidental. El reconocimiento ambivalente de que la imagen es y no es la propia organizaría una experiencia que transita carriles disímiles de los conocidos. La escisión descripta por Giorgio Agamben entre las esferas de lo profano y lo sagrado deja al descubierto ciertos modos en que la modernidad tardía exacerba mecanismos de separación multiforme en la que cada actividad humana pareciera dividirse a sí misma atomizando al individuo y obturando formas de organización intersubjetiva y políticas. Juan José Saer incursiona en su tratado imaginario en aquellos dispositivos forjados por el poder tendientes a obturar mecanismos de intersubjetividad. Es así que en los diversos recortes históricos referidos en este libro es factible percibir una incesante serie de hechos históricos que dejan al sujeto en una soledad extrema y en una búsqueda por el reconocimiento de un tiempo y un espacio de pertenencia. La mayor muestra de resistencia vinculada con el poder en *El río sin orillas* es la de ofrecer un gesto esperanzador en cuanto a que existen medios que permiten al sujeto reconocer en la mirada del otro su propia imagen.

Los cuerpos en el Río de la Plata, según se examinó, son presencias captadas como fulgor para luego desaparecer. En *El río sin orillas* hay una experiencia profanatoria en la rememoración. En *El entenado* los cuerpos aparecen en el río y luego se alejan hasta el olvido. En *Nadie nada nunca* el asesinato en serie de los caballos sin una razón fehaciente permite a los protagonistas reflexionar sobre el impacto que produce en ellos la posibilidad del roce con el hallazgo mortuorio. Obsérvese que hasta el momento, y en el resto del *corpus* de trabajo, los cuerpos situados en el río no son tocados ni manipulados. Toda profanación, según Agamben, consiste en la restitución de lo que estaba destinado a otro orden, incluida su significación, para ubicarla en otra constelación de significados. El acto profanatorio de los cuerpos ocupa el lugar de la reposición de un ausente y, paradójicamente, reafirma su condición de desaparecido, con lo cual el tratamiento dado enviste un pasaje a medias profanado, a medias restituido. El gesto de restitución al orden público de los cadáveres presume la explicitación de su ausencia y la puesta en escena de un acontecimiento biopolítico con la impronta de un cuerpo que no se toca ni material ni simbólicamente.

[4.2] *En el corazón de junio* [1983] de Luis Gusmán

> Otra vez oía el ruido de esos cuerpos cayendo desde el aire. Bolsas que caían pesadamente.
>
> Luis Gusmán, *En el corazón de junio* (1983)

A partir de su experiencia de trasplante de corazón, Jean Luc Nancy (2000) reflexiona sobre la intromisión de un órgano vital para un organismo, los mecanismos defensivos de un cuerpo que rechaza el corazón donante, la preparación quirúrgica e inmunológica para la recepción de un huésped que, siendo extraño, permite la continuidad de una vida. Resistencia a la invasión y necesidad vital de un otro sintetizan el acontecimiento paradójico y subjetivo del trasplante. Todo trasplante es invasivo y violento para el cuerpo trasplantado, y este acontecimiento intrusivo lleva a Nancy a reflexionar sobre el inmigrante o el extraño que se introduce como fantasmagoría en una comunidad. La condición de todo extranjero que se integra a una comunidad es, según Nancy, que este conserve su condición de extranjeridad y de intrusión, ya que de constituirse en la comunidad en un sentido pleno pierde su rasgo de ajenidad. Dice Nancy: "Una vez que está ahí, si sigue siendo extranjero, y mientras siga siéndolo, en lugar de simplemente naturalizarse, su llegada no cesa [...]. En vez de ser una molestia, es una perturbación en la intimidad" (Nancy, 2001: 12). El lugar que ha considerado Nancy a propósito de la intrusión establece los diferentes modos en que una comunidad siente la intromisión de lo extraño y fantasmal como amenazas ciertas o figuradas de quebrantamiento de un orden.

El primer capítulo de la novela *En el corazón de junio* de Luis Gusmán (1983) trata de la experiencia del trasplante de corazón. Allí se cuenta la historia de Flores, un paciente que fue trasplantado y que inicia una pesquisa para investigar la identidad de su donante, en tanto "el finado no tenía cara de ser inocente" (Gusmán, 1983: 23). En esa indagatoria logra conocer fragmentariamente la historia de Cigorraga al tiempo de realizar consultas con un pai del otro lado del río, espacio fluvial que sin ser nombrado remite al estuario platense: "hasta esta tierra de frontera y contrabando" (Gusmán, 1983: 47). La búsqueda por la identidad de Cigorraga lleva a Flores a revisar también en la literatura las claves que le permitan conocer el enigma de su búsqueda. Es así que comienza una indagación por la tradición literaria occidental cuyos títulos dan cuenta del sema *corazón* como *El corazón de las tinieblas* de Joseph Conrad y "Un corazón simple" de Guy Maupasassant. Como se indicó, la novela comienza con la historia de Flores mientras que en el segundo capítulo se detiene en la historia de Soler, quien de un modo particular se ve involucrado en una consulta a un quiromántico con el fin de conocer el destino de una mujer, de quien se sospecha que fuera desaparecida y termina, al final de la historia, implicado en el asesinato de dos mujeres.

En el corazón de junio se organiza constructivamente a través del tropo metafórico y la intermitencia (Barthes, 2008) producida por la antítesis alegórico/realista. La construcción trópica se lleva a cabo a través de un sistema de sustituciones que se constituye a través de una relación de semejanza claramente definida: el escenario de exterminio de la década de 1970 y el Río de la Plata como referencia inexcusable del destino de las personas desaparecidas. En esta línea, la fábrica de escobas remite por su exhaustiva descripción a la sala de tortura, la casa donde se aloja el huésped es, en su conjunto, el campo de concentración, el pozo ciego en que es advertido el personaje para que éste no caiga, remite al lugar donde "chupaban" (Gusmán, 1983: 79) a las personas. La eliminación del almohadón de plumas en el río connota las desapariciones físicas (y, por supuesto, el cuento "El almohadón de plumas" de Horacio Quiroga), también los graznidos lastimeros de los gansos provenientes del río —"al anochecer, cuando comienzan sus graznidos inquietantes, es como un llamado desde el fondo de las aguas" (Gusmán, 1983: 28). La estrategia narrativa proyecta la figura de los desaparecidos y el reclamo social por la verdad del acontecimiento. De manera que el conjunto de estas referencias metafóricas conforman el núcleo fundamental desde donde *En el corazón de junio* se lee en clave alegórica.

Estas sustituciones metafóricas configuran un relato inminentemente alegórico, aunque Luis Gusmán contrasta a este sistema de referencias metafóricas otro, que remite, sin ningún tipo de mediaciones trópicas, a la última dictadura cívico-militar argentina. La antítesis alegórico/realista se hace presente cuando inmediatamente después de un contenido imaginario, los graznidos de los gansos, por ejemplo, con la connotación señalada en el párrafo anterior, se vinculan con un suceso que, en el orden denotativo de la lengua, da cuenta de manera frontal de un hecho aberrante como el crimen que lleva a cabo Soler al final de la novela, o las consultas que los familiares realizan al médium por las desapariciones de familiares. A estos dos procedimientos formales, metáfora y antítesis alegórico/realista, se le suman dos semas que están particularmente presentes a lo largo de la novela: *río* y *oscuridad* que son sustituidos en muchos momentos de la trama por los términos *río de la muerte* y *darkness* (con una clara reminiscencia a *El corazón de las tinieblas* de Joseph Conrad).

En el corazón de junio fue publicada en 1983, aunque el autor trabajó en el borrador desde 1979 a 1982. La novela se distribuye en 15 capítulos, siete de los cuales reiteran en el título el neologismo 'bloombsday', otros seis realizan una segunda reiteración léxica: la expresión *en evidencia* sin otra referencia nominal que complemente la titulación. Estas dos secuencias de capítulos son antepuestos por los dos primeros de la novela: "El hombre de los gansos" y "Darkness". La expresión 'en evidencia' se conecta con el siempre presente *leitmotiv* en la obra de Gusmán asociado a los médium y las sesiones de espiritismo. La palabra 'bloom', palabra inglesa que significa flor, se asocia en la ficción con personajes relacionados con la muerte, la intriga y el personaje Flores. De hecho, estas reiteraciones se complementan en conjunto con la datación temporal *16 de junio* (día de las flores) que aparece en, al menos, diez oportunidades: en el capítulo 2, cuando Soler visita al adivino luego de cruzar el río; en el capítulo 3, al mostrar fugazmente a animales muertos encontrados en esa fecha, muy próximos al emblemático río de la muerte; en el capítulo 4, cuando se indica el día de las flores y el caminar de una mujer con señales de arrastrar la muerte y una especial preponderancia del narrador en captar el deseo de búsqueda que posee su mirada. En el comienzo del capítulo 5, el narrador anuncia la despedida en esa fecha (*16 de junio*) de la mujer que está en la casa. En el capítulo 8 acontece el viaje a la estación en el marco de la muerte del tío del narrador. En el capítulo 10 se insiste sobre el día de las flores, y aparece la consulta del viajero que va a Trieste a ver los escritos de un difunto para consultar qué hizo en su último día con vida. Dos páginas después (1983: 164), aparece el encabezado de la carta última del difunto y, en la página siguiente (1983: 165), se advierte la palabra 'bloombsday' con datos anecdóticos del interfecto. El capítulo 12 se titula con la datación mencionada: 16 de junio. Finalmente en el capítulo 12, se indica el exterminio en la plaza y los aviones precipitándose al río para garantizar la eliminación de personas. Estas repeticiones, junto a la de los semas 'en evidencia' y 'bloombsday', además de las reiteraciones en los títulos de los capítulos, permiten leerlos en un sentido sintomático. Este sistema que marca un pulso a la narración se asocia a la inquietud de los personajes por saber qué pasó en el pasado, personal o colectivo, o bien transitar la sensación persistente de persecución.

En una primera caracterización, el síntoma es una irrupción constante, reiterante, de un significante no previsto dentro de un orden o sistema. Para el psicoanálisis, es una serie de fuerzas de choque de carácter inconsciente y de permanente conflicto. El sujeto no es consciente de la manifestación compulsiva del síntoma que puede provocar sufrimiento o agotamiento psíquico además de incapacitarlo. La positividad del síntoma radica en el potencial de expresión de aquello que se encuentra reprimido para volver como expresión figurada en tanto fantasma del inconsciente. Para Sigmund Freud (1986) una escena puede activar el recuerdo de antaño de una seducción asociada a lo erótico. La manifestación de ese recuerdo se expresa de manera sintomática y figurada. El recuerdo no aparece tal cual miméticamente sino como síntoma histérico. Lo reprimido inconsciente se organiza bajo la forma de una descarga dando rodeos ya que el retorno de lo reprimido resulta críptico y/o intolerable. El síntoma es un encuentro entre el deseo y la defensa. No es más que una satisfacción sustituta del deseo reprimido pero desfigurado por la resistencia del yo. Éste es el sustituto de una satisfacción pulsional. Jacques Lacan caracteriza esta satisfacción dolorosa como goce. Para Lacan, el síntoma es el significante cuyo significado se encuentra ausente en la conciencia: lo que aflora de manera consciente es el significante sintomático, mientras que lo reprimido es el significado que se encuentra en el inconsciente; el síntoma siempre se ubica en relación al discurso del Otro en tanto discurso del amo.

Las series de reiteraciones recorren *En el corazón de junio* de manera continua, produciendo articulaciones a nivel formal pese a que la progresión de capítulos sea disruptiva al contar dos historias en apariencia inconexas (la de Flores y la de Soler). A esta ruptura en el orden de la trama, el hecho de comenzar con una historia y luego interrumpirla para comenzar otra, se le añade la continuidad de las series de repeticiones entre un capítulo y otro, que pueden ser leídas en un sentido sintomático para poner en evidencia, dentro del horizonte abierto por la estética, la crisis en el orden subjetivo de lo que implica la pérdida (si se piensa en la figura de los desaparecidos) y la invasión/intromisión (esto es, la presencia fantasmal del terrorismo de Estado o bien, la amenaza para el orden liberal de las células subversivas o el intruso). De esta manera, el extrañamiento producido en la novela indaga un modo traumático de contar la experiencia cultural del terrorismo de Estado.

En lo que atañe a las relaciones intertextuales, *En el corazón de junio* tiene un diálogo explícito con "El uruguayo" de Copi. La representación de un espacio teñido de muerte y peripecia inunda ambos relatos. En el cuento de Copi, el agujero enigmático por donde son absorbidos los animales y las personas tiene su correspondencia en la novela de Gusmán con el "pozo ciego" (Gusmán, 1983: 74) amenazante con el que la dueña del lugar advierte a Soler de su peligro inminente. En *En el corazón de junio* no suceden los acontecimientos tal como aparecen en Copi, marcados por el grotesco y la hipérbole. En cambio, se impone el terror y la posibilidad de una muerte inminente. Los crímenes no se vislumbran en el horizonte de lectura en una dimensión grotesca sino como rememoración de lo que sucedió atravesado por el duelo. La construcción alegórica en tanto recurso formal se encuentra presente así en "El uruguayo". La alegoría se ve intensificada por cuanto existen dos planos conniventes: el absurdo y el vínculo con los hechos siniestros de los años 70. En *En el corazón de junio* la relación entre el procedimiento alegórico por un lado y la dimensión realista por el otro tienen, tal como se indicó, una relación intermitente. Los dos planos se integran de un modo tal que se intensifica estéticamente la relación conflictiva con el pasado dictatorial reciente. En Gusmán se señala una mayor preocupación por la verosimilitud del relato, a diferencia de Copi que, al jugar con el absurdo y el grotesco, distiende la preocupación verosímil en el sentido realista. Además, un sistema de imágenes y escenas en *El corazón de junio* recuerdan el cuento de Copi como los aviones en caída al río, aunque de un modo opuesto a los acontecimientos históricos: "me disponía de nuevo a ganar la orilla cuando oímos el zumbido de un avión. Alcé la cabeza. En ese momento el avión lanzó una bomba sobre los militares que se habían quedado en la playa" (Copi, 2010: 58) o "los aviones en picada se precipitaban hacia el río" (Copi, 2010: 180). Así también el agujero como espacio que condensa cronotópicamente el pasado y el presente: "me acerqué. El pozo no tenía fondo y mi perro había desaparecido dentro" (Copi, 2010: 52); estas escenas se complementan especialmente con las mutilaciones de los cuerpos.

[4.2.1] *Trasplante y búsqueda en "El hombre de los gansos"*

En el primer capítulo de *En el corazón de junio*, titulado "El hombre de los gansos", se observan referencias, directas o indirectas, que remiten a la experiencia terrorista de Argentina. La mención de *El corazón de las tinieblas* en la novela de Gusmán se dirige a un río de marfil, oscuro y mortuorio: "El río de marfil, la muerte blanca" (Gusmán, 1983: 51). En la convalecencia de Flores, este advierte que "afuera, la voz sigue hablando de sus muertas" (Gusmán, 1983: 20). Los graznidos de los gansos son una constante asociada a los crímenes en el río cuando las aves perciben que un cuerpo flota en la superficie fluvial. El graznido de las aves es provocado por los crímenes. Los cuerpos flotando se acumulan en tanto imagen trágica en el río, cuando "las muertes se van sucediendo una tras otra" (Gusmán, 1983: 45). El afuera del sujeto, el espacio público o su entorno inmediato, se corresponde con una interioridad que también imprime el sello de la muerte y la sospecha de que el donante de Flores sea "uno de esos que por las noches mata sigilosamente" (Gusmán, 1983: 63). El pai que es consultado por Flores solo percibe y revela la palabra 'darkness', término que remite a *Heart of darkness* de Conrad, y al manto de oscuridad que envuelve a la novela tanto por la opacidad en muchos tramos del relato como en los signos adivinatorios de los médium. 'Darkness' es el significante inequívoco hacia el río con el que el protagonista interactúa. En "El hombre de los gansos", la representación de estas aves como personajes destacados en la ficción sostiene un protagonismo que remite a la víctima: "Se diría que vigilan mi propia muerte, ya que al menor ruido dejan escapar sus ayes lastimeros [...]. Al anochecer, cuando comienzan sus graznidos inquietantes, es como un llamado desde el fondo de las aguas" (Gusmán, 1983: 28).

La continua contigüidad es la prolongación de la tensión interna y subjetiva del personaje hacia el afuera y la dilación a lo largo de la novela de los sistema de reiteraciones. A su vez, el *leitmotiv* de la trama, pensado en términos procedimentales, remite a una escena destacada en la novela. Esta, ubicada en el primer capítulo, se sitúa en la mirada que tiene Flores cuando ve el cuadro en su habitación: "El cuadro sobre la pared extiende el paisaje [...] se pierden por un sendero oscuro" (Gusmán, 1983: 13). El personaje destaca que allí el motivo de la pintura se prolonga al exterior del nosocomio donde está internado. Así, en la apertura del primer capítulo se subraya la atención que el protagonista tiene de aquello que lo rodea en la habitación donde se encuentra convaleciente. El paciente presta atención en detalle a los jinetes del cuadro ya que "Si al menos esos jinetes decidieran volver sus caras y mirarme [...]. El bosque de los caballos y el parque se pierden en la oscuridad [...]. Tampoco puedo cerrar los ojos porque ese rostro desconocido retorna una y otra vez" (Gusmán, 1983: 14). En esta cita queda presente, con el motivo del cuadro y la reflexión de Flores, la necesidad de búsqueda que en verdad es su propia indagación por el donante cuyo corazón late en su interior: los asuntos del camino, la oscuridad y la indagación recorren *En el corazón de junio*. El adentro de la habitación y el afuera son ligados, tal como sucede con el corazón trasplantado que está dentro de Flores, en su condición de intruso, según Jean Luc Nancy.

Flores, una vez trasplantado, advirtió en su cuerpo el palpitar del donante: "El secreto que el finado se llevó a la tumba palpita ahora en mi corazón" (Gusmán, 1983:17). En este caso referido hay por parte del protagonista una pesquisa por encontrarse con la mirada, la comprensión o bien, como sucede con el pai, por comprender en una clave interpretativa qué sucede en su vida. La búsqueda por saber el enigma del cuadro mientras se encuentra internado en el hospital prefigura, de algún modo, lo que luego será la indagación en relación a quién donó el corazón trasplantado; la nieve aparece con pisadas que se pierden. Con ellas se pretende llegar a saber dónde está la mujer que se busca, tema que es central en la historia de Soler. Al irse de la habitación del hospital, el protagonista es consciente de que sus preguntas sobre el motivo del cuadro serán tema de deliberación de otros pacientes: "Dejo atrás el parque helado, el cuadro de jinetes. Nunca llegaré a saber adónde lleva ese sendero oscuro. Pronto serán otros ojos los que busquen su presa en la habitación del bosque. Ya no estoy en la caja de cristal" (Gusmán, 1983: 19). De manera que en la novela de Gusmán no sólo se explicita la continuidad de ciertos significantes, leídos compositivamente en clave sintomática y alegórica, sino que, además, se incorpora en la consciencia del sujeto la certeza de que otro ocupará el lugar de *interpretante*.

En el segundo capítulo, "Darkness", Soler se dirige a un improvisado hostal rural para pasar la noche y así poder, al día siguiente, continuar su camino para encontrarse junto al quiromántico. El espacio en su conjunto está representado por una atmósfera de acechanza, amenaza y terror. Lugar caracterizado por la oscuridad, la actividad presumiblemente clandestina y peligrosa. El olor a eucaliptus y el azufre dan una atmósfera mortuoria al lugar: "Se da cuenta de que ese olor tan particular es de eucaliptus mezclado de azufre [...]. Soler siente deseos de ir a un lugar alejado para fumar y respirar algo que no sea azufre ni eucaliptus" (Gusmán, 1983: 81).

Soler decide recorrer la finca y sus patios y, en esa travesía, es advertido por la dueña de casa de llevar siempre consigo una linterna. El clima de miedo inunda la escena: "Aquí oscurece en cualquier momento. Sucede de repente. Se dará cuenta cuando ya no oiga el piar de los pájaros [...]. Debe tener cuidado con el pozo ciego. De noche es peligroso. Está cerca del molino, recuerde, cerca del molino" (Gusmán, 1983: 74). En el caminar por los fondos de la casa aparecen las imágenes imprevistas de la muerte y el crimen, aunque se introduce un sistema de sustituciones en el que las personas y los crímenes son reemplazados por pájaros muertos, espantapájaros, muñecos y la fabricación de escobas resulta una evidente connotación de clandestinidad y crimen: "Los buches colgantes se mueven lentamente [...]. Recuerda un casal de mensajeras que encerraba en una caja oscura con agujeros como si fueran ojos" (Gusmán, 1983: 75). El cambio en la luminosidad del ambiente hacia las penumbras aumenta por la llegada de la noche y la atmósfera de terror. Las transformaciones se potencian por la construcción sinestésica ya que el tacto, el olfato y la visión se agudizan en la mirada del protagonista: "Camina y siente que el piso cambia [...]. Se acerca a unas formas que en la oscuridad [...]. Toca los largos cabellos rubios y un paño cubre esa boca. Una mordaza o un pañuelo" (Gusmán, 1983: 76). Todo el espacio está cubierto de una connotación tenebrosa y mortuoria. Hay tres sustituciones que remiten al crimen: los cuerpos colgando como si estuvieran listos, según el narrador, "para una danza" (Gusmán, 1983: 76) cuando en verdad son escobas, junto a otros cuerpos colgando como los espantapájaros y los maniquís. Soler ve la fabricación de escobas en un engranaje productivo símil de una fábrica de producción de cadáveres:

> Un obrero sumerge grandes atados de paja en baldes llenos de azufre. El otro maneja con celeridad una guillotina [...] escucha música [...]. El tercero introduce palos en un tubo lleno de anilina y los tiñe [...]. Coloca una por una las escobas armadas en un aparato que las prensa y comienza a coserlas. Una tras otra, las puntadas rojas atraviesan la escoba. (Gusmán, 1983: 79)

La anterior cita revela, a través de verbos y sustantivos con una directa connotación de violencia –atraviesan, prensa, puntadas, guillotina– una dirección de sentido hacia el escenario de tortura. Las sustituciones son asimismo evidentes: el obrero remite al torturador, el sumergido en el balde a la práctica de tortura conocida como *submarino*, la distribución de las tareas en múltiples roles, a la complejidad del campo de concentración. La revelación de lo siniestro en el lugar donde Soler decidió pasar la noche le hace suponer una coartada para su vida: "Soler no le responde, piensa que ha quedado atrapado dentro del reguero de sangre. El esqueleto, la guillotina, las agujas de acero son señales de que el Rubio lo citó en este lugar para matarlo" (Gusmán, 1983: 80). En el medio de esta persecución busca a la dama de sus sueños, quien duerme "reclinada sobre un almohadón bordado de figuras bestiales" (Gusmán, 1983: 78). Esa misma mujer fue, según Soler, secuestrada por el Rubio para tenerlo a él de rehén: "el Rubio se habría apoderado de la dama española y se la llevó [...] prefirió llevársela porque de esa manera él tenía a Soler en sus manos" (Gusmán, 1983: 83). En su búsqueda por hallar a la mujer divisa un cuerpo colgado pero advierte que en verdad es un espantapájaros.

Cuando Soler sale del lugar donde pasó la noche se dirige a la ciudad y escucha, al igual que Flores, desde la habitación del hospital, a un hombre que, con un altoparlante, reclama por las muertes de sus mujeres. Todo el espacio social está atravesado por las referencias a una serie de crímenes y protestas por los asesinatos, aunque nunca se incorporan de un modo frontal sino como motivos en apariencia sueltos que son integrados en una lectura alegórica sobre el exterminio de personas. En medio de las certezas del horror o las sustituciones metafóricas, se yuxtapone la percepción de los sentidos con las respuestas que le dan en el entorno al personaje. Las preguntas remiten a la percepción visual de cuerpos suspendidos. Esa percepción es interpuesta por una réplica que banaliza y niega, con imágenes desprovistas de humanidad y una selección léxica atravesada por el uso de diminutivo o adverbio con valor emotivo, la posibilidad de crímenes; un símil que establece la equivalencia muñeco/hombre, cartón/res:

> –¿Lo que cuelga de la horca es un hombre o una mujer?
>
> –Es un muñeco –les responde dulcemente la mujer.
>
> –¿Y la res?
>
> –Una vaquita de cartón. (Gusmán, 1983: 87)

En esta novela, el presagio del vidente, José, se conecta directamente con el río, su oscuridad y los gritos de las personas buscando los desaparecidos. La imagen que capta el vidente se contrasta con la frontalidad de los familiares exigiendo por la aparición de sus desaparecidos. La pregunta que estos formulan es la pregunta que, en el imaginario social, ha quedado latente por el grito de las madres de Plaza de Mayo: "Queremos saber dónde están nuestros hijos" (Font, 2000: 75). En la siguiente cita se reduce la perífrasis de la pregunta de las Madres sustituyendo hijos por cuerpos:

> Mucha gente va a preguntar por los cuerpos familiares. Parece que el hombre repite siempre lo mismo: "Veo agua, mucha agua. El agua lo cubre todo". Sin embargo, los visitantes insisten: "¿Dónde están los cuerpos? ¿Dónde están los cuerpos? […]. Miraban el color del río y podían adivinar lo que se avecinaba. (Gusmán, 1983: 89)

En un estilo onírico con imágenes de un viaje hacia la consulta del adivino, se evoca la desaparición de la mujer, y el río adquiere un lugar específico de arrojo de cuerpos: "La dama española flotando en el agua […]. Y esos cadáveres pasajeros que durante cada tormenta parecían reclamar desde el fondo del río que los fueran a buscar" (Gusmán, 1983: 95). La descripción de los cuerpos en el río es exhaustiva, tensando al máximo la verosimilitud del relato y sin mediaciones alegóricas ni trópicas. Por primera vez en la literatura que trabaja la representación del Río de la Plata y el arrojo de cuerpos en sus aguas, se da la particularidad de que las voces de las personas que están en el río parecen gritar por su retorno. La singularidad de *En el corazón de junio* radica, también, en el hecho de que una mujer cae a las aguas del río y mira a su verdugo mientras se encuentra suspendida, precipitándose al vacío. La descripción que sigue conecta la verosimilitud del arrojo, la condición de los cuerpos como desaparecidos y dormidos. Sin embargo, en lo imprevisto, unos ojos asoman por la bolsa para interpelar al asesino. El adverbio temporal *ahora* comunica dos tiempos; el pretérito, el de la acción deliberada, y el presente, marcado por la culpa y el tormento:

> Desde el aire, los cuerpos eran arrojados al mar. Estaban dormidos. Eran como una pesadilla. Bolsas que caían y abrían agujeros en el agua. Pero unos ojos sacaron la cabeza de una bolsa y en la caída no dejaron de mirarme, y eran de color verde como el mar […]. Ahora están clavados en mi frente y no puedo morir. (Gusmán, 1983: 100)

Las dos primeras oraciones evocan la contundencia del testimonio; el esfuerzo por denotar la imagen del descenso de los cuerpos. La primera frase, más completa sintácticamente, tiene un carácter descriptivo a diferencia de la segunda que puntualiza y enfatiza la condición somnolienta de las personas, énfasis alcanzado, a nivel sintáctico, a través de la economía que supone el sujeto tácito. La tercera frase remite al impacto subjetivo de quien, siendo responsable del arrojo, no tolera el recuerdo. El contraste entre las dos primeras oraciones y ésta se potencia por la ausencia de un conector temporal o lógico que cohesione las dos secuencias oracionales. La cuarta oración de la cita intercepta la metáfora, en una construcción perifrástica, de los cuerpos como bolsas y la apertura violenta, si se piensa la potencia del verbo *abrir* en su articulación con el agua, en la superficie fluvial. Se percibe la descripción cosificada de los cuerpos con el impacto subjetivo del narrador que connota la violencia a través de la imagen visual *abrían agujeros*. La animación de los ojos, forzando la salida de la cabeza por una de las bolsas, señala la inminencia del suceso oponiendo, a través del conector de oposición *pero*, la secuencia anterior. La pesadilla anunciada en la oración anterior pareciera tener como causa, y no como oposición, la revelación de esa imagen de los ojos mirando y examinando. La igualación del color de los ojos con el frente de agua une especialmente la relación río/desaparecidos. Ese cuerpo cayendo para morir se contrasta con la imposibilidad del verdugo de poder morir, a raíz de la culpa, y conecta además la imagen de Flores en el cuarto del hospital cuando no podía dormir con los ojos que lo miraban desde el cuadro. Soler queda entremezclado con los asesinos de aquellos cuerpos que tiran al río. Pero, en un momento, cuando examina un cuerpo que los hombres extraen del río descubre uno intacto sin descomposición, advirtiendo que es un maniquí: "Azorado, le pregunta al mozo por los maniquíes flotando en el agua" (Gusmán, 1983: 105).

En el final de la novela es Soler el que comete crímenes. Asesina, primero, a la mujer con la que había decidido vivir en el campo. Luego, comete un segundo crimen a otra mujer en una escena que remite a la persecución de los militares para *chupar* subversivos. La enorme particularidad de este segundo acto criminal radica en que, una vez arrojado el cuerpo a las aguas del río junto a la alusión de los aviones sobrevolando permanentemente, Soler busca el cadáver y se detiene en los ojos de la víctima:

> No bien arrojó el cuerpo al agua, él se precipitó detrás de ella. La buscó en el fondo del mar. Nadó horas hasta llegar a la costa […]. Se inclinó sobre ella y miró esos ojos vidriosos, narcotizados […]. No encontró el mar en esos ojos, tampoco acantilados […]. Algo vio en esas pupilas que lo horrorizó. Todo era frío, muy frío. Esos cuerpos encontraban la muerte por agua sumidos en el sueño. Los ojos despertaron y lo miraron un instante. Se abrieron para *condenarlo a vagar* como una sombra. (Gusmán, 1983: 202, el subrayado es mío)

En el corazón de junio tiene, en síntesis, una doble particularidad: los cuerpos arrojados a las aguas del río reclaman desde el lecho su redención y también, tal como se observa en la última cita, el verdugo acude a retirar el cuerpo ya exánime desde el fondo. La actitud compulsiva por hallar el cadáver, la hipérbole de su búsqueda y, finalmente, la imagen piadosa del asesino volviendo su mirada a los ojos de la víctima, condensan una escena decisiva en la novela de Gusmán. La descripción del hallazgo establece una borradura de la condición humana por cuanto los ojos vidriosos y narcotizados cifran el acto deliberado del poder por eliminar lo que es desechable. Si ni el mar ni los acantilados fueron hallados en sus pupilas, sino el frío y el horror, se ratifica el logro de la maquinaria de eliminación biopolítica. No obstante, lo imprevisto surge con el retorno de la mirada a la vida inquiriendo por el acto de barbarie. El horror y la culpa son el doblez que les devuelve el cuerpo encontrado, presumiblemente, según la voz narradora, condenado a vagar como sombras. El desaparecido que retorna al orden de lo humano revela un acontecimiento inminente. En un aspecto semántico, la revelación supone dar indicios o certidumbres de algo, manifestar lo secreto, proviniendo de una connotación religiosa que se expresa a los hombres por el futuro (*Diccionario RAE*: 2014). El cuerpo de la mujer que retorna prefigura el futuro que requerirá la búsqueda por la verdad, saber dónde están los cuerpos, y transitar el impacto subjetivo de una cultura marcada por el vínculo de un río con sus desaparecidos.

Luis Gusmán recupera la inminencia de la experiencia quirúrgica de los trasplantes que, hacia 1980, marcaba el avance de la técnica médica sobre la ablación y también el impacto que en el imaginario social tenía el hecho de que alguien sobreviviera con un órgano proveniente de otra persona ya muerta. Este suceso se entremezclaba con el desgarro de un pueblo que debía sobreponerse al duelo y la experiencia del plan terrorista del Estado. Ricardo Piglia recuerda en *Crítica y ficción* (1986) que los 80 fueron los años en donde el poder organizaba la trama de la reconciliación nacional a través de la novela psicológica con el fin de perdonar lo acontecido. Jorge Monteleone (1991), en esta misma línea, se interroga en relación a los modos en que la literatura interceptaba en la década de 1980 las valoraciones sociales sobre la violencia del pasado reciente y sus marcas totalitarias. Jean Luc Nancy (2001) lleva más allá esta hipótesis al advertir que la cultura ha sobrepasado los límites humanos no sólo con la técnica y la posibilidad de continuidad de la vida, sino también la de llevar a un límite la destrucción de la condición humana. Quizás la imagen en espejo que mejor describe lo humano es en el orden jurídico, el Estado liberal, que se proyecta en un doblez, atravesado por una posición terrorista y amenazadora. La potencia creadora se puede volver una potencia que remite a la destrucción y la nada:

> El hombre comienza a sobrepasar infinitamente al hombre […]. Se convierte en lo que es: el más terrorífico y perturbador técnico […] el que desnaturaliza y rehace la naturaleza, el que recrea la creación […]. El que es capaz del origen y del fin […]. El intruso no es otro que yo mismo y el hombre mismo. No otro que el mismo que no termina de alterarse, a la vez aguzado y agotado, desnudado y sobre equipado, intruso en el mundo tanto como en sí mismo. (Nancy, 2001: 45)

Las reiteraciones léxicas, especialmente en los títulos de los capítulos, junto al *leitmotiv* de la oscuridad y el río han permitido representar en una clave sintomática aquello que vislumbra un límite con lo real en lo que queda comprometida la vida. El efecto de parálisis y, por momentos, reflexión de los personajes frente a lo que les acontece hacen que esta dimensión sintomática de la trama textual se vea en una proyección constructiva. La novela *En el corazón de junio* ha puesto de manifiesto un tópico asociado a la búsqueda que los protagonistas han realizado a lo largo de la historia. Búsqueda que está franqueada por la relación adentro/afuera cuando Flores se pregunta por los personajes del cuadro en la habitación donde se encuentra convaleciente. El motivo del cuadro es la propia pesquisa que el personaje tiene sobre sí mismo y el donante del corazón. La búsqueda de Soler se centra en la mujer y en la atmósfera de muerte y desaparición de personas, tanto en la alegoría del centro de detención clandestina como en la que representa al Río de la Plata. La desviación imprevista en el horizonte de lectura radica en el hecho de que el potencial captor y asesino de la mujer termina siendo él mismo. Los motivos del trasplante y la exploración de Soler que, volviéndose otro, tematizan el vínculo de la vida en comunidad y los crímenes aberrantes que no se tolera representar: "El corazón ha alcanzado el sonido del trueno, el río, la forma de la peste [...]. A los que se caen, el agua los arrastra lejísimos y cuando los encuentra están desnudos y pelados". (Gusmán, 1983:205)

Historia del ojo (2007) de George Bataille examina desde una escritura interceptada por la ficción y la reflexión sobre la inscripción del cuerpo y lo erótico, una escena en la que dos personajes gozan eróticamente el acontecimiento de la muerte de una de las protagonistas, Marcelle. Es en el capítulo "Los ojos abiertos de la muerte" donde el sujeto del enunciado expresa una serie de distinciones alrededor de la revelación de la obscenidad y la vergüenza que implica la explicitación de lo declaradamente erótico. Lo insípido enmarca la tolerancia de lo permitido dentro del orden de la simbólica. "A otros el universo les parece honesto [...] porque tienen los ojos castrados. Esta es la razón por la que temen la obscenidad [...]. En general, disfrutamos de los ´placeres de la carne´ a condición de que sean insípidos" (Bataille, 2007: 98). La revelación obscena, dentro de un procedimiento destacado a nivel compositivo y formal como es la intermitencia erótica, se hace presente en *En el corazón de junio*, ya que, dentro del plan terrorista del Estado, la proliferación de la muerte y el posterior abandono de los cuerpos en el Río de la Plata consignaba la prudencia de un método que establecía una borradura: volver bolsas aquello que fuera humano. La obscenidad que supuso, a través del recurso de la animación, que unos ojos provoquen la mirada del genocida, habilita la posibilidad de un goce que, en el contacto con la realidad, transitó el aberrante deseo de la muerte.

Excursus: "De noche, al lado del agua" [1981] de Marcelo Cohen

El cuento "De noche, al lado del agua" de Marcelo Cohen (1981) se encuentra organizado procedimentalmente a través del diálogo de los dos personajes protagonistas. En el transcurrir del tiempo narrativo se sitúan tres momentos decisivos que, en el conjunto, conforman un aumento de la tensión narrativa bajo el procedimiento del clímax. Estas tres instancias señalan posturas corporales de y entre los personajes de manera diferenciada. El primer momento, mientras se desplazan en la camioneta por la ruta y la ciudad hasta la orilla del río, se destaca la inmovilidad de los cuerpos del conductor y el acompañante. La imagen de quietud física de los personajes mientras la camioneta los transporta al destino final se ve alterada sólo por la música que emite la radio y el movimiento de la mano de Cobo en el intento de cambiar la sintonía radial. En la segunda instancia, al bajar del móvil, los militares observan el entorno oscuro y mortuorio del lugar. En ese momento, los observadores se presentan con una postura en apariencia plácida e indiferente mientras que la compostura erguida de Ávila y Cobo es decididamente contemplativa y sugerente en la relación concebida entre el espacio de oscuridad mortuoria y el plan de exterminio. Por último, una tercera instancia consiste en el descenso del primer cuerpo desde la camioneta hasta la orilla del río. En este punto es donde surgen los golpes de Cobo al subordinado y la maniobra de expulsión del primer cuerpo. La organización dialógico/conversacional de la trama y la estructura en clímax del cuento conforman entonces el principio constructivo.

A medida que se despliega la historia, se puede advertir un paulatino avance en la tensión motivada por la inminencia de un accionar decisivo. A este desarrollo del clímax se le suma una semántica del exterminio de personas, que se va presentando en el horizonte de lectura desde el inicio del cuento hasta llegar a la explicitación frontal y sin mediaciones del plan. Luego de la indicación del dolor estomacal de Ávila, este especula que la causa de ese síntoma fue por la comida picante del cuartel "los de la cocina andan un poco nerviosos" (Cohen, 1981: 92) debido al malestar generalizado que hay en el contexto político del momento. En la semántica anticipatoria del arrojo del cuerpo al Río de la Plata aparecen términos y expresiones lo suficientemente ambiguas como para reconocer en el enunciado una espera en relación al objetivo del viaje. En el momento en que se hace explícito el plan de exterminio se iluminan las referencias que se presentaban en el devenir de la lectura como indeterminadas. La voz del narrador se confunde con el pensamiento del sargento Cobo al puntuar que "los olores dormitaban (…) y se podía pensar en otra cosa" (Cohen, 1981: 91); el consuelo del trabajo frente al frío de la madrugada "el mismo ejercicio de cargar y descargar desentumecía las articulaciones" (Cohen, 1981: 91). La certeza del sargento de que, durante las noches, la gente creía en el silencio y la serenidad del descanso mientras que algunos "sudaban a puro sobresalto" (Cohen, 1981: 95); "ingenuidad propia, afirmaba Cobo de flojos, débiles e irresueltos." (Cohen, 1981: 96). Porque en definitiva "la noche la hicieron para que algunos no se enteren de un carajo. Ahí está la cosa" (Cohen, 1981: 92). Ávila, en una de las interpelaciones de su interlocutor, dice en referencia al arrojo de cuerpos en el río, aunque hablando elípticamente de la tarea encomendada: "un poco de músculo, nada más. Para aguantar el peso" (Cohen, 1981: 94). La espera por la llegada de la delegación internacional de la Cruz Roja propicia una tensión debido a la posibilidad de explicitar públicamente el plan sistemático de exterminio.

La conciencia de los personajes de saber que puede revelarse siniestramente lo acontecido los llena de perplejidad. Antes de que se sepa públicamente están padeciendo las consecuencias debido a las distintas imágenes y señales que aparecen en sus conciencias, y a las evidencias explícitas de los crímenes. Mientras la camioneta los conduce hacia la orilla del río, no se nombra frontalmente ni el objetivo de la tarea por realizar ni el significante decisivo del cuento, los desaparecidos. En su lugar, los "paquetes estropeados" (Cohen, 1981: 95) funcionan como semas que remiten a los detenidos por desaparecer: "y entonces hay que sacarse de encima los paquetes. Cuanto antes mejor, por lo menos los más estropeados" (Cohen, 1981: 96).

De los dos personajes protagonistas, es Ávila el que sostiene a lo largo de la historia las contradicciones éticas de la decisión de eliminar cuerpos en el río y, hasta el final, Cobo será el encargado de corregir y disciplinar lo no previsto hasta ese tiempo. Su principal función a lo largo de la historia es evitar el quebrantamiento de su interlocutor. En algún sentido, Cobo pareciera asumir la voz oficial que exterioriza la lógica de los dos demonios–al decir "sos blandito Ávila. Y te faltan convicciones." (Cohen, 1981: 94)– mientras que Ávila de manera constante punza por exhibir las contradicciones del relato y accionar oficiales a través del tono dubitativo y las tenues interpelaciones al orden establecido. La dupla de personajes exhibe lateralmente una relación jerárquica, aunque la tarea conjunta pareciera ponerlos en igualdad de condiciones, no sólo porque ambos realizan sin diferencias el trabajo en equipo, sino también porque el premio obtenido, los francos compensatorios extras, no pareciera establecer distinciones de grado entre uno y otro. La relación de los dos personajes de la historia es decisiva para poder comprender el orden compositivo. Hacia el interior de la dupla de personajes, Ávila es el débil, el que exhibe toda la vulnerabilidad subjetiva y moral del sistema de exterminio aunque forme parte por su miserable beneficio, mientras que Cobo es el que sostiene enfáticamente el plan de exterminio sin suscitar algún vestigio de duda o quebrantamiento. Es al final de la historia, con la réplica que le hace su interlocutor, cuando por primera vez muestra un contenido cuasi crítico, interpelativo, no violento, de someter la intervención de su subalterno y su conducta inquebrantable que en ese instante está en vilo: "- ¿Y sabés otra cosa? Un día vas a creer vos que alguno se está moviendo [...] –Puede ser –dijo–. Si vos lo decís" (Cohen, 1981: 100).

De manera complementaria, se señala que en cada momento del discurrir de la trama se perciben motivos que se pueden leer como sintomáticos de la tensión que recubre todo el cuento. En efecto, en esta línea se leen el dolor de estómago de Ávila, el enojo de este personaje al enterarse de que debían desaparecer más cuerpos de lo acordado y finalmente, la visión o fabulación que el personaje tiene al percibir el movimiento del cuerpo en el río, interpretado como señal de que aún vivía. Cada uno de estos motivos funciona como indicador de la crisis subjetiva alcanzada por las implicancias de la tarea aceptada. Además, desempeñan en el interior del relato, en tanto condición de posibilidad de precipitar el aumento de tensión, la finalización de la golpiza que da Cobo a Ávila. En la oscuridad de la noche, al llegar a la orilla del río, se forja una escena caracterizada por la pesadumbre del lugar. Esta atmósfera lúgubre se corresponde con la imagen de una orilla fluvial que ha perdido atributos de río ya que la contaminación y opacidad de sus aguas se integran a la negrura de la noche:

> Se acercaron a la orilla y vieron las luces de gas deshaciéndose en espirales azules y violáceas sobre el agua turbia. Subía un vapor fétido de aceite, barro y óxido que se mezclaba con los vahos de sus alientos y, vencido por el viento, se perdía atrás, en el parque. Cobo miró las luces del puente, titilando a quinientos metros, y se frotó. (Cohen, 1981: 97)

Un río sin atributos fluviales. Esta es la marca característica de la descripción propuesta por el narrador en el momento previo del arrojo del primer cadáver. La turbidez del agua como fondo y las luces de gas tomando el primer plano de la descripción organizan la construcción del cuadro sensorial. A la imagen visual de la luz gasífera se le superpone otra imagen visual y olfativa del gas pestífero emanado desde el río, invadiendo y entremezclándose en la superficie con los alientos de los personajes. El río efectiviza un modo de confundir sus pestilencias produciendo un efecto de homologación con los responsables de su condición de lecho mortuorio.

En el segundo momento de la historia, luego de contemplar el espacio fétido del río, se exhibe un aumento en la tensión del relato, tras la intervención que realiza Ávila sobre la cantidad de cuerpos a arrojar al río:

> –Son cinco –dijo muy despacio.
>
> –Sí, ¿qué pasa? –dijo Cobo–. Dale, subí, agarrá de arriba que yo aguanto desde acá.
>
> –¿Por qué son cinco?
>
> –¿Qué carajo te importa cuántos son?
>
> –¿Cómo que no me importa? ¿No era que nunca íbamos a traer más de tres? Cambian el número y a mí no me avisan […] ¿Por qué nos mienten? […]
>
> –Y vas a volver a quedarte calladito. Por este laburo nos dan franco y primas, entendiste, y acá no hay cuestión de números. (Cohen, 1981: 98)

El número es el significante que va directamente a la cifra decisiva del total de desaparecidos. El número pareciera cerrar una envestidura subjetiva entre las víctimas y la voz que nombra el acontecimiento. En el cuento de Marcelo Cohen, el número de cuerpos por hacer desaparecer es un dato particularmente preciso. Son cinco en esta operación pese a que el acuerdo original con la jerarquía castrense decía que en cada accionar se arrojarían tres. La escena toda se convierte en una interpelación vinculada al exceso por el trabajo que implica el descenso y arrojo de los cuerpos al río. La tarea fatigosa por bajar del automóvil el cadáver y arrojarlo al río queda descripta de esta forma:

> Incorporado sobre el guardabarros, Cobo agarró los pies del primer cuerpo. Retrocedió, el torso separado para que las suelas de los zapatos no le mancharan la ropa [...]. Lo llevaron hasta la orilla. Arrastrando las suelas sobre el pavimento desparejo, sin resoplar ni detenerse. Se pasaron de perfil al agua, lo balancearon y finalmente lo dejaron caer. Levemente sorprendidos, los hombros curvos y agobiados. Prestando atención al líquido estruendo hueco y al fogonazo de espuma pastosa que se levantó desde el agua grasienta. Contemplando la orla ovalada que primero encerró el cuerpo y después lo que fue cubriendo lentamente. Se resistía a hundirse, oblicuo a la superficie. (Cohen, 1981: 99)

La acción y la tracción definen la tarea, sin resoplido, hasta la contemplación del cuerpo en el agua. A la tensión de los verdugos se le opone el balanceo y caída de la víctima. La aparente ligera sorpresa –la presteza es intensificada por el sufijo adverbial– de los hombres observando el cuerpo flotando en el río se contrasta con el agobio y agotamiento sugeridos por la descripción de los hombros. El cuerpo ya en el agua adquiere autonomía una vez llegado a ese lugar si se percibe la resistencia que este exhibe al hundimiento. Las expresiones que el narrador utiliza para describir el río una vez arrojado el cuerpo –las dos imágenes sinestésicas "líquido estruendo hueco" (Cohen, 1981: 98), "fogonazo de espuma pastosa" (Cohen, 1981: 98) y la imagen visual "agua grasienta" (Cohen, 1981: 98)– merecen una indicación particular por cuanto la visibilidad y representación fluvial se reducen metonímicamente al efecto reactivo que el agua tiene con la nueva llegada. La tensión máxima del cuento se abre paso casi al final cuando se disputan dos órdenes que involucran la razón y los alcances éticos de dicho accionar. El orden del Estado terrorista debe garantizar la eliminación de toda diferencia ideológica a través de la maquinaria de exterminio y, en este caso, con los personajes que, con su decisión y accionar, fungen como instrumento. En este contexto de la ficción es donde aparecen los síntomas como la acidez estomacal y el diálogo final en que Ávila, nuevamente él, cree que los cuerpos que acaban de arrojar se mueven:

> –Se mueve –dijo de pronto.
>
> –¿Cómo? –Cobo se sacudía el polvo del pantalón.
>
> –Se mueve.
>
> –No seas pelotudo.
>
> –Te digo que se está moviendo.
>
> –Vení para acá de una vez […].
>
> –Te juro que se estaba moviendo –dijo–. A lo mejor me pareció, pero daba la impresión.
>
> –Fíjate –dijo Cobo, agarrándolo del codo. Le señaló el agua, serena como un mantel de hule negro manchado de vino-. Fíjate bien, negro imbécil, ¿vos te crees que con la inyección que les ponen les puede quedar resto?
>
> –No. –dijo Ávila.
>
> –Ni para flotar –dijo Cobo.
>
> –No, claro, pero a veces…
>
> –¿A veces qué?
>
> –A veces da la impresión […]. ¿Y sabés otra cosa? Un día vas a creer vos que alguno se está moviendo […].
>
> –Puede ser –dijo–. Si vos lo decís […].
>
> –Te paso la mujer –dijo desde adentro.
>
> –No –contestó Cobo–. Mejor dejá lo más liviano para el final. (Cohen, 1981: 101)

El último diálogo intercepta los dos aspectos decisivos en el discurso de la política de exterminio. Un registro que se puede identificar como logos y otro caracterizado por la ambivalencia subjetiva del accionar. Ávila se permite producir un giro al superponer la lógica y el accionar oficial con un ruido interno que confiere a sus intervenciones la duda moral sobre qué implicancias tiene el trabajo aceptado. Lo que se inicia como vacilación y sobre el cuerpo moviéndose, culmina con la interpelación al orden vigente materializado en Cobo. El río, por tercera vez, es especialmente figurado, recuperando al final de la historia una nominación más verosímil en lo que a atributos respecta: el líquido de su cauce es referido como agua a diferencia de las otras dos representaciones, líquido oscuro, aceitoso, y nombrado como agua serena, coincidente con la noche. Adviértase que a esta recuperación en el modo de ser nombrado el espejo fluvial se contrarresta, sugerentemente, la comparación de su superficie con la de un mantel de hule manchado con vino. La coloración que se le da al mantel extrañifica el objeto comparado –Río de la Plata– y la mancha oscura sí presenta una mayor equivalencia entre los términos comparados. La mancha oscura de vino es verosímil en su descripción imprecisa con el cuerpo en suspensión arrojado al agua. El sargento Cobo y Ávila responden a una lógica dentro de la maquinaria dictatorial de los años setenta en Argentina en tanto se explicita el sentido de exterminio de personas, como así también, de manera subrepticia, las crisis de orden subjetivas motivadas por ese accionar. Las reacciones con las que interviene Ávila no se corresponden con un orden de discurso, más bien intervienen un cúmulo de signos fuertemente inscriptos en la corporeidad del personaje.

Los cruces del Río de la Plata en novelas de entre siglos (1993-2004)

> Una voz viene de la otra orilla. Una voz interrumpe el decir de lo ya-dicho.
>
> Emmanuel Levinas, *Difficile Liberté*. (1984)

Entre las dos literaturas del Río de la Plata no aparece un intercambio de voces, en el sentido dialógico del término, que permita a cada orilla, a cada cultura ribereña, escuchar la voz que se deja oír, como alteridad, del otro lado del río. Las voces presentes en la literatura corresponden a personajes y/o narradores que incursionan el estuario, emigran hacia la otra orilla o bien, pensando la superficie del Río de la Plata, creen agotar las implicancias culturales y simbólicas mirándolo sólo desde una de sus costas. En las dos literaturas ribereñas platenses poco se ha plasmado en lo que concierne a la recuperación/construcción de un registro que intente captar un principio de diálogo entre ambos lados. Este rasgo de la literatura rioplatense se proyecta también a una cultura, uruguaya o argentina, que históricamente ha prescindido de la orilla de enfrente. Como posibles causas de esa distancia habría que considerar, además de las condiciones geográficas específicas del Río de la Plata (la magnitud de las distancias de un lado a otro, la intempestividad de sus aguas y el movimiento peligroso de su lecho fluvial), las disputas y rivalidades que han existido desde la Colonia en torno a la idea de que a la ciudad ribereña le corresponde el dominio y comercialización de sus aguas.

El presente capítulo puntúa el tópico del cruce del Río de la Plata en cinco novelas argentinas: *El Dock* (1993) de Matilde Sánchez, *Boomerang* (1993) de Elvio Gandolfo, *Plata quemada* (1998) de Ricardo Piglia, *Aún* (2002) de Mariano Dupont y *Kanaka* (2004) de Juan Bautista Duizeide. Estas ficciones dan cuenta del cruce del Río de la Plata desde la orilla occidental hacia la República Oriental del Uruguay, a excepción de *Kanaka* cuyo protagonista es enviado desde Buenos Aires a la isla Martín García para purgar una condena. A excepción de la novela *La sudestada* de Andrea Blanqué (2001) y *Amalia* (1851) de José Mármol no se ha tratado en la literatura del área el cruce inverso, el viaje desde las costas orientales hacia occidente. En estos pasajes que se producen en las novelas se construye una voz, un registro de la experiencia de ese viaje atravesada, directa o alegóricamente, por la violencia estatal. En ningún caso, la ficción o el testimonio procuran articular el encuentro de personajes desde una identidad conjunta como rioplatense.

Amalia de José Mármol inaugura en el sistema literario rioplatense tanto el género novelesco como el tópico del cruce del Río de la Plata y la inscripción política del exilio. Al mismo tiempo, vislumbra una condición clave de la literatura argentina ulterior en lo que respecta al pasaje de una orilla a la otra, a través de la clandestinidad y el contrabando como determinaciones necesarias y solidarias por causas políticas o comerciales. Es precisamente en el capítulo "El contrabandista de hombres", de la quinta parte, en el que la huida clandestina de los personajes se vuelve condición de salvación ante una ley despótica. Se recupera de este apartado la representación de las bajantes del Río de la Plata, la solidaridad del territorio para garantizar el contrabando en tanto posibilidad de salvoconducto y guarida. En la novela de José Mármol, quienes se dedicaban al tráfico de personas hacia la orilla oriental eran los que salvaban a los buenos patriotas y ciudadanos ilustres escapando de la violencia estatal. Se produce entonces una inversión en que la ilegalidad de la práctica de los contrabandistas les permite representarlos como héroes protegiendo la vida de los disidentes políticos. El incipiente Estado rioplatense, que se presenta como restaurador de las leyes, nace, en un mismo movimiento, con la formación del terror como instrumento de gobierno:

> Pero hay un puertito que llaman el Sauce, que, aunque haya poco agua, puede entrar una ballenera y esconderse entre las toscas […]. Muchos eran los que se ocupaban de este tráfico desde 1838 hasta 1842 en Buenos Aires […]. A ellos se debe la vida de centenares de buenos patriotas ciudadanos que, sin la protección de ese inusitado contrabando, habrían caído bajo el plomo o el puñal de Rosas. (Mármol, 1962: 620)

La segunda referencia en el sistema literario rioplatense de cara al tópico del cruce del Río de la Plata es Copi en la segunda mitad del siglo XX y, a través de él, dos publicaciones: el cuento "El uruguayo" (1973) y "Río de la Plata" (1984). Este último fue, en verdad, el prólogo de una novela que no alcanzó a escribir el autor y que narraría las vicisitudes de las huidas por el Río de la Plata, promediando la década de 1950, en el marco del primer peronismo hasta la Revolución Libertadora de 1955. Se trataría del testimonio de la familia de Copi, que huye de la violencia política, que consideraba totalitaria, en relación a las vicisitudes de la caída de Perón. En el prólogo de esa hipotética novela, Copi sitúa su relación familiar y política con la historia institucional de Argentina de ese tiempo. Una vez más, el cruce por el Río de la Plata y la política quedan entremezclados en una historia familiar que es la historia de un país. Copi introduce un gesto paródico del tópico del cruce por cuanto remite al absurdo, en el caso del cuento "El uruguayo", o bien a la complicidad humorística con el lector al narrar el impacto de la violencia del peronismo sobre su familia, las estrategias para camuflar las identidades, el tráfico ilegal de armas, etc.

En una primera aproximación a "El uruguayo" de Copi se puede indicar una puesta en abismo de una historia que, bajo el efecto tranquilizador de la linealidad de los acontecimientos del protagonista, encubre una superposición de planos que, a la vez de estar integrados, marcan puntuaciones alrededor de una serie de referencias que los aúna en la alegoría. La historia señala la llegada de un foráneo a la República Oriental del Uruguay que decide contar en una carta a su maestro los pormenores de su experiencia y que participa de una masacre total del país y un lento resurgimiento de personajes que habían muerto. El personaje protagonista encarna también la figura de un inminente líder y observa, a través del Río de la Plata, una serie de muertes provocadas por aviones. En esta dirección se señala que, mientras se lee la historia, se está puntualizando conjeturalmente otra cosa: referencias del exterminio masivo, plan sistemático de eliminación de personas, el Río de la Plata como lugar emblemático de la muerte. La primera peculiaridad con la que se encuentra el lector es con el efecto del absurdo logrado a través del cúmulo de peripecias, esto es, las diversas adversidades y tragedias que se dan cita en la ficción de manera ininterrumpida y sin reflexión de cada circunstancia. Una serie de referencias se asocian a la muerte, a ataques y a la manipulación de cuerpos. En esa secuencia de acontecimientos la ciudad de Montevideo y el río, frente a sus costas junto al cielo desde donde se realiza el ataque, constituyen el *topos* privilegiado de la narración. El narrador observa el ataque en el que se elimina a todos los habitantes de la ciudad montevideana desde las aguas del Río de la Plata "me disponía de nuevo a ganar la orilla cuando oímos el zumbido de un avión. Alcé la cabeza. En ese momento el avión lanzó una bomba sobre los militares que se habían quedado en la playa [...] ¿Por qué era yo el único superviviente?" (Copi, 1973: 59).

En "El uruguayo" se da una doble singularidad: en primer lugar hay un narrador que se desplaza hacia la otra orilla como testigo de una serie de acontecimientos extremos atravesados fuertemente por la violencia; la orilla y el país que recorre es el lugar del acontecimiento. Tal como se indicó, el cuento está organizado formalmente bajo el género epistolar, de manera que el sujeto del enunciado procura narrar, poner en testimonio, lo vivido, aunque en el horizonte de lectura nunca es enviado a su destinatario. La experiencia entonces, si bien es registrada en una carta, esta no logra ser comunicada a su receptor; la comunicación entre un lado del río y el otro queda entonces trunca. En segundo lugar, el narrador, mientras ve el río y, por extensión, el horizonte hacia la otra orilla, es testigo de la llegada de los aviones que exterminan a las personas y es desde ese mismo espacio que contempla la llegada de quien fuera engañado en la Argentina. Mientras escucha ese testimonio se completa su rol de testigo que primeramente vio la masacre, y ahora se constituye en un sujeto de la escucha que atiende los pormenores del engaño.

En "Río de la Plata" la reflexión a propósito de la lengua, al igual que en "El uruguayo" –dedicado en el cuento a los uruguayos "aunque escriba en francés" (Copi, 1984: 113)– comienza situando la articulación de las lenguas materna –el español– y amante –el francés– que se vuelven espacio para revisar el origen de su vida, y en especial la niñez, regidas por la familia, la política y la violencia. "Río de la Plata" es un apunte autobiográfico y testimonial, aunque el autor desdeñe esas categorías. El yo plural construido y su entorno familiar señalan el punto de la travesía como una odisea, más allá del clima de violencia donde se destaca "la facilidad de adaptación y el gusto por el enmascaramiento y la aventura" (Copi, 1984: 345). La prosapia familiar, según Copi, es rioplatense en todo el sentido del término ya que las familias materna y paterna provienen de un lado y otro del Río de la Plata: una familia de origen italiano y español de un lado, y de sangre india del lado del Uruguay. Las imágenes y los relatos procedentes de la memoria se encuentran distanciados críticamente a través del alejamiento y la ironía al tiempo que producen un espacio identificado como rioplatense. En el presente de la escritura se aprecia un apartamiento del clima de violencia de los años setenta, época en la que Copi representaba la imagen del Río de la Plata como la de un purgatorio y él mismo se encontraba atravesado por la culpa de quien huye a raíz de la prohibición que el Estado argentino tenía de difundir su obra. La infancia del autor cifra los tópicos presentados en "Río de la Plata": "Mi madre, mis dos hermanos pequeños y yo nos exiliamos a Montevideo poco antes del 17 de octubre de 1945 […]. Mi padre se reunió con nosotros (…) después de atravesar el Río de la Plata escondido en el fondo de la bodega de un barco de contrabandistas" (Copi, 1984: 349).

A los quince años, Copi trasladaba armas de una orilla a otra para "hacer la revolución a Perón" (Copi, 1984: 12), así denomina el autor los preparativos de la Revolución Libertadora, valiéndose del río Uruguay y el Plata como medio de fuga ante los avatares del suceso. La escritura de "Río de la Plata" es un viaje en el que la ausencia en la problematización del género le permite indagar un recorrido desde su imaginación hacia la década de 1950. La práctica de escritura a solas en un "río de los mil reflejos" (Copi, 1984: 17) cifra el enigma de su trabajo intelectual: "Siguiendo los hemisferios veo la Luna mitad cara mitad cruz, aunque rueda siempre en el mismo sentido. Para seguir su trayectoria en el Mar sería necesario que las tierras no existieran" (Copi, 1984: 358).

Las novelas ligadas al tópico del cruce del Río de la Plata, publicadas en el período denominado biopolítica, transitan una preocupación histórica que recorre tres periodizaciones. La primera, en las décadas del 60 y 70 con las novelas *Plata quemada y Aún*; luego, la década de 1990 con *Boomerang y El Dock*, mientras que *Kanaka* se circunscribe hacia finales del siglo XIX. Las tres temporalidades recuperadas puntean rasgos de época que se vinculan –literal, metafórica o alegóricamente– con el período de estudio. Las causas del cruce de una orilla a otra se presentan en *Boomerang* y *El Dock* tensando la verosimilitud en la lectura por la ausencia de un registro causal. Las partidas son siempre intempestivas por cruzar el charco para luego volver, ya en el final, al mismo lugar de partida. El pasaje a la otra orilla está motivado por una búsqueda y voluntad de autoexilio. La rememoración actúa como principal móvil de la escritura, en *Kanaka* y *El Dock*, o bien como principio constructivo de la trama, en *Aún*. Las narrativas seleccionadas, independientemente del momento histórico en que se sitúen, construyen una perspectiva crítica sobre la década de los años 90 donde el Río de la Plata se representa como un punto de fuga hacia la otra orilla. En *Plata quemada* la referencia a los años del menemismo se organiza a través de la flexión plata quemada/plata dulce/ fiesta menemista. El orden de la distribución delictiva en la ficción de Piglia involucra al Estado como primer responsable del diagramado de la corrupción. En *Boomerang* y *El Dock* el reflejo de la década de los años 70 es inminente.

Kanaka –título de la novela y también gentilicio del protagonista a quien todos llaman con ese nombre– narra la historia de un reo extranjero radicado en Argentina que debe purgar su condena por homicidio en la isla Martín García. El presente de la historia que abre y cierra la ficción es el momento previo de la partida del preso hacia el territorio continental argentino para pedir auxilio por el abandono del Estado nacional de la prisión. En el presente de la escritura, la práctica de escritura no antecede la muerte sino que es la acción deliberada de un prisionero buscando ayuda para sí y los escasos sobrevivientes en la isla. Hay una pulsión vital en busca de la salvación. La descripción del cielo nocturno se encuentra atravesada por el efecto visual de luz y sombra junto a la soledad del narrador en un espacio inconmensurable; procedimiento con el que abre y cierra la historia. La luz, intensificada en la oscuridad de la noche, amplifica otra fuerza que recorre la principal marca subjetiva del kanaka: la soledad. La referenciación del narrador con respecto a la orilla lo ubica en un constante margen: "Estoy solo. Solo en la orilla, en la orilla de todo" (Duizeide, 2004: 11). Finalmente, la descripción del estuario como sin orillas se opone a un río que se vuelve "todo orilla" (Duizeide, 2004: 12) al producirse la bajante. En el comienzo de la novela la equivalencia lumínica luciérnagas/estrellas intensifica el efecto de movimiento cósmico. El final de la novela condensa la visión de un personaje atravesado por las circunstancias peripatéticas de la vida y, además, un lugar que se representa desde la vastedad de un territorio que exacerba la soledad del protagonista. El brillo en la oscuridad, la diferencia en la igualdad, la muerte en la vida y el porvenir como un tiempo signado por la búsqueda y la contingencia. La escena de rememoración de su vida es clave para entender el proceso de configuración narrativa. *Kanaka* de Juan Bautista Duizeide trama un relato alrededor de un doble cruce por las aguas del Río de la Plata: con la llegada del kanaka se presenta un espacio insular aislado del territorio en donde se imparte y administra la Ley (isla que se encontraba además resignificada por el emprendimiento de Sarmiento de llevar allí la sede administrativa del Estado rioplatense) y muestra los restos que el mismo Estado dejó a la deriva (los caciques de las tribus, brujos, los barcos hundidos en las contiendas civiles). El retorno del protagonista hacia el puerto de la ciudad de Buenos Aires no trae el resentimiento del abandono ni el testimonio de la injusticia: su impulso es el impulso vital en procura del sostenimiento en la vida.

Plata quemada resalta —*prima facie*— un cruce de géneros como el de la nueva novela histórica y la *non fiction* y, en palabras de su autor, "cuenta una historia real" (Piglia, 1997: 245). Asimismo, reconoce que el azar fue la principal causa que llevó a investigar el caso policial: "como siempre sucede en toda trama que no sea de ficción" (Piglia, 1997: 249). Este fragmento aparece en el final a la manera de un epílogo. No obstante, lo primero con lo que se encuentra el lector es con el pacto novelesco —la portada indicando el premio Planeta al género novela— y, al final, con el epílogo que obliga al lector a establecer otro parámetro o redefinición del pacto de lectura. El contraste puesto señala una tensión entre novela y *non fiction*. Este cruce de ficción y testimonio —y otros procedimientos en el interior de la trama novelesca— permite vincular la novela con el género fundado por Rodolfo Walsh en la Argentina. En efecto, se hallan otros rasgos pertenecientes a esta clasificación genérica: estilo y remates periodísticos, explicitación de fuentes mediáticas, puesta en relato de testigos oculares, clichés propios de la prensa amarilla, etc.

La obra expresa una desazón: capta la insatisfacción de muchos referentes políticos de la izquierda peronista, exhibe la sensibilidad de la época por la guerra de Vietnam y la guerrilla argelina. Todas estas referencias se entrelazan fuertemente con muchos dispositivos históricos de la década de los años 60 y es en la articulación de estos asuntos que el cruce del Río de la Plata se hace presente. Obsérvese cómo se presenta en la voz del narrador:

> El polaco era el Conde Mitzky que controlaba la red de contrabandistas y bagayeros del Río de la Plata; tenían tomados a los tipos de la aduana y a la gente de prefectura que hacían la vista gorda en los cruces clandestinos a la otra orilla. Silva mandó a rastrillar el Delta subiendo por el río hasta el borde la Isla Muerta. (Piglia, 1997: 89)

La novela de Piglia está organizada en nueve capítulos y un epílogo. En el séptimo capítulo la enumeración de impresiones de testigos que siguen en detalle la resistencia del grupo deja entrever una manifiesta aceptación de su lucha. Esta empatía cambia drásticamente con la quema del dinero: "Quemar dinero inocente es un acto de canibalismo" (Piglia, 1997: 191), "los ciudadanos que observaban […] como un aquelarre medieval" (Piglia, 1997: 190), "ese acto era una declaración de guerra total" (Piglia, 1997: 192). La quema del botín es, sin dudas, el acontecimiento más trascendente de la novela. En los fragmentos transcriptos en este párrafo se explicitan modos de señalar el incendio del botín como si éste se tratara de la defensa de un objeto equiparable a la condición humana. Con la quema del dinero se acelera la acción de la novela. De hecho, en el capítulo siguiente mueren los protagonistas, el Nene Brignone y Mereles.

Desde el capítulo VIII y hasta el final, Dorda es quien mantiene una postura activa ante el combate con la policía, a diferencia de los otros capítulos donde era el Nene quien arreglaba todo mientras Dorda mantenía una actitud preferentemente pasiva. En el final de este capítulo VIII se cifra una de los sucesos más conmovedores de la historia cuando Dorda despide a "Marquitos" Brignone antes de morir. La escena de despedida de los mellizos condensa la mayor estilización narrativa: "Y después se alzó un poco, el Nene, se apoyó en un codo y le dijo algo al oído que nadie pudo oír; una frase de amor, seguramente, dicha a medias o no dicha tal vez pero sentido por el Gaucho que lo besó mientras el Nene se iba" (Piglia, 1997: 218). En el final de la novela se producen dos actos significativos. En ambos, hay una representación mítica que tiene como protagonistas a los mellizos. Cuando hieren al Nene y el Dorda sostiene en brazos al herido surge en este encuentro la imagen piadosa del Cristo en brazos de su madre. Primera referencia sacra que, junto al descenso del sobreviviente, en los últimos momentos de la historia, condensan las dos imágenes más importantes de la tradición cristiana y occidental: piedad y renunciación. El Dorda sintetiza las dos referencias iconográficas más importantes de la tradición cristiana: sostener en brazos al Nene muerto, imagen mariana, y el morir apedreado e insultado, imagen de la crucifixión. Dorda sobresale en esta elasticidad de compadecer el dolor del otro y el amedrentamiento en tanto chivo expiatorio.

La representación del descenso habla por sí sola. Un sujeto que ríe mientras su final es irremediable. Un sujeto que murmura, como diálogo y lenguaje, a la manera de un soliloquio. El lenguaje define su interioridad y señala, a través de la mirada de los otros, un lugar para la locura y la sinrazón en tanto soportes en la definición de una individualidad. Esas mismas palabras, balbuceantes, atraviesan también la corporeidad. La violencia actualiza la herida de origen. Cuerpo, palabra y conciencia se presentan como una urdimbre de lectura.

En *Plata quemada* los monólogos interiores de Brignone y Dorda y la reseña biográfica de Mereles interceptan un lamento que permite escuchar la violencia. A través de la acción, estos tres personajes desafían un orden establecido. Entre el libro clave de la literatura gauchesca nacional y la novela *Plata quemada* se establece un pasaje que instaura, finalmente, la oralidad como punto de articulación. Del octosílabo gauchesco se pasa a un tratamiento de lo oral regido por los avances tecnológicos como las grabaciones, transcripciones, citas textuales, escuchas radiales y telefónicas.

Sobre el ceremonial del potlatch, Marvin Harris (1993) refiere a éste como el espectáculo donde el jefe de una tribu exhibe a su comunidad y a las comunidades aledañas su poderío material y simbólico en el territorio donde gobierna. El despojo del valor material cuantifica su poderío simbólico. La materialidad quemada funciona como instrumento para representar, o escenificar, el poder. Piglia monta en el horizonte de lectura un espectáculo que se consolida tanto en los testigos de las distintas escenas, como en los relatos construidos por los propios medios de comunicación. Todos estos dispositivos –poder, espectáculo y exacerbación de públicos mediáticos– nos permiten leer la novela en intersección con la década de 1990. En *Plata quemada* se realiza la quema del botín en el momento en que el grupo se sabe acorralado y uno de los periodistas vincula este hecho con el ceremonial del potlatch, practicado por algunos pueblos americanos. En el espacio de la ficción, y lejos de provocar aceptación del público, activa en el imaginario social la idea de un hecho sacrílego. A partir de ese momento, los miembros del grupo dejan de ser sujetos del espectáculo montado por el poderío que representaba el botín desaparecido. Ellos pasan a ser personajes desprovistos de interés popular y de observación. Ya no hay espectáculo: ni el poder que representaba el dinero ni la seducción que provocaba la posibilidad de que pobres se conviertan en ricos están en escena. Ya no se devora la ilusión de ser parte de un grupo. Esta quema, en plena sociedad capitalista y a diferencia de los pueblos amerindios, no es mercancía que resalta el poder de un jefe, sino el objeto que a la manera de un símbolo constituye en sí mismo una escena liberada.

Por otra parte, hay un impulso decisivo en los mellizos de cruzar las fronteras de Argentina y dirigirse a la República Oriental del Uruguay. Más allá de la necesidad por huir del engaño que suscitan al interior de la organización delictiva, especulan la posibilidad de que al cambiar de país y situarse en el otro lado del gran río, el destino marcado por la marginalidad y el delito podrían revertirse hacia un nuevo tiempo. La distancia material, jurídica y simbólica de ambos lados del Río de la Plata desaparece cuando los dos aparatos represivos de Argentina y Uruguay se unen en el intento por hacer desaparecer, dentro de su lógica, toda organización ideológica y política que los desestabilice. El retorno de ambos personajes a la Argentina es particularmente elocuente: el Nene vuelve como cadáver y Dorda como imagen del chivo expiatorio que carga sobre sí las culpas y los rencores de la sociedad. Las marcas de esas aversiones están incrustadas en ambos cuerpos.

La novela *Aún* de Mariano Dupont se organiza estructuralmente desde la práctica de la memoria cuando el protagonista aguarda, convaleciente, la espera de una operación quirúrgica. Los esporádicos diálogos que tiene con una enfermera y, al final, con el médico irrumpen en el relato de re-memoración que atraviesa la protección que le da a un amigo en la zona costera donde vive. Este amigo, que participó en la llamada Operación nobleza gaucha, en el marco de la guerrilla armada de los años 70, le pide asilo para no ser descubierto por la policía. El clima de acecho se impone a lo largo de la novela negando al mismo tiempo toda posibilidad de un gran relato inscripto políticamente. Una referencia semántica en la novela es enlazada con las escenas de miedo y terror de esos años, el narrador permanentemente recurre a un momento en que se describe la zona de detención, las paradas de ómnibus, y la presencia del patrullero vigilando y a punto de interrogar a los transeúntes:

> Primero es uno; luego, de a poco, dos. Enseguida el coche; enciende la luz, arriba, otra luz. Una luz roja, esta vez. La acerca. Intuyo; intuyo y acierto: policías [...]. A diez metros se detiene [...]. Y en lo alto la chapa: tiemblo. Pegado, muy cerca, el otro: Zona de detención. (Dupont, 2003:20)

El principal procedimiento utilizado involucra el *flash back* hacia el pasado en que se destacan las imágenes y escenas clave de su vínculo con el amigo y la compañera de este. El relato no tiene héroe ni cuenta una gran hazaña. Sí, la persecución es una constante en la historia. El río y la costa son un todo para constituir un microcosmos en que los personajes interactúan. El elemento que vincula a los dos espacios es un hidroavión en desuso. Cuando intentan ingresar, los tres personajes son perseguidos luego por la policía. Toda la indagación por el pasado está inscripta por la huida que el protagonista quiere hacer para evitar la persecución y encontrarse con su compañera al otro lado del río. La escena central es aquella en la que el personaje sube a la lancha para embarcarse hacia la otra orilla: "Veo al Gordo caminar hacia la lancha [...]. Mirándose la uñas, también [...] porque llega, cruza el río en dos horas" (Dupont, 1993: 210).

Con el enunciado balbuceante y entrecortado producto de la convalecencia, el narrador cierra la novela recordando la partida de su amigo hacia la República Oriental del Uruguay. El espacio costero donde se desarrolló la historia estuvo minado de referencias que puntualizaban el control psicológico a la sociedad por parte del aparato represivo. La zona fluvial del delta y la otra orilla en particular fueron un testigo mudo que, por antítesis, representaba la alteridad que podría permitir salir de la atmósfera de acechanza para quien huía.

Las novelas de Matilde Sánchez y Elvio Gandolfo son las que más asociación tienen con el escenario cultural de los 90. *Boomerang* narra la historia de un empleado bancario que durante cierto tiempo giró ilegalmente dinero a una sucursal bancaria cuyo titular era un nombre falso. Luego de retirar buena parte de la suma, fingiendo ser el titular, sale del país hacia el Uruguay a través del Río de la Plata. En el camino conoce a una mujer que lo acompañará en su clandestino y breve período en el otro lado del charco. Uno de los rasgos que caracteriza al protagonista es la permanente sensación de persecución. Al igual que en *Plata quemada*, aparece el tema del paso clandestino hacia la otra orilla. Más específicamente en *Boomerang*, el protagonista llega al Uruguay con una identidad apócrifa, transgrede todos los organismos de seguridad y el objetivo último es gastar parte del dinero robado a un banco con movimientos financieros a un tercer país. En uno de los diálogos que tiene con su acompañante, ésta dice:

> Además, esta amiga bagayea cosas de Brasil.
>
> –Contrabandear. Mucha gente lo hace. Te da unos pesos extra.
>
> –No, no, no: si vas hasta San Pablo ¿con qué recobrás lo que gastás en pasaje? Pensá con la cabeza Iván. (Gandolfo, 1993: 86)

El paso clandestino hacia la otra orilla se reitera en estas novelas. En *El Dock* el cruce ilegal se presenta como la posibilidad de que dos personajes se encuentren. En la historia de Matilde Sánchez, una militante es asesinada por las fuerzas militares en un intento de toma de una unidad castrense. A partir de ese momento su hijo es cuidado por la amiga de esta revolucionaria y ambos, junto con el esposo de la nueva sustituta materna, viajan al Uruguay para aislarse de la persecución policial. El objetivo de este viaje es la concreción de una búsqueda tendiente a que Leo, ya huérfano, halle un espacio de hospitalidad junto a su nueva tutora: "Leo dice que podríamos viajar por tierra. A través de un puente sobre el río [...] donde podremos sobornar fácilmente a los funcionarios de migraciones. ¿Acaso no lo habían hecho cientos de veces con su madre?" (Sánchez, 1993: 109). Con esta cita se puede ver la reiteración del tópico del cruce clandestino y de qué manera los personajes pasan el río como si en tal periplo se accionara una "válvula de escape" (Sánchez, 1993: 97) que permitiría liberarlos de una tensión acumulada.

A lo largo del análisis de estas novelas que tratan el cruce por el Río de la Plata, el Estado aparece presente de manera frontal y, en otros casos, de modo indirecto cuando implica aquellos aspectos organizativos de la trama —particularmente en lo que atañe a las causas por el tránsito de los personajes hacia la otra orilla— y como causal de la conformación subjetiva de los personajes en la atmósfera de persecución, acechanza o abandono que los invade. En la novela *Kanaka,* el Estado es representado como aquel que ostenta el rol de Ley soberana por ser capaz de impartir justicia en relación a un crimen; es, al mismo tiempo de orden y Ley soberanas, el responsable de recluir a los sobrevivientes de la ocupación militar del territorio meridional del país, ocupación conocida como Conquista del Desierto. Esta Ley soberana, instituida e instituyente, produce la imposición de autoridad, autolegitimidad y verdad, siendo ella misma responsable del abandono de aquellos que están en el ámbito de la isla Martín García. Si se tiene en cuenta la escena en la que el narrador conduce el bote hacia Buenos Aires, en el final de la novela queda representado en esa estampa un sujeto de la orfandad de aquella Ley que, tras juzgarlos, lo abandonó. En esta misma línea, la imagen que se destaca en *Plata quemada* involucra la conformación de un orden que se presenta soberano en tanto Ley y civilización pero que, al mismo tiempo, imputa con la misma soberanía la venganza y el exterminio. En efecto, los mellizos y el resto de la organización que deciden engañar a la cabeza de la organización —la cúspide tenía exponentes en la política, la policía y la justicia— deben luego tolerar el peso de todo el Estado y sus instituciones que, al sentirse burlados, los aíslan y exterminan. Desde el momento en que traicionan la organización, la suerte está echada y al salirse de la Ley, al creer experimentar la anomia por la fuga y, en algún sentido, la *hibrys* –tal como lo indicó uno de los periodistas– el azar se sobreviene en su contra. Al salirse de la Ley, incursionan la experiencia de la contingencia y la inminente peripecia.

En las novelas *Aún, El Dock* y *Boomerang* la impronta que el Estado tiene sobre los protagonistas los convierte o caracteriza como sujetos de la persecución por el constante acecho que el orden policiaco o financiero tiene sobre ellos. En el caso de la novela de Mariano Dupont, no hay acción por parte de la policía, pero el efecto performativo de la tortura psicológica es omnipresente. En *Boomerang* falla el sistema de control pero la posibilidad de que el castigo caiga sobre quien vulneró las transacciones financieras delinean la persecución del protagonista. El Estado terrorista reaparece en *El Dock* de Matilde Sánchez en la escena del asalto a una unidad militar para derrocar al gobierno.

El tópico del cruce del Río de la Plata es motivado por la orfandad, la provocación al orden jurídico e institucional o la persecución. Las novelas examinadas se pliegan al origen del género novelesco hacia 1851 con *Amalia* de José Mármol como respuesta a la práctica del terror y las formas de exclusión de un Estado soberano que impone sus reglas en el sentido dionisíaco planteado por Terry Eagleton. El incipiente Estado argentino de mediados del siglo XIX subsumía toda su soberanía y ejecución del mal, según la mirada de los unitarios, en una sola figura restauradora, mientras que, hacia finales del siglo XX, la imagen del terror se empoza en todo un sistema estatal cooptado por la lógica terrorista. La dimensión crítica producida hacia la literatura de corte biopolítico hacia los orígenes tanto del Estado como del género novelesco aseveran la torsión aberrante, típica de la alegoría, de un modelo de nación que vio en las aguas del Plata la postal que definía el semblante de la argentinidad. El impacto de la violencia del cual la ficción se hace cargo entrevé el contraste facturado entre esa representación discursiva y el armazón desde donde aconteció la masacre. El Río de la Plata es el tránsito por el que se sale de las garras del Estado y al mismo tiempo la imagen en la que se ve su aporía: aguas prístinas y cristalinas que semejan la continuidad de las pampas en el discurso oficial y en el imaginario social, y fosa acuática en el accionar del arrojo de personas vivas a sus aguas. Copi, en "El uruguayo" trata de manera enigmática este asunto –la condición críptica del cuento se observa por la preponderancia de la alegoría, la incorporación de motivos libres como la reflexión sobre la lengua amante, el cúmulo de situaciones absurdas, la primacía del género epistolar– y crea el efecto de una sumatoria de peripecias: crímenes masivos desde un ataque de la aviación y una versión grotesca del pasaje del Río de la Plata del presidente uruguayo que es sodomizado en tierras argentinas para volver a su país a contar el engaño.

Jorge Luis Borges y Adolfo Bioy Casares publicaron en 1947 bajo el seudónimo de Honorio Bustos Domecq el cuento "La fiesta del monstruo" en el que, con el epígrafe de un verso de "La Refalosa" ("Aquí empieza su aflición") de Hilario Ascasubi, conectaron dos temporalidades atravesadas, según el ideologema textual, por la violencia de la barbarie en manos de un poder totalitario. El cuento en cuestión fue publicado en el semanario *Marcha* de la ciudad de Montevideo, y en esa decisión de publicarlo en la orilla opuesta a la de Argentina se muestra una gestualidad de cara a la relación que la literatura mantiene con la política. Si el ideologema presente en "La fiesta del monstruo" factura una conexión temporal entre las figuras políticas de Juan Manuel de Rosas y Juan Domingo Perón, se puede apreciar en las presentes páginas el vínculo de dos antecedentes en la literatura argentina que dan cuenta del cruce del Río de la Plata y el particular nexo con los dos políticos considerados por Borges/Bioy. La novela que inaugura la literatura nacional argentina, *Amalia*, y "Río de la Plata" de Copi enlazan dos escritores que, al igual que Ascasubi y Borges, se representan en ámbitos próximos a la cultura letrada más allá de las evidentes diferencias entre ambos: el Salón literario del 37 en el caso de José Bello y la tradición periodística inaugurada por Natalio Botana, abuelo de Copi, con el periódico *Crítica* y todo un núcleo familiar fuertemente circunscrito al campo cultural.

[6]

Memorias del río inmóvil [2001]
de Cristina Feijóo: el río como espejo

"Me refiero –sigo–, a que bajo esta superficie hay corrientes
que mecen miles de cuerpos jóvenes ahogados por el río"
(…)
"Imposible saberlo porque el tal Floyt no abre la boca. Se-
queira está bien seguro de que no, porque a la mujer la
tiraron al río"

Cristina Feijóo, *Memorias del río inmóvil.*

Los etimólogos acuerdan que el término siniestro es una de las palabras de
mayor riqueza a lo largo de su periplo por el tiempo y los lenguajes. Los
romanos le atribuían una connotación positiva al vocablo debido a que
consideraban que aquello que era adverso en la vida debía ser estimado
como augurio de éxito, ya que los dioses estaban frente a los hombres y lo
que era hostil para los terrestres era señal de augurio desde el plan celeste.
Los griegos, en cambio, estimaban lo contrario: como los dioses se ubican
detrás de los hombres lo adverso era señal de advertencia. La cultura occidental ha perpetuado la acepción helénica, de ahí que este término esté
fuertemente asociado a lo funesto y a lo trágico (Barcia, 1980).

Fuera de las sutilezas etimológicas, Sigmund Freud –en "Lo siniestro"
(1999)– define esta categoría como una perturbación en el orden familiar
a raíz de que algo que ha sido destinado a estar oculto y secreto finalmente
sale a la luz. También representa esta variable como una toma de conciencia por parte del sujeto donde éste advierte que lo familiar se revela
como extraño e inhóspito. Una verdadera experiencia de exilio en el propio
hogar. Esta relación de lo oculto y lo revelado es articulada a través de la
noción del doble. Freud se detiene en los cuentos de E.T.A Hoffman para
analizar la constitución de la alteridad (es decir, la potencialidad de un
sujeto de ser sí mismo y la posibilidad de ser otro, desconocido u oculto). Por ejemplo, en el relato *El hombre de arena,* el padre del psicoanálisis

advierte que el miedo provocado por el hombre de arena –el personaje que arranca los ojos a los niños que no quieren dormir– al niño protagonista es el mismo personaje que participa con su padre en prácticas ocultistas. Es decir, quien representaba –en el horizonte del niño– el emblema de la protección, la Ley y el cuidado termina siendo la materialización de su propio fantasma. Por esta razón, lo siniestro está estrechamente vinculado al horror y a lo ominoso. De estas acepciones asociadas a la idea de siniestro, la noción de alteración en el orden familiar producido por la revelación de algo que revierte el orden impuesto, sitúa metonímicamente a una unidad de sujetos mayor: la nación argentina de fin de siglo XX y su relación con su pasado histórico reciente. Cabe agregar que la idea de revelación se concibe como un movimiento solidario entre un individuo y la sociedad a partir de un hecho o experiencia que trastoca el *status quo* –familiar y/o público– instalando no sólo la duda sino –principalmente– el conflicto de un pasado que interpela el presente.

La noción de lo siniestro permite revelar uno de los impactos subjetivos en la representación de tres personajes de la novela *Memorias del río inmóvil* (2001) de Cristina Feijóo que están atravesados por el duelo, es el caso de Rita, la ruptura del presente como una temporalidad determinada por el tiempo como los casos de Pinino y Rita, y la melancolía como ocurre con Floyt. Las dos escenas clave de la novela que revelan la ruptura del tiempo, el pasado y el presente, son el encuentro de Rita con Floyt a orillas del Río de la Plata y la revelación de Pinino al enterarse de que Julieta no es su madre biológica y que desde siempre la información documental de su origen estuvo oculta en su propia casa. Estas dos revelaciones que devienen siniestras provocan en cada uno de estos personajes una réplica: Pinino se trasviste delante de su madre cuando descubre su condición de hijo de desaparecidos y Rita tiene un lugar ambivalente entre la búsqueda de sentidos de su pasado enfrentada con la afirmación de prácticas y valoraciones de los 90. La interpelación de Rita se dirige a Floyt y Juan, compañero de Rita. Por consiguiente, las dos escenas reveladoras de la novela son consideradas a través de la noción de aura benjaminiana en tanto "manifestación irrepetible de una lejanía" (Benjamin, 1986: 64). El vínculo conflictivo con el pasado, las rupturas y tensiones que exhiben en el presente hacen que tanto Juan como Rita se piensen en términos de sobrevivientes.

Memorias del río inmóvil de Cristina Feijóo cuenta la historia de Rita Rivero. Este personaje encuentra a Floyt a orillas del Río de la Plata. Floyt es un ex-militante y camarada político de los años setenta que niega –o está imposibilitado de– reconocer a Rivero. A partir de este encuentro, los personajes comenzarán a enfrentar sus pasados desde las autorrepresentaciones del presente. En forma paralela, otro personaje, Pinino, pactará con Rita averiguar "en qué anda Julieta" (Feijóo, 2001: 187), madre del adolescente y responsable de su apropiación ilegal durante la dictadura. Este hijo de desaparecidos recobrará su identidad de origen al tiempo de reconocer en su hogar la escena siniestra y el espacio en el que siempre estuvo el archivo ilegal con los documentos de su apropiación clandestina. En tanto, Julieta trabaja en la misma consultora que Rita. Los dos pasados, el de Rita y Pinino, se verán movilizados por el encuentro de Rita con Floyt y las pesquisas de ambos –Rita y Pinino– en relación al tráfico de niños en la dictadura militar y el presente.

En estas indagaciones el tiempo está identificado por el narrador, en el comienzo de la historia, como "coagular" (Feijóo, 2001: 40). La caracterización del tiempo presente de Rita en la novela condensa, en esa metáfora temporal, la idea de sello entre dos temporalidades: los años 70 y finales del siglo XX. El sello señala la herida. La imposibilidad de articular las dos temporalidades, la presente y la pasada, lo que lleva a que las representaciones de cada personaje no toleren la yuxtaposición entre lo que exhiben de sí mismos en el hoy, con lo que fueron en el ayer. La imagen pública que construyen en los 90 disocia el sujeto interno que irrumpe en la actualidad. El Río de la Plata interviene decisivamente en la ficción: funciona como un espejo en el que los protagonistas se encuentran, miran la superficie del río e interrogan sus vidas. Se afirma que, además de espejo, el Río de la Plata actúa también como un prisma: acerca imágenes y relatos del pasado a los personajes Rita y Floyt, como recuerdo, y al mismo tiempo, los deforma y distorsiona. Con la distorsión de los recuerdos y las experiencias surgen las huellas y heridas de un pasado igualmente fraccionado y mutilado. El reencuentro entre los dos militantes de los años 70 precipita la llegada de los recuerdos.

Un procedimiento significativo en la trama de la novela remite a una serie de escenas que exhiben imágenes vinculadas a través de desencuentros o desentendimientos entre los personajes. Estas escenas, pensadas como políticas, minan la intimidad del hogar o la privacidad. Rita y Juan no logran entenderse cuando cada quien habla del hombre del río. Juan insiste en que no es Floyt mientras que Rita asevera que sí. El desentendimiento no parece un hecho banal, ya que en cada intervención se advierte un evidente modo de explicitar el conflicto entre el presente y el pasado. En oposición a estas escenas de no identificación, hay otras en las que sí se produce reconocimiento. El punto de intersección involucra la soledad del otro, soledad que también atraviesa a observa. Esto se ve intensamente en el final de la novela y también en aquellos capítulos en que Rita presta atención al hombre del río o cuando Juan espía la intimidad de Floyt. Sin articular palabras, quien observa reconoce en la soledad del otro su propia soledad. La novela *Memorias del río inmóvil* señala junto a este movimiento de encuentros/desencuentros, un entrecruzamiento de espacios y tiempos. Se puede observar a personajes que están inscriptos en un doble tiempo —anclados en la década en que fueron violentados y también en el presente menemista que dicen vivir— y es en esta connivencia donde se ponen de manifiesto las contradicciones entre lo que fueron con lo que son. Los interrogantes con el pasado y su desarticulación con el presente son interpelados por Pinino al indagar su origen siniestro. En esta perspectiva, hay capítulos destinados a captar los fragmentados diálogos entre Rita y Floyt. En el séptimo capítulo, tras la incitación de Rita tendiente a iniciar un diálogo con Floyt y luego de preguntarle su nombre, este responde:

> —Soy el hombre del río —sugiere—. Y usted es la mujer de la bicicleta blanca. [...]

> —De acuerdo —concedo. Las nubes han pasado y queda una bruma lechosa contra el horizonte rojo. El olor dulzón del río sube hasta nosotros en oleadas irregulares y ya no hay veleros a lo lejos. (Feijóo, 2001: 58)

En la escena junto a la interlocución de los personajes, que alcanza un mínimo de comunicación puesto que el diálogo se entrecorta y fragmenta a medida que avanza cada turno para hablar, se incorpora el Río de la Plata con un tributo sinestésico al articular una imagen olfativo/gustativa que sirve para enmarcar su presencia en la convocatoria de los dos protagonistas. Este tercero en la comunicación, el Río de la Plata, provoca con su presencia inconfundible la intersubjetividad de Rita y Floyt y ocupa, a medida que avanza la trama del relato, un centro de gravitación ineludible entre los personajes y la resolución de los dilemas de la novela. La inmovilidad de Floyt conecta la distancia que el personaje melancólico impone a su interlocutora. Él se conecta con un río a través de la inmovilidad, mientras que a Rita la identifica con el movimiento suscitado por la bicicleta blanca.

Entre Rita y Pinino existen diálogos en al menos tres momentos en un tono de conspiración y acechanza de uno hacia el otro. Ambos dan y escamotean información a su interlocutor. La sospecha de la traición les impide armar la totalidad de lo que indagan. En algún sentido, los dos sobrevivientes del terrorismo no logran reconocerse como aliados natos de sus búsquedas. La mirada que cada personaje deposita en su interlocutor no tiene réplica. Cada uno está absorto en lo que le acontece en la intersección de lo que ocurrió. No hay comunicación entre quienes observan. Esta representación de la mirada cierra también la novela cuando cada uno queda ensimismado en su propia interioridad mirando al resto de los personajes para hacer inteligible la experiencia biopolítica de los años 70 con la cultura menemista del presente que niega lo acontecido. La experiencia no comprensible del pasado se actualiza en la lectura a través de la recurrencia del narrador por explicitar, como procedimiento formal, la inefabilidad del lenguaje. Las imágenes sinestésicas, "ruido húmedo" (Feijóo, 2001: 17) y "oscuridad gomosa" (Feijóo, 2001: 23), aparecen en momentos en que Rita efectiviza con la rememoración el pasaje al tiempo de la violencia. Este recurso visual en expresiones sinestésicas –cenáculo de la sonoridad y lo táctil en la primera imagen y lo visual junto con lo táctil en el caso de la segunda– reacentúan deslizamientos espacio/temporales. En *Memorias del río inmóvil* una serie de términos irrumpe y construye una zona de significación; por ejemplo: metáforas y comparaciones como "el tiempo es un coágulo" (Feijóo, 2001: 39) y la antítesis "ese no estar estando" (Feijóo, 2001: 12). Vinculado a la memoria y la violencia, dice Rita Rivero:

> Como si la memoria hubiera retrocedido veinte años y al retroceder recuperara la capacidad de sentir de antes, de sentir en carne viva, matando todo pensamiento. Floyt es una ruina, pero una ruina coherente. Mirándolo me veo en el espejo de su presencia, me veo, es decir veo lo que los otros ven y me lleno de vergüenza. (Feijóo, 2001: 19)

De manera que en *Memorias del río inmóvil* se lleva a cabo un movimiento vertiginoso desde el Río de la Plata en el que Floyt ostenta el punto de contacto entre las aguas del río y el escenario urbano. En esta dirección Floyt es una emanación añeja, arcaica, del Río de la Plata. Lo anacrónico viene a ubicarse en la ribera del estuario como un gesto profanatorio (Agamben, 2005) en el que el pasado sepultado se inserta en un presente con el fin de ubicarse en una nueva constelación, un nuevo valor de uso histórico y culturalmente determinado. Si, tal como lo afirma Giorgio Agamben, la religión es la encargada de establecer los pasajes del orden sagrado al mundano, en tanto mediación simbólica de los objetos y seres profanables, *Memorias del río inmóvil* invisibiliza el rito de mediación con el fin de irrumpir, desde la violencia que supone el retorno de la muerte a la vida, la carga oculta y secreta de sus aguas para ubicarse detenida y calladamente en la escena cotidiana de los mortales. El encuentro entre ambos personajes quebranta una apariencia de orden para presentar una crisis en la relación de los individuos consigo mismos y con la nación:

> Él y yo somos los símbolos de que algo no está bien en este simulacro de país. En esta ciudad donde nos cruzamos […] de coche a coche, el que torturaba y el torturado […]. Ya no somos dos destinos que misteriosamente se encuentran. Él es Floyt, mi viejo compañero de militancia, el amigo perdido, congelado para siempre en un tiempo de verdades y yo no soy nadie, ni para él ni para mí. (Feijóo, 2001: 111)

Las paradojas con las que tienen que contender estos personajes involucra múltiples aspectos: la desaparición de un compañero que, vuelto confusamente vivo ante su amiga, obliga a exhumar un pasado y, al mismo tiempo, la revelación de Floyt retorna, en ese reconocimiento, ausente por los efectos melancólicos de ese pasado. La certeza entre sus ex compañeros de militancia de que Ana Leyrado ha desaparecido y que encarna la traición por haber dado a los militares las direcciones de sus amigos. Todos los dispositivos se desanudan en la trama marcando un clímax: cuando Pinino se entera de que su madre biológica es Ana Leyrado y que Floyt, presumiblemente su padre. Todas estas idas y vueltas se ven eclipsadas permanentemente por la necesidad de ocultar esa trama –por el poder encarnado en aquellos personajes que, beneficiados en los 70, se encargan de ocultar lo acontecido– que los involucra, libera y, traumáticamente, asfixia. Por eso la asfixia está sugestivamente vinculada a Julieta y Pinino. Julieta afirma que a los gay hay que "meterlos a la cámara de gas" (Feijóo, 2001: 150) y Pinino, al descubrir los pormenores de la trama en la que Julieta se apropió de él, tiene episodios asmáticos. La falta de aire resurge al revisar los documentos que halla en el altillo de su casa y, al comienzo de la historia, cuando afirma que "un presagio le cerró la boca" (Feijóo, 2001: 36). A partir de Pinino, la novela trata sobre el proceso que va de un primer reconocimiento de que en la escena familiar se encuentra la prueba de la expropiación ilegal de los bienes de los desaparecidos, al segundo reconocimiento basado en el de la apropiación ilegal de origen del adolescente. En la subjetividad de Pinino, darse cuenta de la ilegalidad en la que incurre su madre suscita un primer interrogante en relación al año en que nació:

> Todo lo que estoy leyendo trata, en definitiva, de lo mismo: de cómo se repartieron los despojos de esa gente. Se me pone la carne de gallina; me da un escalofrío y a la vez me doy cuenta de que tengo la panza revuelta. Birra y café, mala yunta. Yo soy nacido en el setenta y siete. (Feijóo, 2001: 231)

La revelación inicial de Pinino en su casa lo incita a continuar la búsqueda. Pinino descubre, finalmente, la segunda parte de lo que desconocía y que lo involucra decididamente entre los documentos hallados en el altillo de su casa: "Mis ojos no tienen reflejo dorado; son negros con forma de lágrima, como los de la mujer de la foto que me dio el rusito, la foto que siempre estuvo aquí, en el altillo" (Feijóo, 2001: 285).

En el primer párrafo de la novela se condensa la mayor espesura de *Memorias del río inmóvil*, en especial en lo concerniente a la complejidad de los personajes y los modos en que la voz narradora lleva a cabo la puesta en trama. La comparación de Floyt como una arqueología urbana impostándose sobre una imagen presente preanuncia la preponderancia del tiempo pasado irrumpiendo en la coyuntura. La inminencia del presente como espacio obturado por el pasado deja entrever la luminosidad de lo perdido. Para Rita ese flujo luminoso se asocia, por contraste, con una secuencia de términos precisa: fricción, burla y afección. El haz de luz que emerge de la imagen de Floyt es contradictorio y ambiguo, ya que ostenta una fuerza que puja tanto por la vida pasada como la implicancia de la muerte en lo que concierne a su mirada sobre el Río de la Plata. La protagonista reconoce al camarada del pasado y la razón le impone la certeza de su muerte. Sobre esta ambivalencia, Rita Rivero problematizará el pasado al tiempo que su presente caerá como ruinas.

> Durante algún tiempo me pregunté [...]. Porque Floyt estaba muerto. Eso lo sabíamos todos aunque nadie pudo decir cómo ni cuándo lo mataron; sólo había un año: 1977 [...]. Había doblado en dirección opuesta al río y fue entonces cuando lo vi por primera vez. Llevaba una polera negra, un jean y anteojos de sol. (Feijóo, 2001:11)

La atención de Rita Rivero a Floyt tuvo que ver con "su modo de mirar" (Feijóo, 2001: 12) el Río de la Plata: "No lo reconocí, repito, pero me llamó la atención su manera entregada de observar el agua. Sin verla, dejando ondular el pensamiento hacia adentro y hacia afuera como una marea" (Feijóo, 2001: 12). El espejo del río abre una brecha que conecta tiempos y separa melancólicamente su presente como consecuencia de la pérdida. La presencia y la ausencia, el adentro y el afuera juegan permanentemente en una relación cronotópica del ayer y el hoy. La serie de imágenes vinculadas al pasado que devuelve el Río de la Plata a Rita Rivero es refractante ya que las mismas tensan la unidad orquestada entre los discursos del poder, el impacto de las leyes del olvido, los indultos y la subjetividad propia de la sobreviviente.

En el cuarto párrafo de la novela se explicita la intromisión de quien observa una escena privada. La requisa no es biopolítica ni tampoco erótica. En la consciencia de invasión del espacio privado surge la certeza de estar mirando la intimidad de alguien y descubrir para sí, en ese acto, la vergüenza. Por contraste, Floyt desprende para Rita lo impúdico, palabra cargada semántica y valorativamente en la lengua aunque, en este caso, no en un sentido negativo, ya que connota en Rita la comparación del olor de los *mugrientos* y el vaho del alma cuando ésta sufre. La intimidad de Floyt, para la protagonista, "estaba en todas partes" (Feijóo, 2001: 12). La insistencia por captar la imagen de Floyt como una "emanación vieja" (Feijóo, 2001: 12) intensifica la idea de fragmentariedad del hombre que sólo deja ver una ausencia. El movimiento pendular de revelación y ocultamiento desequilibra la propia integridad que Rita dice tener, ya que reconoce que en la imagen frente al río se prefigura un futuro enfrentado al pasado. La primera crisis subjetiva suscitada se explica, entonces, en la noción de aura benjaminiana de lejanía irreductible. La segunda crisis, consecuencia de la primera, tiene como lugar la revelación y el olvido y acontece en el momento en que Rita, al regresar a su departamento tras ver a Floyt, olvida todo lo sucedido y lo rememorado en las orillas del Río de la Plata.

El tratamiento de la mirada como instigación y pudor, aquella que accede a lugares vinculados con la privacidad y lo íntimo, recorre toda la escena frente al Río de la Plata. En efecto, cuando Rita ve a Floyt a orillas del río "lo espiaba pero me resultaba vergonzante; era como espiar a un hombre a solas en su cuarto" (Feijóo, 2001: 12). Juan tiene la misma impresión cuando sigue a Floyt para indagar qué hace durante las noches. "Y me quedo escuchando los golpes del agua contra el muro, pequeños y monótonos [...]. Hay una intensidad en él que siento vergüenza por estar aquí, por violar la feroz intimidad. Pero no puedo apartar los ojos" (Feijóo, 2001: 127). La vergüenza se impone en la rememoración del ayer y la consciencia de Rita y Juan en tanto sobrevivientes: "durante años lo creímos muerto y no volvimos a hablar de él, como hacemos con todos nuestros compañeros muertos [...]. Hablamos [...] con el pudor y la vergüenza de los sobrevivientes al hablar de los que murieron" (Feijóo, 2001: 110). En el encuentro de Rita con Floyt en la barandilla de la costanera, la presencia del camarada político y el Río de la Plata configuran un espejo de su interioridad: "mirándolo me veo en el espejo de su presencia, me veo, es decir veo lo que los otros ven y me lleno de vergüenza" (Feijóo, 2001: 110). En el momento en que Pinino deshace la historia que atraviesa su origen y la trama pergeñada por su madre, descubre que Floyt sigue a una adolescente creyendo que es su antigua compañera, Ana Leyrado. El efecto de la vergüenza en Floyt conforma un sí mismo desde la fantasmagoría:

> La chica, dice Tóifel que le dijo Sequeira, parecía el doble de Ana Leyrado veinte años atrás y Floyt, que está reloco, cree que la piba es su mujer. Pero no se deja ver. Tiene vergüenza de ser un piltrafa o tiene conciencia de que está del tomate, una de dos, porque se conforma con ir de tanto en tanto hasta la casa de la piba, se manda hasta arriba cuando ella ya se durmió y se queda ahí, mirándola. (Feijóo, 2001: 212)

Giorgio Agamben (2000) reflexiona con relación a la vergüenza de aquel que transitó la experiencia como víctima de la biopolítica de la Segunda Guerra Mundial. El retraimiento involucra, en primer término, un mostrarse al otro en la más absoluta vulnerabilidad. Fue, precisamente, con la liberación de los aliados cuando las víctimas de los campos de concentración, más que sentir alegría por la inminente libertad eran invadidas por la más descarnada vergüenza de saberse observados por otro en su condición de sobreviviente. La zozobra invade, además, a aquel que, ante la mirada de su verdugo, es consciente de su inminente muerte. La vergüenza se asume como un conflicto trágico que recorre un doble límite y es la actualización/interpretación de la tragedia griega en tiempos modernos. La inocencia y la culpa encuentran un primer límite no superable. El proceso de subjetivación asume una soberanía que desbarata los límites de la culpa prolongando esta experiencia en un devenir sin límites precisos. La vergüenza es la imposibilidad de superación de las valencias de la inocencia y la culpa, la venganza y el resentimiento. El *aidós* involucra la extrema pasividad y también la actividad, el ser mirado y mirar. El sujeto transita un proceso de subjetivación/desubjetivación para dar inicio a una nueva conciencia como humanos inscriptos en la intimidad del desgarro y el no reconocimiento de sí. Agrega Agamben:

> Avergonzarse significa: ser entregado a lo inasumible [...]. El yo en consecuencia, está aquí desarmado y superado por su misma pasividad por su sensibilidad más propia [...]. Como si nuestra conciencia se desmoronara y desertara por todas partes [...]. En la vergüenza el sujeto no tiene, en consecuencia, otro contenido que la propia desubjetivación, se convierte en testigo del propio perderse como sujeto. (Agamben, 2000: 112)

La intimidad, el hábitat privado de Floyt, acontece frente al Río de la Plata. Espacio representado en una dimensión política por cuanto aúna la subjetividad de una individualidad arrasada por un orden policial del pasado. Esta posibilidad de la mirada de acceder, como desde una mirilla, produce una imagen dinámica y fuertemente entrecruzada con rostros tanto del pasado como del presente. En otros momentos, la mirada adquiere movimiento secuencial como si se tratara de una cámara de televisión que busca un objetivo que ha perdido o necesita encontrar. Las sucesivas imágenes construidas en el final de la historia son, sin dudas, las más elocuentes en este tópico de la búsqueda con la mirada. Es así que la escena final en que están Floyt, Juan y Rita mirándose en una sucesión de movimientos a la manera de un clímax. Recuérdese el momento del desenlace, instante en el que Floyt y Juan se parecen:

> Por una extraña química tiene el mismo aire de Floyt, la misma lejanía despojada [...]. Estoy sola y siento la soledad de Juan. Somos dos pozos de tiempo que fuman sentados [...]. Pero detrás de nosotros está Floyt y unos metros más atrás, suspendida en el espectro eterno de la luz, está Ana. Inmortales, como una vez fuimos nosotros. (Feijóo, 2001: 292)

Cada observador tiene un punto de mirada señero: Floyt mira a la adolescente que duerme, creyendo que es Ana Leyrado, Juan observa a Floyt reconociéndolo como su amigo de los 70 y Rita se detiene en un momento en Juan para atender la impresión del reconocimiento a Floyt. Esta imagen que, por un momento es estática, fue, anteriormente, una en movimiento que representó a cada uno caminando por la calle como una caravana fantasmática: la adolescente, Floyt, Rita y Juan. Las últimas páginas constituyen una escena que finaliza en un cuadro. Tanto en el fragmento que se analizaba en relación a la primera escena entre Floyt y Rita como en este último, el de un fulgor, de una luminosidad que emana pese a la muerte se articula la idea de intensidad del pasado que vuelve, tal como lo sugiere la imagen dialéctica benjaminiana.

La inmovilidad del río es siniestra por el contraste que supone regurgitar, en medio de la pasividad y quietud de sus aguas, al desaparecido. Una vez producido este primer acto, el movimiento de sus aguas agita la intercambialidad dialógica de Rita y Floyt a modo de un tercero excluido. El ruido que se hace presente en el diálogo no articula, valga la contradicción, sonido sino más bien una manifestación provocadora y constante en el orden de lo visual. Al Río de la Plata no se lo escucha en *Memorias del río inmóvil,* de manera que, a la mudez de un río, se le adosa la figura del desaparecido que apenas articula palabras. Teniendo en cuanta esta instancia dialógica entre Rita, Floyt y el Río de la Plata, ¿a qué sujeto de enunciación remiten las palabras de Floyt cuando finalmente habla? ¿Es el Río de la Plata el sujeto de la enunciación con sus memorias alojadas en las profundidades de sus aguas o el militante de los 70 cuando se escucha, fragmentariamente, su voz? El movimiento de las aguas trae suciedad, botellas flotando, los cambios de coloración en sus aguas, el ímpetu que obliga a la mirada extender su alcance al cielo, tan explícitamente vinculado con la muerte. Esta secuencia de imágenes visuales problematiza la inmovilidad de la superficie fluvial anunciada en el título del libro.

En cuanto a la construcción del tiempo, los semas movilidad/inmovilidad producen un efecto de mutuo desvalijamiento: en el comienzo de la historia, el pasado y la memoria es coagular, por extensión, fija e inmóvil, con el fin de bloquear lo acontecido en el ayer y garantizar así la mascarada de los 90. Una vez emergido, simbólicamente, Floyt de las aguas del río, se lleva a cabo el resquebrajamiento coagular, tanto de la memoria como de la quietud del lecho fluvial, para movilizar las figuras e imágenes posibles de la violencia pretérita e imprimir, en la intensidad del gesto, el sello de la vergüenza en la conciencia de Rita Rivero.

Esta indagación de los personajes en la escena final, sumada la pesadumbre con que cada uno termina, condensa la pregunta que se responde con el epígrafe de Christa Wolf en el comienzo de la novela: "a veces nos preguntábamos cómo recordaríamos aquellos años, cómo nos los describiríamos a nosotros mismos y a los otros. Pero en realidad no creíamos que nuestro tiempo estuviera limitado. Ahora que todo ha terminado también esta pregunta tiene su respuesta" (Feijóo, 2001: 9). La gran pregunta de cómo se representarían a sí mismos y a los demás esos años, los años de la lucha. La respuesta, demoledora, les devuelve la finitud del tiempo y la marca inexorable de la falta.

[6.1] Eduardo Mallea y la inmovilidad del río en tanto imagen coagular de la memoria

Eduardo Mallea publicó en 1936 *La ciudad frente al río inmóvil*. El primer procedimiento realizado en la escritura de Mallea tiene que ver con la afirmación del desplazamiento iniciado ya por Borges en que la centralidad metropolitana adquiere mayor hegemonía que el Río de la Plata en tanto *topos* privilegiado de la Argentina. En el poema "Fundación mitológica de Buenos Aires" se indicó de qué manera el desplazamiento se llevaba a cabo desde el río a la ciudad mientras que, en Mallea, la ciudad aparece por momentos igualada a un desierto. Por esta razón, la gente padece mudez y oscuridad, y hay además una afirmación o posicionamiento del espacio urbano que anuncia el nacimiento de un nuevo hombre: argentino y americano. Ese hombre, identificado con la "efusión externa" (Mallea, 1936: 147) y la "gravedad interna" (Mallea, 1936: 147) propiciará un nuevo espacio y augurio de comunidad mejor: "Sí, vayamos. Vayamos a la ciudad. ¡Qué extraño desierto tendido junto al río más extraño del mundo! [...] El hombre subterráneo de América en marcha" (Mallea, 1936:148).

El mayor vínculo entre las novelas *La ciudad frente al río inmóvil* y *Memorias del río inmóvil* se da explícitamente entre los títulos de las obras. Si se piensan ambas construcciones sintácticas se puede considerar una igual estructura que comprende un sujeto nominal junto a un complemento, en el caso de Mallea se precia un complemento de lugar mientras que, en Feijóo, se distingue un complemento de nombre. En *Memorias del río inmóvil*, se da una predicación de carácter locativa junto a la frase prepositiva "frente a". Cabe agregar que estas estructuras gramaticales desdeñan, valga la redundancia, la presencia verbal que implicaría una unidad oracional de sentido completo. De esta manera, los títulos, al disponer sólo de una estructura nominal –la referencia a la ciudad en un caso, las memorias en el otro– con un único complemento, enfatizan específicamente la designación nominal con el objetivo de organizar una circularidad dialéctica entre las dos secuencias y resaltar la envoltura ideológica de la segunda frase, específicamente en lo que respecta a las responsabilidades políticas de una ciudad en relación a sus desaparecidos. La interpelación consigna la omisión, reemplazo o desaparición de la referencia urbana en el segundo título, por un lado, dejar en su lugar a la memoria como ámbito a partir del cual el sujeto o un colectivo social piensan su pasado interceptado en el Río de la Plata y, por otro, para remitir a algo que será memoria pero no reconoce otro agente que el río.

En lo que respecta al orden semántico –siempre en el análisis de estos dos títulos– es perceptible la sustitución de términos de los sujetos sintácticos entre las dos. En efecto, el reemplazo de "ciudad" de Mallea por "memorias" en Feijóo implica una conversión del espacio urbano por un sema que denota actividad psíquica; la sustitución, no metafórica, por la palabra 'memorias', connota, en la experiencia de lectura de la novela, ausencia, pérdida y culpa, y de ese modo, la sustitución no es metafórica por cuanto no hay una relación de semejanza entre los términos propios del tropo metafórico. Este reemplazo o pasaje de una selección léxica por otra asume una dimensión política y crítica que interpela el espacio urbano –la reminiscencia a Mallea es perfectamente observable– del primer título en la clave de lectura propuesta por *Memorias del río inmóvil*. A este recurso de sustitución nominal entre las dos frases se le opone la equivalencia semántica de cada complemento con la reiteración, al final de las expresiones, de la referencia del río y su calificativo de inmovilidad. En ambos casos esta frase es antepuesta por una contracción –"al" en el primer título y "del" en el segundo– en cada enunciado, como procedimiento, tal como lo indica el criterio descriptivo de la lengua, de economía verbal.

Cabe destacar, la economía articulatoria del título de Feijóo al omitir la cláusula adverbial "frente" que, en el título de Mallea, es causal de una fricción fónica y semántica entre las partes que conforman la organización oracional. En efecto, la ubicación del adverbio en *La ciudad frente al río inmóvil* conecta por unión sintáctica, y tensa, fonética y semánticamente, el nominativo con el complemento de lugar. Esa fricción está sostenida en el orden fonético por el agrupamiento articulatorio en dicha palabra de consonantes oclusivas, en posición dental y fricativa, conjuntamente con la única vocal abierta –"e"– repetida, facturando esta vocal un efecto de distensión en oposición a las consonantes. La "e" en posición final de la palabra acentúa el efecto articulatorio de distensión fónica. A la consonante fricativa líquida "f", en posición inicial, se le adosa la vibrante alveolar sonora "r" –obligando al aparato fonatorio a cambiar el punto y modo de articulaciones– junto a la oclusiva labiodental "t" en la segunda sílaba de la palabra para acentuar esta forma fónica. Obsérvese que en el resto del título no aparece ni un agrupamiento semejante al de esta palabra ni consonantes de estas características, a excepción de la vibrante "r" de río. De hecho, el título en su conjunto da cuenta de una cadencia rítmica de las palabras precisamente por el proceso de selección léxica, modulación que es extrañada por el adverbio.

En el orden semántico, la palabra "frente" registra en la Real Academia Española (2014) catorce acepciones de las cuales cuatro tienen una denotación de choque, ya sea atmosférico o militar y bélico: "zona de contacto de dos masas de aire de distinta temperatura y humedad, que se desplaza dando lugar a cambios meteorológicos", "cada uno de los dos lienzos de muralla que desde los extremos de los flancos se van a juntar para cerrar el baluarte y formar su ángulo", "primera fila de la tropa formada o acampada", "extensión o línea de territorio continuo en que se enfrentan los ejércitos con cierta permanencia o duración". En las representaciones sociales, la ciudad y el río conforman una unidad continua, sin fisuras, articulada a través del emblemático puerto de Buenos Aires y su extendida costanera. En el título *La ciudad frente al río inmóvil* el emplazado del adverbio sugiere una relación altiva del escenario urbano por encima del fluvial, consignando, además, las connotaciones bélicas del término, configurando una impronta de tensión que desdeña el sosiego suscitado en la imagen apacible de la contigüidad ciudad/río.

En el título de Cristina Feijóo la palabra "frente" se encuentra omitida y, en su lugar, aparece otro recurso fónico y semántico desplegado esta vez en dos palabras específicas. Los términos "memorias" e "inmóvil" son expresiones vinculadas fonéticamente por la preponderancia del fonema nasal, bilabial, sonoro "m" que, al finalizar la lectura del título, se conecta por cadencia sonora a través de la aliteración fónica. Junto a este procedimiento, el calificativo "inmóvil" que, sintácticamente, determina al sustantivo "río", produce hacia el interior del enunciado un particular efecto sobre el sujeto de la oración, "memorias": la aliteración condiciona la unión de los términos en la experiencia de lectura mientras que el contenido semántico de ambas expresiones se encarga de organizar la tensión connotativa producida por las expresiones. De esta forma, las "memorias inmóviles" se convierten en una experiencia intolerable para la búsqueda de revisión del pasado y éste es, precisamente, el mayor conflicto político y ético de *Memorias del río inmóvil*. La operación estética así construida lleva a cabo un efecto de extrañamiento entre las memorias políticas del pasado y la escena mortuoria que se abre en el escenario siniestro del Río de la Plata a través de su protagonista, Rita Rivero. En el título de Eduardo Mallea no se produce esta influencia del término "inmóvil" hacia el sujeto oracional "ciudad". La omisión del adverbio "frente" en *Memorias del río inmóvil* se desplaza en dirección a la reunión de las palabras con las que empieza y termina el título a través del modo de la aliteración y de la economía de términos efectuada por el complemento de nombre.

[6.2] El Río de la Plata como revelación de lo siniestro

En el cierre de *Memorias del río inmóvil*, en la escena final donde se advierte un acto particular de mirada, el lenguaje está ausente entre los personajes. Su retirada involucra un repliegue hacia su interior. Por otro lado, esta ausencia de lenguaje deja entrever una marca, un dispositivo, que involucra la inefabilidad del lenguaje en poder captar una experiencia humana como totalidad. En medio de estas escenas, las miradas cifran una búsqueda que intercepta el pasado y la necesidad de significar un tiempo histórico y biográfico. En el comienzo de la novela la protagonista busca a Floyt: "marcho al ritmo de sus pasos, doblegada, convertida en un pliegue de su mente, pero como nunca antes estoy segura de caminar por un lugar donde las palabras todavía nombran y donde el mundo podría recobrar un sentido" (Feijóo, 2001: 21). En efecto, el Río de la Plata es el emplazado desde donde los protagonistas pueden conectar sus presentes con el universo utópico de los años 70 en lo que respecta a la lectura que la izquierda hacía en relación a la revolución como condición de posibilidad de un cambio radical del sistema burgués. Junto a esta abertura producida a orillas del Río de la Plata se expande, valga la contradicción, el pliegue subjetivo de Rita Rivero hacia el interior mental de Floyt. Esta expansión y retraimiento sintetizan el movimiento ondulante, como el de las aguas del río, y la fuerza magnética que conecta a los militantes revolucionarios en un contexto tan particular como el del menemato. En el último diálogo entre Floyt y Rita los protagonistas dicen:

> –Pensar – digo–, que bajo esta engañosa inocencia hay un asesino.
>
> Floyt me mira fugazmente pero no dice nada. Espera. Me imagino la concentración de las células de su cuerpo como las de una bestia que se encoge ante la aparición del peligro.
>
> –Me refiero –sigo–, a que bajo esta superficie hay corrientes que mecen miles de cuerpos jóvenes ahogados por el río.
>
> Me quedo en silencio, mirando las gaviotas cercanas, esos pájaros sórdidos ¿O tal vez no debiera culpar al río? tal vez no. Floyt se remueve; comprendo que ha percibido una amenaza en mis palabras y que no conoce la finalidad no el por qué de lo que digo; todo lo que sabe es que está en peligro, frunce el ceño y se yergue mientras parpadea con movimientos convulsos. Creo percibir un levísimo temblor en la comisura de los labios. […]

–Pero ¿qué pueden hacer? –murmura y mueve la cabeza como si no comprendiera–. Ellos no pueden….

–Siempre se puede hacer algo, Floyt –digo y enciendo un cigarrillo. Él está distante, aislado en su miedo. (Feijóo, 2001: 177)

En el diálogo transcripto se perciben dos planos diferenciados en lo que respecta a la representación del Río de la Plata, uno alejado, que percibe la limpidez y quietud de sus aguas. Un río que se articula con la memoria congelada pero, por sobre todo, mansa en relación al pasado. A esta inmovilidad del río se le opone la percepción próxima al sujeto de la mirada, las aguas que golpean la barandilla de la costanera. Aquí, la movilidad y la suciedad de las aguas dan paso al movimiento intempestivo de las voces que, en su resquebrajado diálogo, inquieren desde las profundidades de sus memorias y, por extensión, de las aguas del Río de la Plata, la contingencia de la desaparición de personas.

El choque y desacuerdo (Ranciere, 2008) de las voces, es decir la confrontación ideológica y subjetiva de cómo inquirir las implicancias políticas del Río de la Plata se puede graficar en los dos planos que se analizan más arriba. Rita interpela a Floyt construyendo una imagen oximorónica del Río de la Plata por cuanto al apelativo de asesino le agrega al lecho fluvial que mece los cuerpos jóvenes ahogados en sus aguas. En esta construcción siniestra se vislumbra las propias contradicciones éticas de un militante, Floyt, que "no supo morir como debía" (Feijóo, 2001: 277), tal como dice Rivero por haber quedado como una sombra en aquel tiempo como hombre. La guerra que no supo librar la protagonista en los 70 ya está perdida definitivamente y ese fracaso se proyecta a un río oscuro y sucio que carga la peripecia. En un segundo momento del diálogo, Rita deja de hablar y toma su turno Floyt, que hace destacar un *ellos* reforzando el deíctico éste que bien podría ser el mismo Río de la Plata. De lo que intenta hablar Floyt es de su salvación casi mística que recibió de sus torturadores mientras que la invocación bíblica destaca la figura santificada de San Benito. Entre la interpelación de Rita, su actitud por momentos despreciativa hacia su interlocutor, y el balbuceo inconexo de Floyt, se ordena la escena subjetiva de dos sobrevivientes de la última dictadura militar, sus contradicciones frente a un río que les devuelve la imagen de lo que fueron y lo que queda del pasado.

La negación es un procedimiento constante en Rita Rivero. Se manifiesta tanto con el olvido –al rememorar escenas de horror y luego omitirlas– como con el cuerpo –al sentir efectos físicos de esa práctica. En un pasaje de la novela, Rivero entra a un garaje y al oír voces indefinidas, el horror de los años 70 reaparece. No lo sabe, al menos en el plano consciente, pero la revelación de esas imágenes imprecisas, define sus propios fantasmas y moldea una conciencia de sobreviviente: "sus labios están resecos y la cabeza vacía. Entonces sucede lo inevitable, lo que ya pasó, lo que sigue pasando indefinidamente (…). No comprende por qué tiene la boca tan seca" (Feijóo, 2001: 15). También es el pasaje a otro tiempo. La escena del garaje la transportó a otro tiempo de la persecución, el relato en primera persona deja explícita la crisis de la protagonista en cuanto a que el pasado se instala en el presente. En la práctica de rememoración, el presente de la narración exacerba estos pasajes dobles del tiempo de la trama. En Rivero, el estigma y el síntoma conforman una subjetividad que articula las dos temporalidades. Mientras guarda la bicicleta sus fosas nasales se exacerban por el olor a humedad, los sótanos la inmovilizan, la luz débil, el sonido de su silbido que le retumba, el mosaico rojo encerado, la pintura antióxida roja "la mancha que deja pasar la memoria de las voces" (Feijóo, 2001: 14). Todos estos indicios obligan al personaje a transitar una espacio intersticio entre un presente, que organiza estas fachadas, con un pasado que pugna por hacerse actual. Por segunda vez, Rita Rivero produce un doblez que, en este caso, no es en el pliegue de la mente de Floyt sino el retorcimiento hacia las cosas que la conectan a la persecución terrorista de los militares, y así "la silueta de los objetos reemplaza a los objetos; la vida se enrosca sobre sí" (Feijóo, 2001: 15).

En *Memorias del río inmóvil* la representación de Floyt frente al río es una imagen con resabios del musulmán agambeano en el sentido de que su silencio plantea un límite inscripto en la muerte: por un lado, los efectos de las golpizas y la droga que ingirió para morir y de la que resultó un fracaso; por otro, su contante apego al pasado bloqueando un contacto real con el presente. Las vicisitudes de los 70 lo aíslan y, al mismo tiempo, lo ubican en una zona indescifrable al límite de la muerte. Si se considera el análisis de Agamben, el resabio del musulmán, en esta línea, ostenta un pasaje en un sentido inverso, ya que el musulmán, para el italiano, era el muerto en vida, mientras que Floyt, en la novela de Feijóo, es la emanación de la muerte, venida desde el Río de la Plata, para emplazarse en el escenario de los vivos. La descripción que realiza Rita Rivero al verlo por primera vez lo grafica en esa zona gris.

La duplicación de la sílaba "ri" tanto para el nombre propio de la protagonista, <u>Ri</u>ta, como su apellido, <u>Ri</u>vero, desplaza y reitera como un movimiento ondulante, símil del río, la sonoridad para intensificar con el apellido el significado y significante de la ribera, el margen o borde, del escenario fluvial con la idea de lo verdadero, ri-vero, o la verdad que el río trae en sus aguas. El nombre de la protagonista es un recorte de su nombre legal: Margarita. En la amputación del nombre original, la vibrante alveolar sonora se vuelve vibrante múltiple al quedar al comienzo de palabra mientras que, en la disposición de la palabra Marga_rita, la consonante es simple. El cambio de nombre connota la inscripción subjetiva que tiene el espacio del río en la protagonista.

El aislamiento entre los personajes es una constante. La imposibilidad de construir un espacio privado y público de pertenencia delinean al paria, es decir, aquel que busca asimilarse en un mundo del que se siente extraño. Este anhelo se lleva a cabo como una pulsión que hace que niegue su propia individualidad y pasado. En esta dirección, el paria se constituye como producto de los regímenes totalitarios. Se trata de un espacio de fricción que destruye la vida privada, profundiza la soledad del individuo y aísla al sujeto del mundo. En el caso de Pinino, lo que aparece como curiosidad primero y certeza después, llega al límite de poder atar los nudos de su historia. De manera taxativa dice en un momento la voz narradora a propósito del hijo de Julieta: "Está a punto de recordar [...]. Últimamente, todos los hilos se cruzan, como si [...] no sé. Como si la ropa estuviera mal cosida" (Feijóo, 2001: 140). Pinino insiste ya como sospecha contundente y en primera persona: "Nací en el 77" (Feijóo, 2001: 231), datación con la que se inicia la novela en el momento en que Rita reencuentra a Floyt de manera que, una vez más, Rita y Pinino, están unidos a las determinaciones temporales. La construcción "ropa mal cosida" (Feijóo, 2001: 140) se reitera en, al menos, tres momentos de la novela entre Rita y Pinino quienes pergeñan precisamente la trama del horror.

En la novela analizada se puede captar una dupla constante representada de manera dicotómica: el hogar y lo íntimo frente al afuera y lo público. Hannah Arendt (1993) señala que a lo largo del devenir histórico en Occidente, el espacio de lo privado estuvo destinado no sólo a la intimidad de los individuos, en un sentido amplio, sino también como esfera donde los sujetos desarrollaron condiciones vinculadas al deseo y a los sentimientos. El afuera, en cambio, es el espacio por antonomasia vinculado a lo político. Los principios de articulación señalados para lo privado desaparecen en la esfera pública.

El Río de la Plata, particularmente la costa, es el lugar donde se concentra la mayor densidad simbólica de la novela. Se puede señalar que dos son las referencias que organizan un complejo sistema de representación. El agua del río funciona como espejo en cuanto experiencia de mirada, ambiguamente oscura por las aguas limosas del Río de la Plata, para los personajes. La experiencia de Floyt con la dictadura fue haber sido chupado por las fuerzas armadas y devuelto marginal y loco a una sociedad democrática. Su identificación con el río plantea una ambigüedad: este espacio le da la posibilidad de fugarse −tanto del pasado como del presente− y, al mismo tiempo, le acerca –como certeza– la confirmación perversa en que fueron arrojados los cuerpos de sus amigos desaparecidos. En esta perspectiva, el pensamiento de Floyt está invadido por la imagen de la marea en movimiento. Su atención entra y sale del río mientras la realidad que lo circunda le es indiferente.

Para Rita, la costa –junto a Floyt– constituye un espacio capaz de convocar el pasado. Recuérdese que su postura *new age* funcionó como una estrategia para sobreponerse al horror de los años setenta y su estancia junto a la costa desestabiliza esta plataforma. En este espacio, los personajes se sienten convocados por un vínculo que los liga al ayer. El Río de la Plata representa la pérdida, del duelo y la melancolía. La melancolía –esa presencia en donde el sujeto es apropiado por el objeto perdido– deja en pie a un personaje en la costa –lugar que no es ni tierra ni río, ni pasado ni presente– para explorar una experiencia humana alejada de los imaginarios imperantes.

La novela de Cristina Feijóo construye imágenes del Río de la Plata desde dos planos diferenciados: uno distanciado, cuando los personajes contemplan la vastedad del estuario, imagen de ociosidad. En cambio, cuando la observación se detiene en un punto específico, el Mar de Solís se vuelve, significativamente, al título de la novela, configurando un espejo fluvial que puede, con su inmovilidad, conectar las profundidades de sus aguas, "cargadas" con la memoria de los que fueron, con la de los personajes. Y en la intersección de estas dos memorias, la social y la individual, flota la ininteligibilidad de lo que ocurrió. El Río de la Plata puede verse como una máscara de la naturaleza sobre el rostro de la historia.

[7]

Confesión y desaparición: el Río de la Plata como dispositivo de eliminación de cuerpos en la década de los 90

La *Real Academia Española* distingue tres acepciones de la palabra 'confesión' (RAE 2014). Por un lado, el término remite a la declaración que una persona lleva a cabo de manera espontánea o interrogada por otra. La palabra consigna también parte del sacramento de la penitencia en que el penitente expone al confesor sus faltas. En este caso, hay una búsqueda de reconciliación mediada por una autoridad eclesiástica frente a un otro superior, dios. Dentro de la religión católica, la penitencia o confesión es un sacramento que permite a cada cristiano recibir el perdón divino. Para poder recibir el perdón de dios, el penitente necesita realizar un camino de conversión para obtener la redención de sus actos. Según los presupuestos eclesiásticos, la autoridad que lleva a cabo el acto de confesión desata el alma corrompida y la libera. Finalmente, en el ámbito del derecho general, la confesión constituye una declaración en la que el litigante o el acusado exponen ante el juez su accionar pasado o demanda. La confesión supone un acto verbal, una suerte de puesta al día de la conciencia y el accionar pasado con el fin de hacerlo comunicable. Involucra en muchos casos, particularmente en contextos religiosos o frente a una declaración íntima, humildad y entrega. Quien se confiesa se abre al otro para concederse el derecho a una reposición en la mirada comprensiva del escucha (Nancy, 2003). En todo acto de confesión existe una intención frontal o indirecta de compasión del escucha hacia el sujeto que relata el sufrimiento de una experiencia. La compasión en tanto emoción humana, más aguda que la empatía, procura que el sujeto compasivo esté acompañando el dolor del otro; hay un proceso tanto de percepción como de comprensión del sufrimiento del que se ve o escucha.

Jacques Derrida (1993) toma como punto de referencia las *Confesiones* de San Agustín con el fin de interrogar la búsqueda de un creyente por confesarse ante dios cuando este lo conoce todo. El sentido de todo acto confesional o testimonial no consiste en transitar una experiencia de conocimiento sino más bien un acto de entrega, una ofrenda amorosa y fraternal a la deidad. Derrida afirma:

> Para hacerlos mejores en la caridad, Agustín se dirige a los "oídos fraternales y piadosos" [...]. No tiene nada que ver con el saber, en cuanto tal. En cuanto acto de caridad, amor y amistad en Jesucristo, se destina a Dios y a las criaturas, al Padre y a los hermanos para excitar el amor [...]. Agustín responde a la cuestión del testimonio público, es decir, escrito [...] de su supervivencia a través de la prueba de la atestación testamentaria. (Derrida, 2011: 21)

Tanto en *Villa* (1995) de Luis Gusmán como en *El vuelo* (1995) de Horacio Vertbitsky se llevan a cabo actos de confesión diferenciados. Teniendo en cuenta que fueron publicados el mismo año, y más allá de las evidentes diferencias que suponen los pactos de lectura de cada uno –la nueva novela histórica uno y el testimonio en el marco de la investigación periodística el otro– se puede observar en las voces de Carlos Villa y Adolfo Scilingo dos modos de confesión, no sólo de la conciencia sino también de la comprensión de un tiempo inscripto en el exterminio de la última dictadura cívico-militar argentina. La confesión de Adolfo Francisco Scilingo adquirió notoriedad pública, ya que contribuyó a constatar las responsabilidades castrenses de los años 70 –hasta ese momento conocidas de un modo que no había producido tal impacto público– desde uno de sus responsables directos. Hacia 1995 las voces del horror sólo procedían del lugar de las víctimas, tal como lo testimonia el *Nunca más* (1984) o, en 1978, el Informe de la Comisión de Derechos Humanos de la Organización de los Estados Americanos.

El protagonista de esta confesión, Adolfo Scilingo fue condenado en España por crímenes de lesa humanidad. Scilingo es un ex militar de las Fuerzas Armadas de Argentina que ocupó el cargo de Oficial de marina de guerra durante la última dictadura cívico-militar. Intervino en el espacio público a mediados de la década de 1990 al reconocer el terrorismo de Estado en el emblemático diálogo que mantuvo con Horacio Vertbitsky junto a una serie de intervenciones públicas tanto en los medios gráficos como televisivos. Scilingo increpó fuertemente a Carlos Saúl Menem –en su carácter de Comandante en Jefe de las Fuerzas Armadas– por la política de silencio llevada a cabo en su gestión presidencial. El juez que lo juzgó en España fue Baltasar Garzón quien, tras escuchar el testimonio y la confesión que el reo le presentó –en ese ámbito describió en detalle el modo de funcionamiento de la ESMA en lo que respecta al secuestro y eliminación de detenidos/desaparecidos– lo sentenció a cumplir una pena de 640 años de prisión por la muerte de 30 personas y una detención ilegal seguida de torturas. En el año 2007 el Tribunal Supremo Español extendió la pena a 1084 años tras demostrar 255 detenciones ilegales. Scilingo fue el gran testimonio que desterró cualquier tipo de dudas con relación al modo en que se efectuaban las estrategias de exterminio a través de los vuelos de la muerte sobre la llamada subversión.

Las responsabilidades políticas y éticas se orientaban, promediando la década de 1990, no sólo a los uniformados sino también hacia aquellos sectores sociales que por acción u omisión fueron parte del terrorismo. De ahí en más la expresión "golpe militar" se orientó hacia "golpe cívico militar" puntualizando en este giro las responsabilidades de la sociedad y el Estado sobre los desaparecidos. Ese pasaje obliga a realizar distinciones ya que Carlos Villa, protagonista de la novela de Luis Gusmán, encarna la indiferencia de lo que sucedía en aquellos años en una suerte de cínico ingenuo, auto-representado además como víctima de las circunstancias.

Por otra parte, el traspié que el ex miembro de la armada relata cuando, arrojando los cuerpos dormidos al Río de la Plata, es alcanzado por la mano *solidaria* de los auxiliares de a bordo para evitar la caída al vacío. Este hecho resulta decisivo puesto que lo llevará al tormento, la culpa, las pesadillas y finalmente, a relatar lo sucedido. El testimonio surgió en momentos en que las autoridades militares y políticas se negaban a responder las sucesivas cartas en las que Scilingo los intimidaba a que informaran sobre lo actuado en aquel tiempo. La actualización de la escena del resbalón tiene, desde el registro onírico, una caída precipitosa al vacío que logra interrumpir con el despertar de la tortuosa pesadilla. La confesión expresada en *El vuelo* posee, en muchos aspectos, un contra-discurso virtual en la novela de Luis Gusmán. La confesión de Carlos Villa, ante la supuesta tumba de su ex compañera, enterrada clandestinamente en el cementerio de la Chacarita, no tiene un interés de carácter público ni está recorrido por la culpa. La versión de Carlos Villa de lo actuado no se encuentra minada por los fantasmas de Scilingo. También es cierto que no existe una distancia temporal entre los hechos sucedidos y la confesión tal como sí la hay en el relato del ex Capitán de corbeta. El traspié del protagonista novelesco ocurre cuando en la sala de torturas debe reanimar a una detenida atormentada y, al darle la espalda y ver sus pertenencias, reconoce la voz de su ex novia de la adolescencia. Esta es la singularidad que desata en la conciencia del personaje la confesión íntima, monológica, unas semanas después, ante el cadáver. Mientras el narrador cuenta en su confesión lo ocurrido, al final de la novela, se produce una ambivalencia en el relato: allí reconoce que al escuchar la voz identificó a la mujer. No obstante, cuando se lee el pasaje en el último capítulo de la segunda parte esto no sucede; reconoce a Elena Espinel con el brillo de una medalla y logra identificarla por las iniciales de su nombre y así toma conciencia de la experiencia que le toca vivir. Villa resuelve la actualización de ese momento de intensidad en la confesión, al despedirse de su antigua compañera cuando va al cementerio. El montículo de tierra es la señal, en tanto signo que remite al cuerpo, que le permite poner al día su conciencia. A diferencia de Scilingo, Carlos Villa no busca un encuentro inter-subjetivo: le basta elegir una tumba, convencerse de que es la de Elena Espinel y resolver su dolor y molestia de una vez. La singularidad del suceso, la clausura que se lleva a cabo con la confesión, en oposición al testimonio compilado por Horacio Vertbitsky, es la ausencia de toda afectación o culpabilidad por haber participado en esa metodología de exterminio. La desafectación del personaje, su indiferencia por los acontecimientos públicos y políticos del momento, esbozan una antítesis evidente entre las dos voces que se analizan.

En el presente capítulo se revisará la novela *Villa* partiendo del supuesto de que es una ficción que explicita dos pulsiones. Por un lado, narra las condiciones materiales y burocráticas que serían utilizadas por los militares en el período ulterior a la presidencia de Estela Martínez de Perón. Se explicita el diseño, planificación y desaparición de los cuerpos antes del último período militar. De hecho, la novela transcurre desde los prolegómenos de la muerte de Juan Domingo Perón, su muerte y la caída de Isabel Martínez, hasta los primeros avances estratégicos de la Junta Militar. En ese tramo se ponen en escena todos los dispositivos materiales e institucionales que luego serían utilizados para librar la batalla contra la llamada guerra subversiva. El ex ministerio de López Rega, la plataforma de aviones en manos de fuerzas armadas, los helicópteros, los ya instalados centros clandestinos de detención, sintetizan el *topos* en el que se constituye el sistema de eliminación por parte de la Junta Militar. En la novela, hay una visión del Río de la Plata como potencial sitio de concreción del extermino humano aunque aún no se materialice esa posibilidad por recelo. Se necesitará perfeccionar la técnica para que los cuerpos no aparezcan en la costa occidental o en la uruguaya. La segunda particularidad de *Villa* tiene que ver con desmontar la idea de la tortura y desaparición desde marzo de 1976 y es por eso que se trama alrededor del peronismo, los sectores civiles y los miembros del servicio de inteligencia del Estado, diferentes responsabilidades en prácticas de aniquilación anteriores a 1976. Esta atención puesta al abanico de actores sociales responsables de lo actuado durante el proceso se vincula estrechamente con la inscripción de la última dictadura como cívico-militar tal como se la concebía hacia 1995.

El testimonio recopilado en *El vuelo* es inédito en la cultura argentina y rioplatense. De hecho, en la literatura no se ha narrado frontalmente hasta el momento el arrojo al Río de la Plata de los cuerpos –a excepción del cuento "De noche, al lado del agua" de Marcelo Cohen– ni el modo en que se efectuó la planificación y resolución de la desaparición de los detenidos. La literatura al tratar estos asuntos, produce en general una mediación del suceso franqueada por la intervención de la memoria y la práctica del recuerdo traspuesto por la melancolía o la alegoría. En algún sentido, el testimonio de *El vuelo* pareciera imponerse en relación con la serie de publicaciones ficcionales que han narrado la vinculación del Río de la Plata con la década de 1970. *El vuelo* es un discurso no ficcional que capta la escena clave de esta investigación: el pasaje que va desde la elección de las víctimas, pasando por la primera inyección del detenido, hasta su arrojo definitivo al Río de la Plata. En la lectura de *El vuelo*, el interés está en ver de qué manera se da cuenta de la operación de arrojo de cuerpos al Río de la Plata mediada por el recuerdo y la culpa. Al mismo tiempo, se indicarán fragmentos del diálogo entre Scilingo y Vertbitsky en que aparecen planteos vinculados a los tópicos de esta investigación.

En la declaración de Scilingo aparece, al comienzo, una mayor justificación de lo actuado por él y las Fuerzas Armadas. El cúmulo de certezas y argumentos se irá flexibilizando a lo largo de las sucesivas intervenciones y entrevistas. Según Scilingo, existe en su contexto de enunciación la necesidad pública y en su caso, privada, de que la República sepa qué pasó en el marco de la guerra de la subversión. Hay un aspecto de *El vuelo* que cabe señalar ya que los dos contrincantes políticos e ideológicos de la década de 1970 se encuentran en la escena pública de la ciudad metropolitana. En ese encuentro, que significa la condición de posibilidad de lo que será la publicación, se factura un desacuerdo inicial en que el ahora reconocido periodista Horacio Vertbitsky interpreta la primera intervención de Scilingo, "yo estuve en la ESMA" (Vertbitsky, 1995: 9), como si se tratara del posible relato de una víctima. Para Vertbitsky, la ropa y el aspecto general de su interlocutor eran un símil de aquellos que, recurrentemente, identificaba como víctimas. Scilingo reconoce a una conocida –al igual que Carlos Villa– en una sala de torturas que años más tarde resultará, junto a otros pasajes de su memoria, causante de su tormento y responsable de los cortes y elipsis de su relato. Finalmente, surge como rasgo singular de su testimonio y confesión la descripción exhaustiva del modo en que funcionaba la organización de exterminio desde que una persona era *chupada*, su tortura en el centro de detención clandestina y, por último, hasta el vuelo hacia el Río de la Plata y el mar argentino.

Llama la atención la interpelación a Scilingo por parte de un periodista que, en los 70, actuó en la contraofensiva del orden estatal del cual su entrevistado era su enemigo. Esta escena es decisiva para entender los deslizamientos políticos contemporáneos. Para Giorgio Agamben (2003, 2005, 2006) la reducción de la política al ámbito de la *zoé* esgrime las contradicciones más sobresalientes del accionar de los Estados en nombre de la cosa pública. En la política contemporánea se cifra otra reducción que involucra la concepción de la vida hacia una *nuda vida* en la que al individuo se le restringe una posición fundamental de respeto y se le transfieren, en cambio, la mera vulnerabilidad y el potencial de ser exterminado. En este sentido, la situación de refugiado de aquellos que se apartan de los reducidos espacios pensados como comunitarios permite vislumbrar una zona límite de la experiencia humana.

Finalmente, la dialéctica profanatoria propuesta por Giorgio Agamben ilumina ciertos pasajes y tramos conflictivos de las prácticas políticas y culturales que en un sentido se podrían inscribir en las dos pulsiones *thanatos / eros*. Con estos supuestos, Giorgio Agamben caracteriza la política del presente como una mutación del accionar del poder orientado hacia una biopolítica, un modo de concebir la condición humana hacia una acción en la que queda reprobada e interceptada su concepción de ser viviente, donde existe un desplazamiento de la *bios* hacia la *zoé*. Tanto el totalitarismo como los campos de concentración cifran los espacios de exterminio por excelencia de la biopolítica. Los *lager* se conciben como lugar de producción que, en el caso especial de Auschwitch, se constituye en un sistema de producción de cadáveres. La radicalidad del acontecimiento implica la idea del acceso de la *zoé* a la esfera pública y la politización de la *nuda vida*, mecanismo mediante el cual cualquiera puede dar muerte a quien no presenta un valor de vida para el orden imperante. En el campo se sitúa un límite mediante el cual la destrucción se enfrenta a una ausencia de mediación simbólica en lo que respecta al cuidado por la vida humana.

La vida es el centro de interés y control del poder. La vida natural es interceptada mediante mecanismos de eliminación. Mediante la articulación etimológica de nación y nacimiento, Agamben relaciona el imaginario moderno mediante el cual se crea la ilusión de que el nacimiento del ciudadano es coincidente –como orden subjetivo– con el "nacimiento nacionalista" (Agamben, 2003: 34) en la comunidad en la que está inserto. La ilusión plantea concebir que ambos términos estén indisolublemente unidos. Mediante la forma y el contenido que se le imprima a la idea de nación, sus conciudadanos ostentarán los privilegios del orden impuesto. Por lo tanto, quienes estén por fuera de él, independientemente de su nacimiento o condición cultural, se constituirán en un virtual exiliado que amenaza las formas del orden. La biopolítica se encarga de actualizar en cada instante el límite que separa el adentro del afuera de los territorios de control. Dice Agamben, articulando desde la noción del refugiado el debate alrededor de la condición humana y la ciudadanía, entre el nacimiento y la nacionalidad:

> El refugiado [...] al romper la continuidad entre hombre y ciudadano, entre nacimiento y nacionalidad pone en crisis la ficción originaria de la soberanía moderna. Al manifestar a plena luz la separación entre nacimiento y nación, el refugiado hace comparecer por un momento en la escena política la *nuda vida* que constituye el presupuesto secreto de ella. (Agamben, 2000 b: 167)

En *Profanaciones* (2005) el tiempo moderno, del cual la literatura ha dado cuenta a propósito de sus dilemas y contradicciones, ha desarrollado un gesto paródico en que se ha confundido y fingido como indiscernible el límite que divide el orden de lo sagrado frente a lo profano y de lo sublime en relación con lo ínfimo. En la tradición romana, la separación de los órdenes sagrados y profanos era clara y evidente. En la vereda de los dioses, el espacio de lo sagrado y lo religioso, enfrente, la mundanidad y lo profano. Entre estos dos lugares, se producían pasajes o fronteras móviles que articulaban salidas de un orden hacia el otro. Así, la consagración autorizaba la salida del derecho humano para transferirlo a los dioses, mientras que la profanación implicaba la restitución para el libre uso de la esfera pública o privada. La escisión más abrupta hacia el orden sagrado, separación forzada con un claro núcleo religioso, es el sacrificio, mientras que la institución que vela y protege estas fronteras es la religión. La ambivalencia del término *sacer* manifiesta un potencial humano mediante el cual se designa la posibilidad de consagración a los dioses y al maldito como el sujeto incapaz de perdurar en la vida comunitaria. Lo sacrificable, al mismo tiempo, ostenta una condición de profanidad y sacralidad. El ceremonial del sacrificio en la cultura romana conservaba del cuerpo sacrificable algo para el consumo de los hombres y el resto constituía una ofrenda conferida a la sacralidad. La profanación implica este doble movimiento de mundanidad y sacrificio. Tanto en *Villa* como en *El vuelo* se explicita esta dialéctica profanatoria organizada en la captura, práctica del tormento y robo material de las víctimas como clave de inteligibilidad profanatoria. El catolicismo, en tanto institución autorizada de velar por la profanidad del sacrificio y el destino último de la vida, procuraba aliviar la conciencia de los verdugos cuando a éstos les atormentaba lo actuado.

Carlos Villa rememora que en la sala de torturas quedaron en un lado el cuerpo de la víctima y en el otro, sus pertenencias robadas. La escisión trazada tiene su correspondencia en Scilingo cuando del lado izquierdo del avión estaban los cuerpos desnudos y, del otro, los grilletes y últimos despojos de las víctimas. En ambos casos radica la ambivalencia de esta lectura profanatoria en el sentido de Agamben, ya que Villa encuentra su nombre en el objeto robado y en esa inscripción siente como pasaje su propia muerte cuando roba la medalla, mientras que Scilingo, para descansar luego del arrojo de los cuerpos, ocupa el mismo lugar donde segundos antes estaban los vivos. Estas dos escenas en los relatos rastrean zonas de la experiencia en que se producen separaciones materiales y, al mismo tiempo, pasajes en el orden simbólico/subjetivo en que los protagonistas quedan interceptados por los acontecimientos. La consigna clave para el totalitarismo militar de la Argentina de los años 70 era que el subversivo envestía una condición sacrificable a través de la expresión *eliminación*. Este principio básico era, además, ungido y protegido por una reposición bíblica que la Iglesia Católica se encargó de difundir desde sus capellanes a los verdugos de la muerte. Versículos que indican la necesidad de separar la paja del trigo y, por extensión, lo sacrificable de lo mundano.

Lo que queda de Auschwitch. El archivo y el testigo (2000 a) presenta un análisis pormenorizado en relación al testimonio del Holocausto. Agamben piensa, en el horizonte abierto por Primo Levi, la zona gris como la cifra en que una víctima se constituye en el victimario de sus pares: el detenido encargado de hacer el trabajo sucio de los SS por una ración extra de comida. Tomando como punto de partida la experiencia y el testimonio de Primo Levi, Agamben afirma que fueron los judíos, víctimas del Holocausto, los que sí testimoniaron la experiencia. El límite infranqueable es el testigo que captó la experiencia total, de las cámaras de gas. Estos acontecimientos son inenarrables y quien sí lo hace es a partir de las concesiones permitidas dentro del campo. Los SS nunca dieron mayores muestras de quebrantamiento de lo actuado, siempre fueron para sí referentes de valores que impulsaron un gran trabajo de pureza para su país. Las víctimas transitaron experiencias hasta el límite mientras que los SS mantuvieron una postura de hombres honestos al servicio de un ideal. La vergüenza constituye una doble incursión en la condición de sujetos: estar sujetados, ser sometidos, y pertenecer al orden de lo soberano. Esto implica, en las palabras de Giorgio Agamben, "lo que se produce en la absoluta concomitancia entre una subjetivación y una desobjetivación, entre un perderse y un poseerse, entre una servidumbre y una soberanía" (Agamben, 2000 b: 112). El presupuesto que sostiene esto es, según Agamben, transitar un movimiento pendular de experiencias que va más allá o más acá de lo humano, un umbral de permanente experimentación de corrientes humanas e inhumanas, procesos que implican la conformación de formaciones subjetivas y de desobjetivación. Estas corrientes cohabitan la experiencia aunque no sean coincidentes, y la no coincidencia es el límite que separa o determina el lugar del testimonio. La vergüenza como experiencia subjetiva y pública mina el testimonio de los protagonistas de *El vuelo* y *Villa*, y es por eso que los procesos de subjetivación están organizados a través de las fallas de las imposiciones castrenses y eclesiásticas cuando en las escenas de torturas y eliminación de las víctimas surge lo inminente, aquello que no estaba previsto.

[7.1] El despojo acribillado en *Villa* de Luis Gusmán: Qué hacer con el cuerpo

Beatriz Sarlo (2007) propone que el principio organizativo de *Villa* es la coincidencia como articuladora formal de la trama novelesca. En efecto, las coincidencias dan cuenta de diferentes temporalidades y constituyen momentos en que se ilumina comprensivamente la historia. Otero, devenido chofer de ambulancia, fue uno de los gendarmes que hostigó en las costas correntinas al protagonista y a su primera novia de la juventud, Elena Espinel. Coincidencia clave en el relato es el reconocimiento por parte de Villa de que a la mujer que debe reanimar para que no muera es esa primera novia correntina. Lo mismo ocurre en el encuentro en Corrientes con quien fuera su maestro en el oficio de mosca, el Polaco. Finalmente, Matienzo, el nuevo interventor en la Dirección donde trabaja Villa, es el que antes, en calidad de teniente, lo azuzaba con sus órdenes cuando hacía el servicio militar. Las coincidencias sintetizan el miedo, la cobardía y la contingencia de un tiempo inundado por la inestabilidad y la violencia. El exceso de coincidencias capaces de hacer presente un pasado es, para Sarlo, el magma que delinea una alegoría no en clave infernal sino más bien como modo de convocar una coyuntura con la que Villa es desmañado para poder confrontar; Carlos Villa, en su búsqueda por acomodarse a las circunstancia, consolida una imagen de los miserables en cuanto condición moral y subjetiva. Dice, sentenciosa, la autora de *Una modernidad periférica* a propósito del protagonista:

> Villa [...] no está allí como cifra ni del poder, ni del autoritarismo, ni de la censura. No se trata de los grandes criminales sino de la escoria de los requechos. Sobre una historia hecha de violencia y de furor, *Villa* no interpreta, ni totaliza por ciframiento; no es una hipótesis narrativa sino una *visión*. Secamente, deja ver lo que fue menos espectacular, el mundo de los *segundos* y las miserables astucias del pusilánime. (Sarlo, 2007: 426)

La lectura de Sarlo se detiene en el personaje protagónico y en verdad es éste un centro de gravitación destacado en la ficción. La particularidad de Villa es la búsqueda de un lugar en el mundo desprovisto de una inscripción ideológica setentista en lo que respecta a valores tanto de derecha como de izquierda. El hecho de que esté en el bando hegemónico no implica una elección de ideas y valores sino más bien la comodidad de quien usufructúa del fuerte. Dice Villa sobre sí: "Mi primer trabajo de mosca en Avellaneda: la cabeza en la tierra, el cuerpo en el aire [...]. 'Un mosca es alguien que revolotea alrededor de un grande'" (Gusmán, 1995:26). Es precisamente su oficio de mosca lo que le permite estar al resguardo de un grande, pero al mismo tiempo la protección no concreta un sentido de pertenencia trascendente, como sí acertará en su viaje final hacia Chaco en que "finalmente encontré un lugar" (Gusmán, 1995: 239).

[7.1.1] *Testimonio y confesión: textura del tiempo*

El momento central en la novela *Villa* es la escena que el protagonista reanima a su ex compañera para permitir a los torturadores continuar con las indagaciones. Esa misma escena aparece rememorada en dos momentos de la historia con evidentes diferencias, tratamientos y elisiones. La primera, al terminar la segunda parte de la novela, de carácter narrativo, lineal. En esta oportunidad, el impacto producido en Villa, a raíz de la coincidencia, está elidido hasta que halla la medalla con su nombre. En la segunda oportunidad en que el protagonista rememora aquel episodio, ya en el final de la novela, Villa va al cementerio de la Chacarita a ver a Elena con el nombre apócrifo de Marta Céspedes o Silvia Gutiérrez —le da igual— y vuelve sobre aquel suceso asumiendo haberla reconocido cuando ésta le había hablado antes de intentar reanimarla. La rememoración es central para producir un distanciamiento.

Esta unión entre quien se confiesa y la eventual protagonista de la escucha, sumada a la puesta en relato, a través de la rememoración, da a la historia una singularidad por el enorme protagonismo que exhibe la mediación de los signos como móvil en la configuración del relato. En dos momentos de esa escena se produce un acto de intrusión hacia el cuerpo de la víctima con la inyección de potasio, por un lado, y la apropiación que el protagonista refiere cuando roba algunas de las pertenencias de Estela Espinel, por el otro. La inyección con potasio que va directo al corazón para producir una muerte fulminante y la recuperación de la media medalla con el nombre de Carlos Villa, la intrusión corporal asesina y la ofrenda expropiada sintetizan estos intercambios en la línea desarrollada por Giorgio Agamben a propósito de la profanación. Consagrar para retirar del orden humano la vida y profanar un objeto que debería estar destinado a acompañar al cadáver. El retorno hacia el mismo suceso se puede inscribir como un modo de inteligibilidad y comprensión de lo actuado. La segunda rememoración no logra corresponderse con el tono igualmente asertivo de la primera. Villa no se hace cargo ni quizás sea consciente de la ambigüedad del enunciado.

Según la tesis profanatoria de Agamben se lleva a cabo en *Villa* un pasaje de lo mundano conducente a la muerte –la aplicación de la inyección– y una expropiación, un robo de lo ya sagrado, restituido a la esfera del encierro, con la otra media medalla oculta en el club Olímpico. El tratamiento del cuerpo es central en el capítulo. La organización ministerial lopezreguista perfeccionó el modo de pasar a la clandestinidad a todo detenido sospechoso de subversión. El método de exterminio involucraba tanto al organismo de inteligencia como a la totalidad del Poder Ejecutivo. El problema de toda la organización era qué hacer con los cuerpos de las víctimas. Cummins, despreocupado por esta dificultad, interpela a Villa sobre la posibilidad de ubicar todo cuerpo muerto por tortura en algún sitio: "el cuerpo, el cuerpo, hoy todos parecen preocupados por esa cuestión" (Gusmán, 2006: 154). Villa estúpidamente quería cumplir su rol de médico chequeando las causas del deceso de manera protocolar. El tráfico de cuerpos, certificados falsos de defunción, cambios de identidad y traslados obligatorios de un centro clandestino hacia la morada final, grafican al área de emergencias del Ministerio de Acción Social ya que "se dice que Emergencias se usa para mezclar cajones legales con cajones ilegales" (Gusmán, 1995: 154). La atención puesta en relación a los cuerpos buscaba que estos no fueran hallados. El cuerpo privilegiado en lo que respecta a la focalización del narrador es el de Elena Espinel. Cuando Carlos Villa la ve por primera vez en el cuarto de torturas, con su rostro desfigurado. En esa primera observación, los ruidos y quejidos corporales señalaban la gravedad de los castigos. Villa interpreta esos quejidos como pánico instintivo de defensa ya que, inconsciente, llevaba las manos a la cara. En el final de la novela, Villa sostiene haber reconocido a Espinel cuando escuchó la voz de la mujer que le hablaba. Sin embargo, en el relato del último capítulo de la segunda parte –que es el que cuenta el suceso linealmente– no surge tal reconocimiento. El narrador ejemplifica esta idea:

> Me puse a buscar en la agenda el teléfono de Seoane, y cuando estaba de espaldas, ella me habló.
>
> –Sacame, no doy más.
>
> Me estremecí con ese balbuceo, pero más por lo que ella me pedía […]. Sin darme vuelta, <u>sin saber a quién le hablaba</u>, le dije:

—Soy médico, mi obligación es salvarte la vida.

—Si sigo viva me quiebro y eso... (Gusmán, 2006: 179, el subrayado es mío)

Ante la súplica, los delirios de dolor y la inconsciencia, Villa decide darle primero una inyección para sedarla, aliviarle el dolor y luego otra para matarla instantáneamente. Su acción compasiva es referida por el médico como automatizado. Acción que no remite a una reflexividad. La máquina de eliminación biopolítica recuperaba la expresión de la muerte: "iba adquiriendo una rigidez casi inmediata, y la máscara de la cara se le contraía en un grito ahogado no sabía si de alivio o de horror" (Gusmán, 2006: 181). Villa también entró en un vacío de la experiencia que parece ser un gesto ambivalente, indeterminado del horror de la escena y de la posibilidad de no tolerar quién era la persona que había atendido. Luego, Villa observa las pertenencias de la mujer y decide robarle la medalla. Esa medalla y el broche con forma de caballo que hurtó cuando Firpo —su antiguo jefe— había muerto sorpresivamente, constituyen un gesto reiterado y rememorado por el protagonista: "es la segunda vez que le robo a un muerto" (Gusmán, 2006: 182). Él se siente sonámbulo en la atmósfera en que despide a la mujer. En este momento decisivo del robo, el mosca advierte que la mujer torturada era su ex compañera.

Algo brilló: una cadena y un pedazo de medalla en la que me encontré con mi nombre. Sentí un dolor, una puntada en el corazón, la misma puntada que cuando, de espaldas en la habitación, oí esa voz. La voz era de Elena [...] y estuviera casi desconocida vestida de soldado [...]. Me pareció que era nombre de un muerto. (Gusmán 2006: 189)

El protagonista ve su nombre por el brillo que el metal produjo en sus ojos. El dolor y la puntada invaden la reunión del sujeto con los objetos profanados y es la misma sensación que advierte el narrador cuando escucha por primera vez a la mujer. Es en el momento del brillo y esplendor en que se produce el reconocimiento cuando se lleva a cabo la conciencia de quién es esa mujer. La mediación de los signos remite a la mujer que tenía enfrente. Su nombre propio en el metal es otro signo que le devuelve la imagen de su muerte. La comprensión es finalmente concretada cuando ve la medalla y el pasado que había unido a ambos.

[7.1.2] *El regurgitar del Río de la Plata*

> –Acá no la podemos dejar [...]
> –Si la encuentran muerta acá mañana los de los Servicios
> se nos van a venir encima. Y se van a reír de nosotros [...]
> –La podemos tirar al río –dijo Cummins casi consultando
> a Mujica como si quisiera desprenderse rápidamente del
> cadáver.
> –Es peligroso. El río siempre devuelve los cadáveres.
> –¿Entonces? [...]
> –Hay que conseguir un documento falso y enterrarla en la
> Chacarita con otro nombre.
>
> Luis Gusmán, Villa. (1995)

El Río de la Plata adquiere una fisonomía potencial como lugar del arrojo de cuerpos. La presunción de Cummins acerca de que no conviene arrojar un cuerpo al río porque este lo devuelve señala, precisamente, lo que luego de la triple A sí se consolidará como técnica de arrojo de cuerpos. Desde 1976 se estimó que el estuario podía de un modo sistemático contener los cadáveres con la presunción oficial de que estos no volverían al continente si se asumían los resguardos necesarios: distancia apropiada de la costa, control de las corrientes fluviales hacia la orilla y, eventualmente, cuerpos que debían maniatarse y ser envueltos con frazadas. El comentario de Cummins revela un saber: la experiencia ya consumada en otro tiempo que lleva a sentenciar que el Río de la Plata devuelve los cuerpos. En el testimonio/revelación de Scilingo se explicita claramente la perfección de la técnica de eliminación. En *Villa* se organizan una serie de condiciones capaces de representar la superficie apacible del Río de la Plata en tanto lecho mortuorio. Los aviones, la visibilidad de un río que, por el momento, no es oportuno utilizar como espacio de desaparición. Asimismo, la tortura y el dinero constituyen las herramientas necesarias que garantizan los modos de extracción de información y sistema de silenciamiento.

Unas semanas después de producida la muerte de Elena Espinel, Villa se dirige al cementerio de la Chacarita que era la única información confiable y segura que tenía del último destino de Elena. Sabía que presumiblemente el nombre apócrifo que tendría sería el de Marta Céspedes. Como no encuentra esta referencia, indaga las fechas de entierro hasta llegar a Silvia Gutiérrez con datos de nacimiento y defunción coincidentes con los de Espinel. Villa inicia así una búsqueda de la tumba cuyo cuerpo se encontraba desaparecido. Nuevamente, como *leitmotiv* de la novela, el hallazgo de esta mujer está condicionado por las referencias sígnicas –las dataciones de nacimiento y muerte– de que lo conducen hasta la tumba.

Villa será especialmente consciente que al hablarle lo hará al montículo de tierra que de algún modo la nombra y sustituye. También le arrebata al nombre propio que figura en la cabeza de la sepultura su virtual identidad para, en este gesto profanatorio, asumir la palabra. Roba la identidad de una muerta para adosársela a su antigua compañera. Esa indagación por llegar hasta la tumba de la mujer era para el mosca una "obligación inclaudicable" (Gusmán, 2006: 243). Esa necesidad se traducirá en una obsesión por hablar y confesarse ante la correntina:

> Preferí esa hinchazón de la tierra casi escondida que sobresalía tímida pero implacable para decirme que ahí había un cuerpo que tenía un nombre […]. Qué me importaba quién era Silvia Gutiérrez a quien no necesitaba inventarle una vida sino arrebatársela. Arrebatarle la vida que pudiera tener para dársela a Elena, porque esa cruz y ese nombre eran sólo la excusa para que yo pudiera *conversar o confesarme ante ella*. (Gusmán, 2006: 241, el subrayado es mío)

La confesión se concreta a partir de la elección de una tumba. En este acto de confesión se ordena la totalidad del relato contándole qué pasó aquella noche cuando quedó inconsciente en la sala de torturas. El efecto de la escena es la típicamente reconocible en un cementerio: Villa deja flores y limpia la tierra donde está depositado el cuerpo. Todo el monólogo sostenido en su encuentro es un símil diálogo ya que pareciera esperar en todo momento una respuesta para rápidamente retomar su discurso. En el primer tramo de su intervención, Villa reconoce que en la sala de torturas "cuando oí tu voz me pareció un sueño real, y me di cuenta de que no te había olvidado nunca" (Gusmán, 2006: 243). Hubo en la muerte de Estela una reafirmación de su condición de estar vivo. Sin embargo, cuando ve su nombre, Carlos Villa, en la medalla, la sensación es la de sentirse un muerto. En el principal tramo de su confesión, el narrador cuenta toda la información extraída de ella desde que se separaron. El cinismo inunda el relato del mosca y la doble vergüenza que le provocaba que Elena fuera guerrillera y él, un médico cobarde. También en cada pasaje de su intervención, el tono de la narración cambia de acuerdo con la temática y afectación de lo narrado:

> ¿No estás más segura ahora tapada con ese montoncito de tierra, sin sentir nada, ni frío, ni miedo, ni incertidumbre? […]. En estos doce años hubo alguna posibilidad de volver a encontrarnos […] me avergonzaba y me daba miedo tu carrera política […] pensé que me despreciarías por el rumbo que había tomado mi vida. Y ése era un punto en el que nunca hubieras claudicado. (Gusmán, 2006: 244)

La escena posterior a las torturas es definida por el narrador como autómata. En la aparente desafectación de este acto también surge en él la compasión de querer quedarse junto a ella sabiendo que la noche y la soledad le provocarían miedo. Su justificación del asesinato fue la necesidad ante una circunstancia que lo exponía en relación a sus superiores, y también como gesto de compasión, al pretender quitarle el sufrimiento, negando en una misma decisión, una orden precisa de sus superiores. En el cierre de su confesión se intercala la estupidez de una duda sobre el ritual de la sepultura y la ternura de haber acompañado en la distancia su entierro final:

> No sé, Elena si hubo oficio religioso. A la hora en que calculé que era tu entierro, recé. Después puse *La danza del fuego* de Falla para verte como te imaginabas el día de tu muerte. Faltaban las camelias blancas, las traje después. Ahora [...]. Ahora me voy a dar vuelta y te voy a dar la espalda como le doy la espalda a todas las cosas que me duelen y que quiero ignorar. (Gusmán, 2006: 248)

Junto a estos temas del pasado, Villa repasa especialmente la noche en que Elena murió en sus manos. Ahora bien, *Villa* sí tematiza las condiciones técnicas y materiales de una operación institucional, burocrática, que se consolida desde los comienzos del último período presidencial de Juan Domingo Perón, su continuidad con el lópezrreguismo hasta los comienzos de la última dictadura cívico-militar argentina: "A veces me encontraba contemplando el mapa. Mi mirada se perdía en ese país extenso que decían que se estaba cubriendo de cadáveres" (Gusmán, 2006: 114). El Río de la Plata, en la temporalidad de esta novela, no es valorado como lugar de lo siniestro. ¿Cómo se construye la representación del terror? El dinero cierra la boca y el dolor la abre, afirma uno de los torturadores que acompaña a Villa. El cuerpo es el punto de ataque tanto del médico como del castrense: "El miedo es paradójico, es la mejor metodología en algunos casos, pero al mismo tiempo escapa a toda metodología. Un hombre con miedo es como una granada siempre a punto de estallar" (Gusmán, 2006: 236). Se observa en la ficción un preludio: las condiciones operativas e históricas capaces de consolidar un modelo de exterminio perfeccionado.

La no proyección del estuario platense como depósito de cadáveres será sí tratado con el avance del totalitarismo militar. No obstante, todas las condiciones materiales y simbólicas del terrorismo están activadas: secuestros, torturas, desapariciones de cuerpos con cambios de identidad. Pero en la materialización de las desapariciones, los genocidas reconocen el derecho del cadáver a un lugar en el camposanto. La hinchazón de tierra en el cementerio le permite identificar un lugar y en la ceremonia de despedida, narrar lo pasado y cerrar provisoria o definitivamente un tiempo. Este gesto de narración y duelo no está en los otros relatos indagados, lo que remite a un aspecto decisivo de la desaparición de cuerpos y la imposibilidad del duelo.

El Ministerio de Bienestar Social lopezreguista fue Salud Pública y, antes, Aviación Sanitaria "Cuando todavía tenía el automóvil oficial y Salud Pública no se había convertido en Bienestar Social" (Gusmán, 2006: 18). Los personajes se enrolan según la coyuntura o bien "Villalba […] antes era manriquista; ahora, lopezreguista" (Gusmán, 2006: 29) y luego cedió aunque con una relativa resistencia a las instrucciones de López Rega. Villa pasó de un funeral a su boda y reconoce un signo de su tiempo. También el Ministerio es el espacio que caracteriza y cifra metonímicamente el país de entonces: "Están pasando cosas pesadas en el país. Hay gente que desaparece y dicen que la central de operaciones es ese Ministerio […]. Lo que sucede en el Ministerio tendrá que ver con lo que sucede en el país y viceversa" (Gusmán, 2006: 85). La sospecha en el imaginario público sobre las desapariciones eran evidentes y hacia el interior del Ministerio de Seguridad Social se montaba un código cifrado que permitía producir cómodamente el tráfico de cuerpos y detenidos.

La construcción del terror en esta novela toma una definición decisiva en la racionalidad castrense: el miedo es caracterizado, por la organización lopezreguista, en su condición paradojal, ya que el efecto producido por el plan de terror es inminentemente infeccioso, aunque la dificultad de su gobierno estribe en la incertidumbre de no saber qué hace un hombre con el miedo ante los propósitos de secuestro, obtención de información y eliminación. El personaje Villa, además de ser la "escoria de los requechos" (Sarlo, 2007: 424), muestra dos gestos decisivos para captar un movimiento particular en la construcción de quien intervino en el genocidio: a diferencia de la lectura de Agamben sobre los nazis, que siempre mantuvieron una identidad regida por el principio de la mismidad, que murieron creyendo ser buenos alemanes, Villa se solidariza con la vidente para que esta no sea capturada y muestra un comportamiento de compasión al aliviar el dolor de su primera novia en la sala de torturas. Con estos gestos se crea, por extensión, la posibilidad de otorgar, fugaz, arbitraria y caprichosamente, al otro/abyecto/subversivo un rasgo de condición humana. La maquinaria biopolítica expone, al igual que "La colonia penitenciaria" de Franz Kafka, una falla: la incertidumbre que suscita en el aparato del terror la imprevisibilidad que supone para quien debe reanimar a una víctima, el encontrarse en la sala de torturas con su propio nombre y, en él, el pasado que vuelve a través de la voz. El cuerpo de quien implora una muerte que la redima del sacrificio de la tortura.

[7.2] La confesión imprevista de Adolfo Scilingo en *El vuelo* [1995] de Horacio Vertbitsky: el traspié de la conciencia

> El médico aplicó a cada detenido una sobredosis de Penthotal y se fue a la cabina [...]. Vaca y yo comenzamos a desvestir a cada uno. Le avisé al piloto que estábamos listos. Las 13 personas estaban desnudas, semi-sentadas y dormidas, apoyadas unas contra otras, del lado izquierdo del avión. Igual a una escena de un campo de concentración de la II Guerra Mundial. Desde la cabina ordenaron abrir la puerta trasera [...]. El suboficial mantendría la puerta sujeta con el pie de modo que sólo dejara una abertura de unos 40 centímetros. Vaca me fue acercando los cuerpos dormidos y los fui empujando uno a uno al vacío [...]. En determinado momento patiné en el piso de acero y casi caigo. Entre Vaca y el suboficial lo impidieron. Terminamos con los que faltaban. Cerramos la puerta. Avisé a la cabina y me senté donde minutos antes había 13 personas vivas.
>
> Adolfo Scilingo, diario *El país*, 2005

El testimonio de Adolfo Scilingo con el que comienza este apartado sintetiza la crisis subjetiva iniciada a raíz de la asunción de una función que exterioriza un movimiento de interpretación y comprensión de lo actuado por los torturadores y verdugos. La tortuosidad con la que caracteriza y da cuenta ulteriormente de la experiencia narrada permite aproximar –al menos tímidamente– a la zona gris propuesta por Giorgio Agamben, no en el sentido de que el verdugo se vuelve víctima, sino más bien en la posibilidad de producir una suerte de ambivalencia en los supuestos políticos e ideológicos a partir de los cuales se sostuvo el accionar a lo largo de los años. Scilingo decide confesar lo ocurrido y es especialmente selectivo a la hora de elegir a su confesor. Sabe que con Horacio Vertbitsky las réplicas, contra-argumentos e interpelaciones no se harán esperar. La confesión de Scilingo presupone el interés por establecer un cambio que lo sitúe en otro lugar. El fragmento recuperado en el epígrafe tiene intensidad en la síntesis. La utilización de los pretéritos perfectos simples impulsa la acción y dan en el conjunto atributo no sólo de acabamiento de la misma, sino además un efecto de cúmulo: 'aplicó', 'avisé', 'fue', 'ordenaron', 'comenzamos', 'fui', 'patiné', 'senté', etc. Hay en el testimonio una saturación por sumatoria de términos, señalando en primer plano el cumplimiento del mandato. Así, la obediencia de la orden, el traspié y el final de la tarea —muy próximo en el espacio y el tiempo al ocupar el lugar de los que ya no están para poder descansar– se constituyen en indicadores que dominan el modo de representar el pasado. Grafican esta articulación de irreflexibilidad y/o desobjetivación de la cual la mediación del tiempo devendrá en culpa y búsqueda de inteligibilidad. La utilización de los pretéritos imperfectos constituye más que un inacabamiento de la acción en el pasado, una fuerza capaz de rodear a los verbos en la representación de una imagen. La secuencia de adjetivos, desnudas, semi-sentadas y dormidas, dan al testimonio una mayor exposición de vulnerabilidad y soledad de los cuerpos y remiten a otras escenas, las del gran relato biopolítico del siglo XX: los campos de exterminio nazi. La circunstancia en la que el espacio es ocupado por los verdugos donde antes estaban las víctimas.

Scilingo aclara la confusión inicial y dice ser en verdad amigo de Rolón, esto es, haber ocupado el rol de victimario dentro del centro clandestino de detención. En una primera entrevista, Scilingo, al margen de querer narrar el horror, procuró justificar lo actuado por la Armada dada la singularidad de aquel tiempo pero, al mismo tiempo, es consciente del horror de la práctica efectuada. Scilingo le comenta a Vertbitsky la carta enviada tanto al presidente Menem como a la jerarquía militar de entonces y la posterior indiferencia que éstos tuvieron en relación a la réplica de Scilingo: "Léala pero no se preocupe por retener los detalles, porque le voy a dejar una copia. Usted va a ver que hicimos cosas peores que los nazis" (Vertbitsky, 2006: 18).

El autor de *El vuelo* retoma el comentario del contralmirante (R) Horacio Mayorga acerca de la experiencia límite del seleccionado de rugbiers uruguayo que, en la década de 1970, protagonizara el conocido suceso del accidente en que los sobrevivientes debieron comer carne humana para poder sortear la peripecia extrema que los contenía. El período político setentista que describe Mayorga es caracterizado como una guerra en la que se debía ganar bajo todos los medios disponibles y si los jugadores uruguayos asumieron una práctica antropofágica no los convertía en asesinos ni caníbales sino en responsables de sus actos excepcionales. Como acotación general de este suceso, el Papa, en aquellos años, justificó lo actuado por los sobrevivientes en la cordillera, ya que la Iglesia defendía la lucha de la vida por encima de cualquier acción, y los representantes eclesiásticos recordaron el pasaje bíblico mediante el cual Jesús, en la última cena, ofreció, alegóricamente, su cuerpo a través de la ingesta del pan. Las autoridades eclesiásticas determinaban como autoridad religiosa, una vez más, los justificativos de los órdenes mundano y divino. En ese marco explicativo y simbólico, la Iglesia imploró misericordia y clemencia por parte de la comunidad católica hacia aquellos deportistas que debieron transitar la experiencia límite de la antropofagia.

Los términos "miseria" y "corazón" y la expresión adjetiva "los demás" son las tres palabras que, en su origen latino, componen el término español misericordia (Corominas, 2008); de manera que, más allá de la referencia etimológica, tener el corazón fraternal hacia aquellos que padecen necesidad o miseria sintetiza la disposición a compadecerse por el prójimo. La palabra misericordia se emparenta, además, con el término hebreo *ra-jamím* y la palabra griega é-le-os que, reunidas, conformarían misericordia. Una de las significaciones de este término en la tradición occidental se orienta al sentimiento de irradiar compasión, muy vinculado a la palabra "matriz" y, por extensión, al sustantivo "entrañas", las que se ven afectadas ante un impacto profundo que se extiende a la compasión. El perdón y la reconciliación caracterizan los mayores gestos misericordiosos. Más que una actitud, el término consigna más bien una práctica. La palabra denota la virtud de benevolencia en el marco de un juicio o castigo y, por extensión, la de todo acto de confesión. Para la tradición cristiana, la misericordia es considerada un atributo divino y, a diferencia de la lástima, la compasión remite a la reflexión provocada por el impacto del mal, mientras que la lástima se sitúa en la afectación de los sentidos sobre el mal que aqueja a alguien. Se dice que la compasión es un sentimiento verdadero mientras que la lástima atraviesa un sentimiento ligero y, en algún sentido, banal. La religión católica ha impulsado la enseñanza de búsqueda de la misericordia divina a través de acciones espirituales y corporales. En, al menos, dos pasajes bíblicos (Mateos, 9: 10-13 y 12: 1-7) Jesús reprende a los fariseos por tener una actitud inmisericorde con los extranjeros y les exige un gesto compasivo y no de sacrificio hacia el foráneo, una actitud activa de entrega y compasión. Entre las catorce obras misericordiosas que impone la Iglesia Católica, siete espirituales y siete materiales, figuran: corregir al que yerra, liberar al cautivo y enterrar a los muertos (Fourez, 1991, *Catecismo de la Iglesia Católica*, 2005).

En *El vuelo* existen diversas alusiones vinculadas con el catolicismo o la exégesis bíblica. Scilingo recuerda la explicación eclesiástica que los capellanes le daban para justificar el arrojo de personas vivas al Río de la Plata. En tanto su interlocutor, Horacio Vertbitsky, que se había especializado en temas asociados con la curia romana y la jerarquía eclesiástica en Argentina para analizar las responsabilidades en los delitos de lesa humanidad, no se demoró en rebatir las forzadas interpretaciones. De manera que las réplicas y argumentaciones en esos dos órdenes de discursos, el de Scilingo que validaba la exégesis de los capellanes y la de Vertbitsky agudamente crítico de ellas, exhiben un tratamiento dialéctico en relación a la disputa de ideas sobre el asunto religioso y sus proyecciones prácticas en los delitos. Para Scilingo el conjunto de camaradas militares de toda la institución militar constituían una comunidad. Esta comunidad replicaba el discurso nacionalista y bélico de los años de plomo en cuanto a que el país transitaba una situación de extrema vulnerabilidad y riesgo de desintegración por un enemigo interno destituyente de un Estado nación forjado desde los orígenes mismos de la Argentina y las Fuerzas Armadas. A la excepcionalidad de esa guerra se le correspondía la excepcionalidad de la lucha y exterminio del otro. En uno de los diálogos que los interlocutores mantienen a propósito de la explicación comunitaria de los militares, se lee:

> –¿En qué consistía esa comunión?
>
> –Era algo que había que hacer [...].
>
> –La palabra comunión tiene un componente místico, carismático.
>
> –Sí. Era así. Cuando se recibía la orden no se hablaba más del tema. Se cumplía en forma automática. (Vertbitsky, 2006: 33)

Vertbitsky interpela a Scilingo en cuanto a que el término comunión exhibe un sentido de carisma, piedad y religiosidad. Connotación que se apartaba de la escena de tortura y desaparición de personas. Su interlocutor resignifica el alcance de tal expresión para situarla en un aspecto de celeridad y eficiencia militar de la tarea aceptada. La desviación semántica del término es declaradamente inverosímil. Una suerte de sacrificio para un bien supremo de la nación. En tanto ritual sacramental, la comunión remite a una ceremonia decisiva de la vida cristiana. En ella, una persona participa por primera vez del ritual sacramental de la eucaristía con el fin de recibir el cuerpo y la sangre del hijo de dios. La penitencia y la confesión de los pecados son el primer requisito para acceder a la entrega del cuerpo divino. Este ceremonial se remonta a la última cena que Jesucristo dio a los doce apóstoles la noche previa a la traición de Judas. Como acto de conciencia, el ritual provee al creyente, según la iglesia, la primera experiencia de revelación espiritual. La solemnidad del acto, obliga a sus participantes mantener una actitud de entrega y silencio para recibir la ofrenda prometida. La dimensión de esta práctica revela un sentido simbólicamente antropofágico. La comunión conformada en el interior del campo de la ESMA se apropia de las implicancias religiosas e incluso una atmósfera típica del ritual si se estima el imperio del silencio que había en todas las prácticas que se llevaban a cabo allí, a excepción, como contraste, de los gritos y sollozos de las víctimas. La existencia misma de los capellanes conteniendo las inminentes reservas morales que cada soldado tenía, agregaba al espacio de la tortura una significación suntuaria. Dice Adolfo Scilingo a propósito del vínculo que entabló con la iglesia una vez realizado el primer vuelo e insistiendo en el hecho de que ese tema no se podía hablar con nadie a excepción de la confesión religiosa:

> Desde el punto de vista religioso, charlado con capellanes, estaba aceptado.
>
> –¿Los capellanes aprobaban el método?
>
> –Después del primer vuelo [...] me costó a nivel personal aceptarlo. Al regreso, aunque fríamente pensara que estaba bien, interiormente la realidad no era así. Creo que es un problema del ser humano, si hubiese tenido que fusilar me hubiese sentido igual. No creo que a ningún ser humano matar a otro le cause placer. Al día siguiente no me sentía muy bien y estuve hablando con el capellán de la Escuela, que le encontró una explicación cristiana al tema. No sé si me reconfortó pero por lo menos me hizo sentir mejor.
>
> –¿Cuál fue la explicación cristiana?
>
> –Decía que era una muerte cristiana, porque no sufrían, porque no era traumática, que había que eliminarlos, que la guerra era la guerra, que incluso en la Biblia está prevista la eliminación del yugo del trigal. (Vertbitsky, 2006: 38)

De manera que, en un gesto de misericordia divina, el subversivo debía ser apartado del orden mundano para preservar la obra divina de dios. Así, el otro debía ser sacralizado para que en el terreno humano se preserve el trigo. Por fuera de la confesión de Scilingo, Vertbitsky analizó en diversas investigaciones periodísticas las responsabilidades de la iglesia por haber sido cómplice del golpe militar y responsable directo del plan sistemático de desaparición de personas. En ese plan de investigación, publicó en el año 2010 la *Historia política de la Iglesia Católica. La última dictadura (1976-1983). La mano izquierda de Dios*. En este tomo, el autor articula los diversos mensajes públicos y diplomáticos orientados a justificar el plan criminal militar y analiza en detalle los modos en que las autoridades de la iglesia y los discursos vinculados a la feligresía otorgaban una práctica conjunta de solidaridad hacia la jerarquía militar mientras se planificó y ejecutó la última dictadura cívico militar. Dice el autor de *El vuelo*:

> Hacia afuera, la Iglesia Católica constituía una de las fuentes de legitimidad del gobierno militar. Hacia el interior de las propias filas castrenses, santificaba la represión y acallaba escrúpulos por el método escogido, de adormecer con una droga a los prisioneros y arrojarlos al mar desde aviones militares [...] una forma cristiana y poco violenta. (Vertbitsky, 2010: 40)

En la cita anterior se capta el lugar de legitimación que ostentaba la iglesia con su capital simbólico. Se constituía como un marco de contención hacia las filas de militares que se encargaban de ejecutar las órdenes y, como consecuencia, no toleraban el impacto emocional y moral de lo actuado. La Iglesia asumía un rol execrable al forzar la exégesis bíblica para que el plan sistemático de desaparición de persona pudiera llevarse a cabo desde la complicidad de una de las instituciones más legitimadas socialmente.

La delegada de la Organización de Estados Americanos que visitó la ESMA en el año 1978, Patricia Derian, mantuvo una entrevista con Eduardo Emilio Massera a propósito de las detenciones ilegales de civiles. Derian recuerda especialmente de ese encuentro la última interpelación que le realizó a Massera:

> Es posible que mientras nosotros estamos hablando, en el piso de abajo se esté torturando a alguien; entonces sucedió lo que realmente fue asombroso: él me sonrió con una enorme sonrisa, hizo el gesto de lavarse las manos y me dijo: "Usted recuerda lo que pasó con Poncio Pilatos". (Damico, 1999: 37)

La invocación a Pilatos por parte de Massera, el intercambio verbal entre Vertbitsky y Scilingo sobre la argumentación religiosa por parte de los capellanes que justificaba la desaparición de personas organizan una relación específica del acontecimiento biopolítico alrededor de la ESMA y su vínculo religioso. Para Giorgio Agamben (2014) la escena en que la eternidad se encuentra con la mundanidad y el tiempo humano con lo divino tomó la forma de un acto procesal jurídico: el juicio en el que intervienen Jesús y Pilatos. De esta referencia bíblica surge la reflexión, en la mirada de Agamben, de que al no consumarse una sentencia, el suceso en cuestión fue una entrega de Jesús por parte del juez a los judíos. Esa performance no resolvió la crisis –*kríno*– en cuanto decisión y resolución de un conflicto, al contrario, la dejó irresoluta en el devenir cultural. De este modo, el juicio a Jesús es una clave alegórica de la modernidad tardía. Dice Agamben:

> En cuanto insalvables, las criaturas juzgan lo eterno: esta es la paradoja que, al final, frente a Pilato, le quita la palabra a Jesús. Aquí está la cruz, aquí está la historia [...]. Pilato, con su falta de resolución dividió para siempre los dos órdenes [...]. El indeciso –Pilato– no hace sino decidir, el decidido –Jesús- no tiene ninguna decisión que tomar. (Agamben, 2014: 54)

La perplejidad de Patricia Derian vinculada a la respuesta negligente que Massera le dio a propósito de la represión en la ESMA actualiza un sentido de la crisis descripta por Agamben. Ese sentido involucra la resolución por parte de los genocidas de entrega de la vida humana al sacrificio consagratorio por parte de un Estado que veía en los detenidos una amenaza a sus proclamas liberales. El aparato represivo de Argentina juzgó no lo eterno –tal como fue la acusación del sanedrín ante Pilatos– sino la amenaza de un orden humano con una argumentación teológica. La cruzada pudo prescindir de un juicio y si bien el accionar fue inquebrantable entre sus verdugos, las dudas adquirieron la forma de la sintomatología psicoanalítica: lapsus, pesadillas, somatización y culpa.

[7.2.1] Camuflaje y mimetismo

Scilingo revela una reunión de instrucción en el primer año del gobierno de facto en el que el almirante Luis María Mendía explicó la singularidad del momento y los procedimientos que se utilizarían en la guerra contra la subversión. Si en el período de la Colonia los uniformes diferenciaban una facción de la otra, en los tiempos presentes, la estrategia sería la mimetización como modo de controlar al enemigo. Esto significaba que los justicieros se vestirían como civiles subversivos a la hora de actuar. En efecto, en la zona de torturas y en la captura del enemigo, la Armada y todas las fuerzas encargadas de la detención y exterminio utilizarían ropa de civiles para confundirse y no ser reconocidos por su grado y nombre propio. De hecho, cada torturador emplearía un nombre de pila. A este cuadro de camuflaje se le agrega el uso de los Falcon sin patente como estrategia de no identificación y también emblema de miedo. La protesta que hace el ex Capitán de corbeta es la reprobación sobre el manto de silencio que rodeó a las Fuerzas Armadas a la hora de tener que explicar. La vergüenza es para Scilingo producto del silencio y el misterio. La ausencia de órdenes legales amparadas en la excepcionalidad de la guerra blindó la posibilidad de contar lo ocurrido, ya que todo fue tramado y pergeñado desde la clandestinidad. La formulación de Scilingo es que, terminada la guerra y habiendo pasado un tiempo prudencial se debe explicar a la sociedad qué pasó y bajo qué circunstancias. Esa asunción de la palabra implicaría una cura para la República, "que se sepa no sólo qué se hizo, sino que es obligatorio que se entreguen las listas de abatidos o muertos, por el sistema que sea para que de una vez por todas se termine con esa situación insólita de los desaparecidos" (Vertbitsky, 2006: 36). El relato y la confesión de lo actuado implican una traducción de términos en los que se niega la locución *desaparecido*, ya que el método aceptado por la organización militar era la eliminación y esto implicaba, negación mediante, una desaparición. Además, en la Armada, según el ex capitán de corbeta, no se secuestró, torturó ni eliminó; en su lugar, Scilingo habla de detención, interrogación y eliminación de los subversivos. Nótese que el último término perdura en ambas secuencias. Y es precisamente la equivalencia de este vocablo, desaparecido, lo que remite, una vez más, al programa de eliminación de personas propiciado por el Estado.

Dos espacios privilegiados cifran la dimensión biopolítica del exterminio además del indiscutible protagonismo que tuvo el Río de la Plata en el relato de Adolfo Scilingo. Estos dos lugares son la ESMA y el interior de los aviones. En la ESMA aparecen descriptos parte de las habitaciones de torturas y también del Campo de deportes, en donde se cree, según el autor de *El vuelo*, se sembró con cadáveres quemados o enterrados. Scilingo ratifica que hubo cremaciones que trajeron problemas con los ayudantes civiles en el depósito donde se buscaban neumáticos para producir la quema. Los exterminios no eran frecuentes ya que rara vez se producían decesos por excesos de torturas. No obstante, la condición para subir a un avión y ser arrojados a las aguas del Río de la Plata era estar vivos. La quema resolvía el problema de la eliminación.

La culpa es el detonante final de la confesión. En el otro extremo está el traspié, veinte años antes, mientras realizaba el vuelo sobre el Río de la Plata. La culpa tiene cuatro escenas perfectamente identificadas por Scilingo: los dos vuelos en que interviene para arrojar cuerpos, la persona que reconoció mientras era torturada en la ESMA y el sonido de los grilletes y cadenas mientras eran conducidos los detenidos tanto en la ESMA como en el ascenso a los aviones. En la organización de la selección de prisioneros, el traslado hasta los aviones y el arrojo al vacío nada quedaba librado al azar. Intervenían aviones Skyvan de Prefectura Naval Argentina y los Electra de la Armada Argentina. Los primeros se abrían por una portezuela en la parte trasera. La abertura de la puerta de unos cuarenta centímetros alcanzaba para empujar los cuerpos en dirección a las profundidades del mar. En los Electra, la puerta de arrojo daba sobre uno de los costados. Recuérdese el diálogo entre los interlocutores de *El vuelo* que describe fragmentariamente el espacio y el momento último de las víctimas del terrorismo de Estado:

–¿Y los oficiales superiores dónde iban?

–Iban sentados y después durante la operación se pararon y estaban ahí mirando.

–Miraban.

–Sí, sí. Miraban.

–Pero no participaban.

–Bueno, que no participaran…

–Evidentemente sí participaban y ése era precisamente el sentido de su presencia.

–Claro.

–¿Por qué no intervenían activamente, con sus manos?

–Porque no era necesario.

–¿Cómo llevaban a las personas dormidas hasta la puerta?

–Entre dos.

–¿Los arrastraban?

–Los levantábamos hasta la puerta.

–Ellos permanecían dormidos.

–Totalmente dormidos. Nadie sufrió absolutamente nada.

–¿Nunca hubo ninguna excepción?

(Esta pregunta parece inquietarlo más que otras. Piensa y repiensa antes de contestar) (…)

–No, no, no.

–¿Y su resbalón a qué se debió?

–Patiné, porque es metálico el piso del avión, y casi me voy para abajo, haciendo fuerzas moviendo el cuerpo de los subversivos (…)

–¿Qué cantidad de personas calcula que fueron asesinadas de ese modo?

–De 15 a 20 por miércoles.

–¿Durante cuánto tiempo?

–Dos años. (Vertbitsky, 2006: 57)

Los detenidos eran ubicados en uno de los lados del avión, amontonados y sentados. Los oficiales que acompañaban la logística estaban sentados en la parte delantera y sólo se levantaban para ver el arrojo. Su función era la de asistir y ser testigos del acontecimiento. Todos los detenidos, dormidos, eran acompañados por Scilingo y un oficial más que lo ayudaba a expedir a los detenidos. Previamente, en la ESMA se les daba una primera inyección que los adormecía creyendo que era una vacunación obligatoria de traslado hacia otra unidad penitenciaria del sur. Según Scilingo, durante un tiempo estimado de dos años se arrojaron entre 1500 y 2000 personas con esta metodología, por lo general los días miércoles. Luego de salir de Aeroparque, se daban las instrucciones a la tripulación sobre el recorrido del viaje. La base aeronaval de Punta Indio era un punto obligado antes del destino final de los apresados. Todo estaba controlado, menos la reacción de la tripulación ya que los ayudantes eventuales se anoticiaban en vuelo del objetivo de la misión. En algunos casos se registraron escenas de tensión y crisis en muchos que no toleraban lo que se les encomendaba hacer. Esto sucedió en un avión Skyvan. Luego del incidente con el cabo, Scilingo prosiguió con su tarea ordenada. El rol del médico en vuelo era inyectarles la última dosis que los dormía profundamente. Por el juramento hipocrático estaban excluidos de arrojar o ver el arrojo de cuerpos. Scilingo pasó de la obediencia inclaudicable a sus autoridades, de los argumentos débiles que no cuestionó, a la soledad total con su conciencia. La orilla oriental se menciona cuando el narrador de la historia recuerda que el 6 de septiembre de 1976 se cumplían 46 años del primer golpe militar. En esa oportunidad se arrojaron al Río de la Plata tres jóvenes mutilados y maniatados. El resto de los arrojos no se hicieron esperar y en Uruguay no dejaron de aparecer cadáveres sobre sus costas:

> El primer cadáver fue hallado pocos días después de la instalación del nuevo gobierno militar argentino. Estaba desfigurado y su identificación resultaba problemática. Oficialmente el Uruguay informó que por los rasgos podría ser un japonés o coreano, y el periodismo rioplatense ideó una fantástica orgía asiática en alta mar, que habría concluido trágicamente [...]. El río siguió depositando sus misteriosas cargas en las playas atlánticas del Uruguay [...]. Algunos cadáveres estabas tajeados, otros carecían de miembros, y a la mayor parte les faltaban las uñas de manos y pies. (Vertbitsky, 2006: 78)

Vertbitsky recuerda los testimonios de uno de los sobrevivientes de la ESMA que vio el cuerpo sin vida de Rodolfo Walsh totalmente desfigurado por el impacto de las balas. Ese testimonio especula que el cuerpo de Walsh fue uno de los quemados en los fondos de la ESMA, después del Campo de deportes, en los terrenos ganados al Río de la Plata. En este sentido, en la escena del traspié de Scilingo se ejemplifica el vacío dejado por la organización militar en lo que respecta al efecto que produciría la orden en quienes debían ejecutarla. La atención de los militares estuvo puesta en que los verdugos no revisaran sus actos a partir de las explicaciones teológicas e ideológicas. Empero, la contundencia de lo realizado implicó un impacto subjetivo imprevisto: "Al dormirse revivía el vuelo. Mientras arrojaba los cuerpos desnudos por la portezuela pisaba en falso y caía. Aquel día de 1977 un tripulante alcanzó a sujetarlo. Pero al dormirse el vacío lo devoraba. Antes de tomar contacto con las aguas del mar se despertaba" (Vertbitsky, 2006: 125). El traspié fue la cifra que implicó la rotura de un orden jerárquico. Toda la cadena de mando desapareció ante la soledad y la contundencia de los hechos y los recuerdos. La conciencia privada desata la discusión pública. El enemigo cobraba así un nuevo rostro: su condición humana. La palabra para Scilingo tuvo consecuencias de alivio. Relata que su confesión con la Iglesia no le bastó para calmar sus sueños y pesadillas. El límite de las parábolas bíblicas fue la línea que separó una explicación religiosa, en el orden de lo sagrado, frente a la contundencia subjetiva e intersubjetiva que implica la vida en comunidad. El contraste esgrimido atraviesa la separación de las esferas de lo profano y lo sagrado.

En el marco de la eventual guerra contra la subversión, Scilingo tiene cambios en lo que respecta a la construcción de la figura del desaparecido y adquiere en el intercambio con Vertbitsky una asunción crítica que le desactiva lo aprehendido durante su paso por las Fuerzas Armadas. El derecho de un individuo a saber que será eliminado no parece haber tenido, previo a los encuentros y entrevistas, una posibilidad de realidad. Sintetiza el autor de *El vuelo* en relación a su interlocutor: "Desde la completa negación inicial pasando por las admisiones parciales y los eufemismos vale la pena recorrer el itinerario que conduce de la mentira institucional a la verdad de un hombre solo, al que nadie quería escuchar" (Vertbitsky, 2006: 71). En síntesis, el método de eliminación utilizado incorporaba dos posibilidades: el arrojo al Río de la Plata o la parrilla, esto es, la quema del cuerpo en los fondos de la ESMA. El traspié del avión y el pedido de interrupción del relato: "No tengo ganas de seguir contando" (Vertbitsky, 2006: 34); "No quiero hablar de eso. Déjeme ir" (Vertbitsky, 2006: 54) se vuelven sintomáticos en lo que respecta al síntoma como interrupción de una continuidad sin sobresaltos y también vacilante en cuanto a la necesidad de querer contar lo ocurrido: "La grabación ha concluido. Pero no se levanta. Pide que coloque otro casete. Hay algo que aún quiere decir" (Vertbitsky. 2006: 53).

La rememoración recuperada por Scilingo cuando afirma que entre los militares se decía "se van para arriba" (Vertbitsky, 2006: 87) marcando la sentencia de muerte es una contradicción lógica en vista del arrojo de los detenidos hacia el abismo del vacío. En la confesión abundan los hiatos y pedidos de silencio. La experiencia de entrar a una sala de torturas y reconocer el cuerpo de una mujer es bien próxima a la escena de Villa con Estela Espinel. En el libro testimonial, el confesor opta por el silencio. También existen dos situaciones límites en la que dos prisioneros son conducidos por equivocación hacia el avión que los eliminaría. Son éstos los que comienzan a instalar la sospecha, dentro del campo de detención, de que el destino final no es una cárcel sino la muerte. Estas víctimas son las que más se aproximan a la idea de un testigo total desarrollado por Giorgio Agamben. Quien tiene la totalidad del relato de esos vuelos específicos, aunque no la experiencia de la eliminación es en este caso, Scilingo. En relación con los desaparecidos, Scilingo los reduce a su condición de eliminados. Cree que es una operación realizada por los familiares cuando se pregunta sobre quiénes han transformado a los eliminados en desaparecidos. Esta pregunta retórica desaparecerá de su testimonio cuando el intercambio con el autor de *El vuelo* lo obliga a reflexionar sobre las contradicciones de esa ecuación. La nación moderna intenta colmar un vacío aterrador producido por el desarraigo de las comunidades y las familias. Escuchar la nación es reconocer una diferencia abierta entre un orden discursivo del poder tendiente a representar la unidad dentro de la diversidad y un intento del Estado por justificar el control de los colectivos con el fin de preservar la unidad ideológica. En *Villa* la diferencia es, en la mirada del protagonista, el repliegue incondicional y acrítico del accionar de control y exterminio. En Scilingo se convalida un mismo orden aunque la culpa y los tormentos minen la aparente unidad discursiva del orden estatal.

[7.3] Campo de concentración en contigüidad con el río

En este capítulo se ha producido la añadidura de dos textos vinculados a través de un género primario, la confesión, que está al servicio de un enunciado mayor dispuesto en tramas que van desde la novela hasta la investigación testimonial periodística. Ambos organizan sus enunciados alrededor de un *topos* decisivo: el campo de exterminio y el Río de la Plata. En *Villa* se produce una fuerte vinculación de la eliminación y tortura de individuos, según los presupuestos abiertos por Giorgio Agamben en la dialéctica profanatoria y del sacrificio. El contexto descripto por el mosca en el interior de la sala de torturas, los olores y el ambiente representado, delinean un espacio de pasaje entre lo mundano y lo sagrado. Tal es el caso de la escena del sacrificio en la cual él mismo quedó atrapado, pues al ver su nombre en la medalla de la muerta Estela Espinel sintió que estaba en el pasaje que lo podía conducir a la muerte, justamente él que, hasta ese momento, era el soberano que disponía del privilegio de la vida y la muerte del otro. Él juzgaba estar muerto mientras contemplaba el nombre grabado en la media luna. El Río de la Plata indica una imprevisión, una suerte de distanciamiento o desánimo tanto en la referencia nominal del estuario como del pasado y la concentración simbólica que tiene para la cultura argentina. En Luis Gusmán y Horacio Vertbitsky esto no sucede: la punta trazada es opuesta a la anterior; existe un mínimo de referencia sobre esos discursos y el Río de la Plata conforma una referencia alegórica en tanto depósito mortuorio, negando una inscripción de lugar en términos de identidad cultural o nacionalista.

Las dos confesiones examinadas esgrimen posicionamientos bien distanciados uno del otro. En principio, la confesión de Carlos Villa es una puesta al día de su conciencia frente a la sepultura, sin estar preocupado por el hecho de que el montón de tierra corresponda al entierro de su antigua novia. El carácter privado de la confesión es decisivo para su inminente porvenir. En Adolfo Scilingo, en cambio, la interlocución está dirigida a quien es un comunicador social de alto prestigio en la investigación periodística, al punto de no consignar la posibilidad de que él perteneció al antiguo bando de exterminio. Scilingo es consciente de que su confesión es pública y atravesada por una interpelación ideológica y política. Dice Scilingo: "Yo ya me confesé" (Vertbitsky, 2006: 92) sin embargo esto no le dio resultado en lo que respecta al contacto eclesiástico. En cambio, Carlos Villa, cuando afirma "vengo a charlar o a confesarme" (Gusmán, 2006: 98) preanuncia su puesta al día sin mediación del conflicto. Como sabe que hablar con Espinel le producirá dolor, una vez finalizado el encuentro, le dará la espalda para no volver. La ficción, representada, en este caso con Villa, y la presencia de cadáveres en el río, expone un límite decisivo: evita el arrojo de cuerpos por razones tácticas.

En *Villa* la explicitación de los signos como mediadores entre la referencia y el significado plantea el aplazamiento de la referencia en beneficio de esta puesta de manifiesto. El modo de vincular los signos con la dictadura cívico-militar argentina está fuertemente mediado por el movimiento trópico de la referencia. En el caso de Villa, las dataciones de nacimiento y muerte de Silvia Gutiérrez remitían hacia Marta Céspedes, primer nombre apócrifo de Elena Espinel. En segundo lugar, la hinchazón de tierra en la Chacarita representaba la presencia del cuerpo aniquilado y –en la mirada de Villa– a medias desaparecida. Finalmente, la medalla completada en sus dos partes repone y distancia la referencia a los enamorados.

En las dos publicaciones trabajadas forjan la construcción preponderante del Río de la Plata como lecho mortuorio. De acuerdo al recorrido efectuado por el sistema literario rioplatense, este tratamiento se inicia como consecuencia del impacto cultural que supuso la técnica de desaparición de personas de un modo sistemático por cuanto intervino la totalidad del Estado argentino. Producto de este acontecimiento, la literatura ha construido no sólo el tema del arrojo de cuerpos al río sino también la configuración de una serie de personajes estrechamente implicados con el estuario: el desaparecido que vuelve como fantasma, el personaje melancólico mirando el río o bien aquel que, contemplando sus aguas, procura dimensionar su tiempo presente atravesado por el horror del pasado.

Excursus. Instantánea de montaje y alegoría en la obra "La civilización occidental y cristiana" de León Ferrari

En 1965 León Ferrari presentó en el concurso de artes plásticas del Instituto Di Tella de Buenos Aires la obra *La civilización occidental y cristiana* que comprende a través del procedimiento del montaje el motivo de un avión bombardero norteamericano utilizado en la Guerra de Vietnam dispuesto en caída libre al que se le incrusta una imagen del Cristo de santería. La obra fue compuesta en yeso, madera y óleo; sus medidas comprenden 2 m de largo, 1,2 m de ancho y 0,6 m de profundidad. Actualmente la escultura se exhibe en la Universidad Nacional de San Martín. Al ser presentada en el certamen, Romero Brest, Director del Instituto Di Tella le sugirió al artista retirar la obra por dañar la sensibilidad cristiana de la cultura argentina y, tras las sucesivas polémicas suscitadas, la obra recorrió el mundo como emblema crítico de la Guerra de Vietnam al tiempo de consagrar internacionalmente al autor. León Ferrari indicó su lugar de intelectual comprometido con la sociedad, la política y la cultura y, en esa autorrepresentación, puntualizó un lugar específico del arte ante la coyuntura geopolítica del momento. Dice el artista a propósito del arte y su dimensión crítica frente a la guerra de Vietnam:

> Quitar la crítica al arte es cortarle su brazo derecho [...] eso sería reducir al artista a ser un fabricante de adornos para generales [...] me preocupa profundamente la guerra de EEUU con Vietnam [...]. Mi intención [...] se limita a unir mi protesta a la de todos aquellos que [...] luchan en una u otra forma para que el gobierno de EEUU ponga fin a su política de matanzas en nombre de Cristo [...]. Lo único que le pido al arte es que me ayude a decir lo que pienso con la mayor claridad posible. (Ferrari, 1965)

La escultura presenta un claro contraste entre la principal referencia bélica norteamericana de la década de 1960, el bombardero FH 107 –sigla que aparece referenciada a cada lado de la base del bombardero– y la imagen de Cristo. En relación al bombardero se despliega toda una serie de iconografías y emblemas militares que cargan semiológicamente la imagen con una connotación especialmente militar y guerrera. El color plateado cromado militar domina la nave y, en cada par de alas del avión, se alternan siglas de las Fuerzas Armadas de EEUU con los escudos de dicha fuerza. En las alas más cortas del avión, las ubicadas en la parte superior de la obra, se despliega a la izquierda el emblema de las Fuerzas Aéreas Norteamericanas característica de la década de 1960 y, del lado derecho, la sigla UFAL que remite a esta institución militar. Tanto la sigla como el emblema no se ven superpuestos por otra imagen o motivo, tal como aparece en las alas principales en las que, del lado izquierdo, se percibe la sigla UFAL, mientras que, del lado derecho, está el emblema de guerra. En estas alas se extienden los brazos del Cristo cubriendo parcialmente estas dos inscripciones que son fácilmente deducibles a la mirada del espectador. Como se observa, siglas y emblemas tienen una disposición quiasmática en las dos series de alas.

Las alas principales son las que se encuentran especialmente cargadas sémicamente, ya que los clavos en donde se sujetan las manos de Cristo

están atravesando dos de las cuatro bombas que carga el bombardero sus-
pendidamente. Las bombas siguen la línea de descenso del avión y, junto
a las siglas UFAL, ostenta la coloración negra, típica de la representación
mortuoria y de duelo en la simbólica occidental. El fuselaje del avión tiene
la particularidad de sostener al Cristo y estar, por lo tanto, dispuesto en
una línea paralela a éste y oculta parcialmente a la mirada del espectador
que se sitúe frente a la obra. En la base de su estructura se localiza otro emblema de la UFAL y la referencia numérica del bombardero FH 107. Poder
militar y fuerza de un Estado presentado como maquinaria de muerte en
un contexto de ocupación territorial puntúan la referencia de violencia y
ataque del bombardero.

Por contraste, la imagen del Cristo de santería, por su tamaño y simplicidad, no logra imponerse hegemónicamente como primer plano en la
figura. Esta referencia cristiana, la del chivo expiatorio que purga por la
liberación del mundo, es representada a través de un modelo popular y
connotativamente austero y pobre en cuanto a la falta de elementos de
distinción y elite. El contacto entre la imagen del avión y la humana se establece entre el brillo de los colores en ambas figuras, siempre en una línea
cromática débil (el color frío del cromado para el avión y el color pastel del
cuerpo crístico). También ambos motivos ostentan la coloración roja que
denota dos sentidos vinculados: en el bombardero acompaña la referencia
a un Estado bélico (el rojo como símbolo de batalla) y, en el caso de la figura humana, la denotación de las consecuencias de la violencia por parte
del poder, ya que representa claramente la sangre de la pasión de Cristo.

El cuerpo se encuentra representado a través de torceduras corporales, sin líneas uniformes en cada sector: la caja torácica se orienta hacia
un sentido mientras que los miembros inferiores lo hacen en otro. El pie
izquierdo se superpone al derecho, la rodilla quebrada tuerce la pierna
hacia un lado y la antepierna a otro, la cabeza se encuentra en diagonal con
respecto al cuerpo y los brazos sin una línea continua. El abdomen tiene
redondez sugerentemente voluptuosa mientras que se observa un hundimiento en la zona del epigastrio –franja comprendida entre las costillas
falsas– acentuada por la sombra producida por la principal fuente de luz;
los pies y brazos están marcados por la línea ósea a diferencia de las piernas
cuyos trazos son musculares. Todo en el Cristo es torsión, sugerentemente dolor y fraccionamiento a diferencia del rostro que es insinuantemente
contemplativo e inmóvil. El conjunto de extremidades, órganos y tejidos
humanos, se contrasta, por el movimiento que sugiere la torsión y también
las manchas de sangre, con las líneas uniformes, prolijamente definidas y
límpidas del avión.

Dice Jean Luc Nancy a propósito del cuerpo humano y la simbología que despliega la dimensión material del hombre: "El cuerpo es una envoltura; sirve, pues, para contener lo que luego hay que desenvolver. El desenvolvimiento es interminable. El cuerpo finito contiene lo infinito, que no es ni alma ni espíritu, sino el desenvolvimiento del cuerpo" (Nancy, 2002 a: 16). El desenvolvimiento que ostenta los pliegues sugeridos por la torsión corporal en *La civilización occidental y cristiana* abre una brecha a partir de la cual se anudan las consecuencias de la guerra. En este horizonte, la pasión de Cristo en la obra de León Ferrari deja entrever al menos tres acepciones de *pasión*: "Lo contrario de la acción", "estado pasivo del sujeto", "tristeza, abatimiento" (RAE, 2014). El Cristo de Ferrari comparte la quietud, contemplación y abatimiento de la tradición cristiana al tiempo de poner especialmente en un primer plano de la imagen la dimensión escópica de la crucifixión; esto es estar dispuesto a la mirada escudriñadora de quien lo contempla y la valoración política de la dimensión humana y cristiana frente a la complicidad de la guerra. La envoltura corporal deja desplegar así la extrema vulnerabilidad en oposición a la dimensión inanimada del avión que obtura, según lo descripto y especialmente por la elección cromática, toda posibilidad de ser penetrado con la mirada.

Llama la atención la propagación de la sangre en el cuerpo humano, teniendo en cuenta que, en general, la sangre se ubica en la iconografía cristiana sobre la crucifixión, particularmente en la cabeza, la caja torácica, pies y manos. En el Cristo de León Ferrari se omite la sangre en la cabeza y expande el flujo sanguíneo a las rodillas y los hombros. El atuendo que tapa los genitales de la figura no tiene el clásico color blanco sino la coloración próxima a la del bombardero. El trazo de las líneas rectas en la escultura está bien organizado: la vertical que vertebra la obra, con el fuselaje del avión, se integra a la dirección de las bombas y del rostro apuntando especialmente al suelo, la cara de Cristo se puede ver solo del lado derecho con una inclinación en un ángulo de 45° que acentúa esta línea descendente hacia el suelo. Este trazo le da a la obra una idea de caída y un impulso a la mirada del espectador hacia la base de la escultura. Movimiento que opone toda connotación de ascenso y espiritualidad. La fuerza armamentística de la figura del bombardero se opone a la humana, popular y terrena.

La crítica pictórica de la década de 1960 y el propio Ferrari han conciliado el hecho de que "La civilización occidental y cristiana" reúne tanto al Estado modero como la religión católica en una dupla cómplice en la invasión territorial de EEUU en Vietnam. Dice León Ferrari en su página oficial a propósito de la religión católica:

> Desde los Evangelios hasta el Catecismo oficial de la Iglesia el cristianismo anuncia que las almas de los muertos en pecado mortal –y más adelante su cuerpo resucitado– son torturados en el infierno. Esta idea, el castigo al diferente, recorre nuestra historia y ha originado diversos exterminios: aborígenes, judíos, brujas, herejes, vietnamitas, iraquíes". (Ferrari, 2010: 27)

La correspondencia planteada por Ferrari entre el pecador que debe ser castigado según las Sagradas Escrituras con la del diferente o, por extensión, el abyecto, conecta no solo la naturaleza punitiva del Estado y la tradición cristiana. Además, asevera el modo en que el principal orden jurídico que organiza la praxis social, el Estado, se encuentra franqueado por el proceso de secularización cultural. El título de la escultura *La civilización occidental y cristiana* consigna un apotegma arraigado especialmente en la cultura argentina si se considera el ensamble facturado especialmente en el siglo XX en el encuentro del Estado y la religión católica consignada ya en los primeros artículos de la Constitución Nacional de Argentina. Esta ligadura está más presente en el imaginario social en oposición al discurso internacional propiciado por la política exterior norteamericana en el contexto de la Guerra de Vietnam. Los términos implicados en la secuencia civilización, occidente y cristianismo direccionan el sentido en la sinergia facturada entre la tradición ilustrada (civilización), el legado greco latino (occidental) y el papel preponderante que la Iglesia Católica (cristiana) tuvo en su vinculación con la formación de Estados.

Walter Benjamin (1920) caracteriza la intensidad barroca en una dimensión dialéctica en la que los extremos implicados se desbaratan mutuamente produciendo una revolución recíproca entre sus límites. Esta intensidad se lleva a cabo a partir de la implicancia comunitaria y religiosa del barroco en su encrucijada entre la política y la religión. En esa perspectiva, la alegoría barroca se hace presente en la réplica producida entre la culpa cristiana y la visión antigua de los dioses greco-romanos. Es así que la estética renacentista se alía al paganismo, mientras que el cristianismo se readecua con la Contrarreforma. La alegoría moderna, en esta síntesis controversial, se actualiza bajo una nueva dimensión. Benjamin extrapola esta perspectiva dialéctica de los extremos con el fin de modular la dimensión histórica del pasado que reverbera en el presente como forma de peligro. La perspectiva alegórica calibra el modo en que el tiempo histórico intensifica un aquí-ahora atravesado por la guerra y la pérdida de la posibilidad de narrar el horror. La obra de arte moderna es situada por Benjamin (1936) en un diálogo con la tradición que remite a la idea del culto produciendo una emancipación del ritual a través de la reproductividad técnica.

Alegoría, tiempo histórico y especificidad de la obra de arte moderna se piensan en la relación que *La civilización occidental y cristiana* de León Ferrari tiene con las dos décadas implicadas: los años 60 y 70 en Argentina y Occidente. El potencial diálogo entre las dos temporalidades puede producirse en la distancia cultural que va entre esas décadas y el presente. La escultura, tal como se indicó, fue leída a partir del evidente encuadre que el autor le dio dentro del marco de la guerra que EEUU libró contra Vietnam. La polémica abierta por Ferrari en cuanto a oponerse a esa invasión, más los dos emblemas utilizados para llevar a cabo la obra, orientaron el sentido crítico de tal ocupación.

Es decir que, para el imaginario político internacional de entonces, *La civilización occidental y cristiana* remitía frontalmente a una coyuntura bélica claramente identificada. Siguiendo las reflexiones de Walter Benjamin a propósito de la alegoría barroca, la escultura recuperaría una figura de antaño para imbricarle una dimensión política y ética en que la pasión de Cristo volvería sagrado el requerimiento de la práctica punitiva como modo de salvaguardar la entereza e integridad de la civilización occidental. Todo este andamiaje se legitimaría además con los discursos provenientes de EEUU que reivindicaban la libertad y la democracia como valores supremos. Ahora bien, finalizado el conflicto de Vietnam y consagrado artísticamente León Ferrari, el cambio de época (Gilman, 2003) permitió en la memoria cultural actualizar esa escultura en un claro desplazamiento que va del montaje realista de la guerra a una dimensión alegórica asociada al exterminio que el aparato estatal argentino tuvo en complicidad con sectores civiles, empresariales, EEUU y la Iglesia Católica. Lo que se caracterizó como lectura realista de la década de 1960 de la escultura pasó, cincuenta años después, a adquirir una reminiscencia metafórica de los años de plomo de la dictadura. Resta hipotetizar de qué modo se lleva a cabo este pasaje.

La representación del Cristo como símbolo de una institución que fue solidaria con la ocupación norteamericana tiene en la contemporaneidad una bifurcación de sentidos que contempla una correspondencia directa con Argentina, ya que la Iglesia Católica fue responsable directa del plan sistemático de desaparición forzada de personas (Vertbitsky, 2010). La suspensión del cuerpo en el fuselaje de la escultura y las alas del avión remite con su expresión piadosa a la idea de una víctima *por* la caída libre de la imagen. El Cristo adquiere un semblante de sacrificio ante un avión que desciende compulsivamente. A un espectador contemporáneo que comparte una serie de imágenes y representaciones del imaginario social en que el arrojo de cuerpos al Río de la Plata es una de las principales referencias del exterminio de personas en la década de 1970 no le resulta indiferente una estampa como la de *La civilización occidental y cristiana*, por el vínculo que un avión militar en caída libre –alojando una imagen carismática y de víctima en su extrema desnudez– forma con el escenario de desaparición forzada.

La obra de León Ferrari adquiere autonomía de sus condiciones de producción y valoración para asumir una actualización que deja ver una excedencia de sentido inscripta en el imaginario social a propósito de un tiempo, el presente, que piensa su pasado cultural en los presupuestos de Walter Benjamin cuando afirma que, entre las generaciones y las épocas, se producen virtuales diálogos o encuentros con los que se engendra un fulgor en el que el pasado ilumina y actualiza los sentidos latentes de un presente. Aproximarse a una imagen del ayer tiene la intensidad del peligro y la contundencia de un rayo. El pasaje consignado entre un tiempo cultural y otro exhibe como condición de posibilidad la barbarie de la historia cultural. Los deslizamientos consignados en la escultura analizada son múltiples: *La civilización occidental y cristiana* se apropió del pedido realizado por León Ferrari al arte para que éste le permitiera comunicar a la sociedad su mirada del mundo. Continuó luego construyendo nexos que permitieron unir dos temporalidades en un proceso de mutuo despojo y, al mismo tiempo, de iluminación recíproca, en relación a las vicisitudes de la violencia y el exterminio.

[8]

El Río de la Plata: del lecho de cadáveres a la comunidad venidera en la primera década del siglo XXI

En la novela *El Bastardo* (1997) de Carlos María Domínguez se cifra la relación antitética de unidad y distancia entre los márgenes opuestos de los ríos que separan hoy la República Argentina de la República Oriental del Uruguay. Aparece en la apertura de la novela una escena decisiva entre tres jinetes que se arrojan al agua en una estampa peculiar en la literatura rioplatense. Escena representativa que capta la imagen de hazaña de los personajes en el espacio fluvial. En *El bastardo*, el Río de la Plata es representado considerando sus dos orillas simultáneamente con personajes que se desplazan en uno y otro lado. Un elemento polémico en la novela es el hecho de interrogar alegóricamente la historia, en este caso decimonónica, de las dos incipientes naciones ribereñas: los jinetes que cabalgan y se arrojan al río para luego sellar un pacto de amistad eterno son Juan Manuel de Rosas, Justo José de Urquiza y el líder político Mateo García de Zúñiga; la datación ficcional del acontecimiento es anterior a la batalla de Caseros. La novela cuenta la historia familiar del poeta uruguayo Roberto de las Carreras. A través de ella, la voz narradora deja aspectos de la historia de la región relegados por el registro historiográfico y en cuyo eje se centran las historias familiares atravesadas por la contingencia histórica. Se grafica elípticamente –si se tiene en cuenta el destino histórico de sus protagonistas– el escaso esfuerzo por fuera de la ficción que las políticas litoraleñas han realizado en procura de la unión de las orillas rioplatenses. La historia y los acontecimientos decimonónicos se encargaron de separar el juramento de amistad que se hicieron los caudillos federales en *El bastardo* ya que la política y liderazgo de Rosas, fuera de la ficción, culminó con el enfrentamiento de Urquiza en la batalla de Caseros.

Carlos María Domínguez articula, más allá de *El bastardo*, dos imágenes definidas que organizan series de sucesos en las dos orillas del Plata. En efecto, Domínguez valora las dos márgenes del estuario a la hora de figurar y representar el Río de la Plata. Las dos imágenes configuradas son la de "infiernos de los navegantes" (Domínguez, 2007: 14) y la de los puertos del río en tanto "puertas de la patria" (Domínguez, 2007: 9). De este modo, la estrategia en Domínguez se centra en la separación de las dos orillas –se mantienen las identidades nacionales, las fronteras naturales son exacerbadas, las distancias simbólicas y culturales de lo oriental y lo argentino no posibilita una proximidad real entre ambos espacios y comunidades– aunque por primera vez sean consideradas como parte de una totalidad rioplatense. Lo que sí determina un acercamiento entre estos límites es precisamente la ilegalidad del contrabando y la mirada de personajes marginales que se apartan de las valoraciones nacionalistas.

En los libros de Domínguez "hay un poco de todo" tal como lo consigna Juan José Saer en su tratado imaginario *El río sin orillas* (Saer, 1994: 18), sólo que para Domínguez, la amplitud con la que trabaja se inscribe más sobre la proliferación de materiales y entrevistas que con la diversidad de temas. La producción de Domínguez mira el estuario a través de un principio organizativo diferenciado: recuperación de testimonios vinculados a la costa y a la historia reciente de la zona en lo que respecta a las últimas tres décadas, consideraciones geológicas sobre el origen y destino del Río de la Plata, exploración de características e incidentes propios del espacio fluvial –sudestadas, tormentas, bajantes del río–, representación del río como intempestivo, peligroso, desafiante, lugar que cifra–en términos biopolíticos– el escenario de exterminio de las dictaduras militares de la región. El espacio fluvial es narrado como hostil, abundante de pruebas y desafíos, lugar que permanentemente cambia la ubicación de bancos de arena, climas alocados, la visión de un delta en movimiento hacia el Sudeste, límites territoriales que mutan. La recuperación de voces de los lugareños y los prácticos portuarios grafican en parte un escenario de retos. La voz narradora se detiene a dar cuenta de los contrastes entre un río que por la superficie simula ser pardo y tranquilo pero que, en su lecho, revela otra cara: los naufragios de miles de barcos por las sudestadas, el retiro del río por consecuencia del Pampero, los cambios abruptos de corrientes internas y la dirección de los canales. Un río, un enterradero:

> Demasiados barcos se han ido a pique por subestimar este espejismo de aguas calmas, que ofrece confianza y puntea por abajo. Sabrá usted con tan poca profundidad es el charco más ambicioso del mundo, pero con tanto barco hundido más parece un enterradero. (Domínguez, 2007: 264)

El tema fluvial aparece en la mirada de los personajes como un espacio que desafía límites de hombres y mujeres. El estuario es partícipe, particularmente en la novela *Tres muescas en mi carabina*, de los ciclos de nacimiento y muerte de los protagonistas. Las reiteradas inundaciones que tienen los ríos afluentes del Plata se presentan en la novela acompañando tanto el nacimiento de los personajes como la muerte de ellos. Este recurso vivifica y da protagonismo al estuario como parte integrada a la subjetividad de los habitantes del lugar, una presencia que supera los límites vitales de los hombres al punto de constituirse en un microcosmos que los contiene. Si bien este autor considera las dos orillas del estuario, también es cierto que construye una mirada que no logra interceptar ambos espacios como unidad. Las orillas no se inscriben como un todo sino que refieren su diferenciación con respecto al otro lado; la condición nacionalista parece ser una frontera infranqueable para la unidad de estas costas, o se está del lado uruguayo o bien del lado argentino. El río es más que una figuración literaria, un espejismo en el que se observa *prima facie* la serenidad y la calma, mientras que sus aguas profundas tienen turbulencias ocultas y acechantes. Esta consideración también tiene un punto de fuga, los contrabandistas son caracterizados por Domínguez del siguiente modo: "Contrabandista sin carácter no sirve, porque están jugándose la vida todo el tiempo. Es gente resignada a la tragedia, y si no se tutean con el peligro no están contentos [...]. La costumbre del riesgo. La virtud del silencio" (Domínguez, 2007: 84). Estos son capaces de superar las fronteras materiales, jurídicas y simbólicas para producir una zona caracterizada por el tránsito fluctuante de bagayos y personas. Del amplio conjunto de publicaciones llevadas a cabo por Domínguez se han seleccionado especialmente *Las puertas de la tierra* y *Escritos en el agua* ya que ambos no sólo presentan la cuenca del Plata de un modo protagónico sino también por el hecho de que los tópicos del contrabando y la peligrosidad del lecho fluvial se hallan fuertemente vinculados a la desaparición de personas durante la última dictadura cívico-militar argentina.

Escritos en el agua. Aventuras, personajes y misterios de Colonia y el Río de la Plata está estructurado en un prólogo y trece capítulos a los que se le suman las fuentes de archivo y documentación. Presenta muestras fotográficas de los personajes, sucesos y lugares convocados en el interior del libro. *Escritos en el agua* tiene un carácter eminentemente digresivo en términos estructurales e incluso en el interior de algunos capítulos. El contrabando sustenta la principal actividad comercial de las islas del delta y, Domínguez le dedica una especial atención en los capítulos correspondientes a las islas Juncal, Martín García y a la biografía de Julia Lafranconi. La representación del río está fuertemente inscripta en la peligrosidad de sus aguas desde la

Colonia, lo que le confiere una connotación tánica particular que es articulada con el lugar privilegiado de arrojo de cadáveres durante la última dictadura cívico-militar argentina. Se produce una contigüidad entre un lecho mortuorio que aloja embarcaciones hundidas entremezcladas con los cuerpos tirados desde los aviones y helicópteros en los años 70. El lexema *desaparecidos* da cuenta en *Escritos en el agua* y del contrabando "como una forma de desaparición" (Domínguez, 2006: 158) y también de personas. Contrabando y desaparición se juntan para producir un inminente guiño, a nivel de imaginario social, ya que la experiencia histórica de los años 70 con los desparecidos se llevó a cabo bajo un principio no sólo de clandestinidad e ilegalidad sino también, teniendo en cuenta la reminiscencia del pensamiento de Giorgio Agamben (2000) y la condición de mercancía de toda actividad de contrabando, en un sistema de producción de cadáveres. Esta imagen se articula, además, con el tópico y valencia del cruce y politización del Río de la Plata.

Las puertas de la tierra. La escena de acero de los puertos y los marinos uruguayos tiene una unidad temática delimitada. La propuesta involucra una serie de tópicos relativos a la descripción del Río de la Plata. Ellos son: los canales de accesibilidad y de tránsito dentro del estuario, los principales puertos que le dan movilidad al comercio local y los personajes típicos del río como los prácticos, los encargados de guiar las embarcaciones. La serie de imágenes que se facturan sobre el Río de la Plata, en su carácter de espacio de comunicación y desafíos en la navegación del estuario, sumado al protagonismo que le dan los prácticos guiando las embarcaciones, organizan la trama textual. Del Río de la Plata se exhiben los problemas de circulación y mantenimiento de canales, los conflictos diplomáticos entre los dos países involucrados y, en el caso de los prácticos, los aprietos por el ejercicio del oficio, bretes impuestos por el río que permanentemente desafía límites y puntos de observación.

Una primera y vaga diferencia entre los dos libros consignados es el hecho de que *Escritos en el agua* opera con imágenes, escenas y anécdotas de relaciones humanas y espacios íntimos, mientras que en *Las puertas de la tierra* el *topos* es abierto, en puertos, dársenas y el interior del Río de la Plata. Los dos textos de Domínguez puntean una zona bien delimitada: *Escritos en el agua* transcurre prioritariamente en la costa uruguaya del departamento de Colonia e islas Juncal, Timoteo Rodríguez, Martín García y el punto cero del Río de la Plata, mientras que *Las puertas de la tierra* se sitúa en los puertos de Montevideo, Buenos Aires y Nueva Palmira sumado el interior del río, particularmente los bancos de arena y los canales de navegación.

[8.1] Carlos María Domínguez:
Contrabando, practicaje y fronteras

Carlos María Domínguez aproxima tres autores de la literatura argentina: Haroldo Conti, Rodolfo Walsh y Juan José Saer. El modo de representar los personajes y su conexión con el espacio fluvial remite a la narrativa de Haroldo Conti en tanto que el oficio del practicaje y la descripción del delta paranaense se vinculan con las crónicas periodísticas de Rodolfo Walsh. Con Juan José Saer establece una polémica política al no estimar las dos orillas del estuario. De Conti se transcribe en *Escritos en el agua* la totalidad del relato "Memoria y celebración" del libro *La balada del álamo Carolina* (1975). Esta transcripción se encuentra en el momento en que se narran sucesos de la isla Juncal y su moradora, Julia Lafranconi. El autor, luego de dar una conferencia en Montevideo, recibe datos de este personaje y lo relaciona con la lectura de Conti, iniciando así un viaje por el departamento de Colonia con el fin de efectuar la reconstrucción biográfica de la mujer. La vinculación con Haroldo Conti no termina con "Memoria y celebración". Un modo particular de abordar la costa, en particular los sectores sociales populares, incluidos los jornaleros y contrabandistas, es tomar los personajes emblemáticos como el Boga de la novela *Sudeste*. En el prólogo de *Escritos en el agua* se lee en el primer párrafo:

> Hay en el Río de la Plata una raza de hombres y mujeres de la costa cuyas vidas, igual a estos troncos que las mareas arrojan a la playa, han sido pulidas de forma caprichosa y extraña. No existe un elemento más blando que el agua y sin embargo, socava la roca y el corazón más duro hasta volverlos irreconocibles. (Domínguez, 2007: 9)

Los hombres del río son descritos de un modo que recuerda al Boga. El narrador de Conti señala que es el río el que está hecho a la medida del hombre y que ese hombre se siente atado y atraído por la costa. Tanto en Conti como en Domínguez la costa es emblemática como definición y lugar que prescribe un límite y un punto de fuga en la mirada de los personajes. Ese mundo oscuro descrito en la costa a través del efecto de luces y sombras, Conti lo imagina en función de una enumeración emblemática: abandono, maldad y desesperanza. El campo semántico inunda la subjetividad de los bagayeros y habitantes de la costa. El carácter indefinido de este proceso de individuación caracterizado como "caprichoso" (Domínguez, 2007: 9) y "extraño" (Domínguez, 2007: 9) se extiende también en la escritura de Domínguez a la identidad topográfica y simbólica del Río de la Plata. La potencia descripta en el agua, su condición de socavamiento de la materia y del alma, despista también la mirada externa sobre el río cuando un marino foráneo toca sus aguas. En el primer párrafo del libro *Escritos en el agua* se inscriben, de manera cifrada, las condiciones de representación del Río de la Plata y su zona costera. Obsérvese también que en la primera cláusula del párrafo se produce una igualación de la totalidad del estuario junto a la costa. Domínguez habla del río Uruguay integrado a una identidad mayor, la rioplatense. Dice el autor de *La casa de papel* sobre el vínculo de Haroldo Conti con Julia Lafranconi y el trágico final del autor de *Sudeste*:

> Así la había conocido Haroldo Conti en sus vagabundeos, antes de dedicarle aquellas líneas prudentes, advertido de que rozaba una historia de secretos. No imaginaba que poco después iría a sumarse a la espesa memoria del río, entonces reverenciaba como una frontera que se deshacía en el agua. (Domínguez, 2007: 89)

La conexión entre Carlos María Domínguez y Rodolfo Walsh excede la indicación que realiza el autor de *Las puertas de la tierra* sobre el destino del autor de *Operación masacre*, desaparecido por los militares en los 70. Carlos María Domínguez tiene el móvil de escritura propio de la motivación del cronista que ve y entrevista a los protagonistas de escenas dignas de ser contadas. El valor de la recuperación no transita la agenda de instituciones clave de la llamada alta cultura, ni tampoco la propiciada por los medios masivos de comunicación. Este tipo de escritura decididamente comprometida en una dimensión ideológica es muy próxima a la crónica en Walsh.

En "Magos del agua dulce" (2008) de Rodolfo Walsh se describe, desde el género de la crónica periodística, el oficio riesgoso del practicaje para imprimir el impacto que produjeron en el autor las referencia vagas y estilizadas del Río de la Plata tal como aparece en "Claroscuros del delta" (2008) del mismo autor. La imagen construida desde el continente del ingreso y salida de buques ultramarinos cobra aquí una densidad de riesgo en un río que desafía precisamente la visión de los prácticos que debe estar atenta al tránsito de un canal y un puerto estrechos en el gran Río de la Plata. Un barco de doscientos metros de eslora atraca en una boca de dársena levemente superior a su diámetro. Dice Rodolfo Walsh "un ingreso que deber ser implacable o catastrófico" (Walsh, 2008: 272). Walsh asevera, al igual que Carlos María Domínguez, una apretada genealogía de la actividad de practicaje en el Río de la Plata tomando como punto de referencia el acuerdo entre Argentina y Uruguay de 1891 cuando se declaró la libertad de circulación de los prácticos en ambas orillas. Esto significaba que los prácticos subían a diferentes embarcaciones independientemente de la procedencia y destino de los trasatlánticos. Esta libertad terminó con una rivalidad que, según Rodolfo Walsh, aún persiste.

En el primer capítulo de *Escritos en el agua*, "Un río de tres colores", se esbozan las condiciones geológicas de la fisonomía actual del Río de la Plata y los dilemas de los dos países que han anhelado soberanía sobre su lecho y aguas. La apertura del capítulo encubre la polémica que desarrollará:

> Mañana plácida en la costa. La brisa del norte acaricia el lomo del río que, como una pampa líquida, abandona en la orilla un bostezo de espuma. Una cinta fulgurante hiere los ojos y nada invita a imaginar que debajo de sus reflejos otra pampa se mece en secreto. La bajante muestra una roca más expuesta que de costumbre y la sombra de un banco de arena donde ayer no se advertía. Un bañista camina por el agua a cien metros de la playa sin mojarse las rodillas y pareciera que podría alejarse mucho antes de conseguir nadar. ¿Qué tierras pisan sus pies? (Domínguez, 2007: 15)

Las tres primeras oraciones revitalizan el modo en que la escritura argentina ha dado cuenta de las descripciones del Río de la Plata, por lo menos aquellas a las que Domínguez le responde críticamente: "placidez costera", brisa acariciando el "lomo fluvial", "pampa líquida" abandonada en el "bostezo" de la orilla, el horizonte como "cinta fulgurante" pretendidamente hiriente para la mirada. Todas las imágenes se destacan por recordar otras de escrituras anteriores, argentinas. En la lectura global de Domínguez, la descripción resulta sostenidamente irónica, en particular si se observa la segunda parte del tratamiento fluvial que erige un contraste con la primera en lo que respecta a la duplicación en el fondo del lecho en tanto segunda pampa. Lo no revelado es la condición e interés del autor por dar tratamiento al río que en la otra orilla fue olvidado.

La imagen del bañista caminando por el río retoma la idea inofensiva del sinuoso lecho pero la detiene abruptamente al interrogarse sobre el piso en que camina. La pregunta retórica al final de la cita introduce el interés escritural del autor. Domínguez se remite al origen tectónico del estuario, su actual superficie era un valle que comunicaba con Brasil. Al describir sus aguas da cuenta de la condición del río como si fueran tres. La coloración del río depende de la descarga según el afluente que predomina: con el Paraná el color es rojizo amarillento, si el flujo predominante es el del Uruguay la coloración tiende a ser parda ya que arrastra tierras predominantemente negras, finalmente, en la sección media adquiere coloración marítima según el avance de las aguas del Atlántico. La circulación de las aguas en cualquier río del mundo es una, mientras que en el Río de la Plata dos son las corrientes que le dan vida: una en la superficie externa con las aguas traídas desde el norte y otra, la de sus profundidades, de origen marítimo. Ambas son frecuentemente contrapuestas y es la primera condición vinculada a la inmovilidad de sus aguas en tanto quimera. Con las sudestadas cambia la circulación de la superficie volviendo las aguas en un sentido contrario al habitual. Las invocaciones argentinas del estuario se resquebrajan para dar paso a la representación de un río con otros atributos.

El doble movimiento de sus aguas no es la única fuerza que quebranta la paciencia de los navegantes. El crecimiento del delta paranaense a razón de más de 700 metros cuadrados por año, según Carlos María Domínguez, invadiendo la actual superficie fluvial, prefigura la extinción de la celebrada magnitud y anchura rioplatense. Este avance, sumado el crecimiento de los bancos de arena en la parte media, configura una silueta que se irá encogiendo con el correr del tiempo, a tal punto de hacer desaparecer el privilegio y la existencia misma del puerto de Buenos Aires. ¿Qué es el Río de la Plata? ¿El encuentro de dos ríos con un delta? ¿Un solo delta con una superficie emergida y otra sumergida? ¿Delta en permanente crecimiento y movimiento? Domínguez se interroga sobre esta condición del estuario organizando la idea de que sus límites imaginarios son virtuales porque su naturaleza no tolera los límites de una definición. Nada más arduo que una política caprichosa y persistente en separar dos Estados en un río tan complejo como el Plata: doble movilidad de sus aguas, bancos de arena que mutan y se trasladan por la superficie, canales de navegación con permanentes dragados, un delta avanzando sobre su territorio, vientos inclementes, el mar invadiendo la superficie del estuario. En medio de esos caprichos geográficos, dos fueron los primeros criterios esgrimidos para definir la separación de aguas: dividir el Río de la Plata por la mitad o, segunda posibilidad, considerar el canal de aguas más profundas –o *talweg*– como modo de escisión.

Una particularidad del primer capítulo del libro *Las puertas de la tierra* es la descripción de la dinámica comercial del estuario, el impacto que tuvo y tiene la tecnología marina al servicio de la economía del sector. La preponderancia del puerto de Montevideo en el diseño urbano de la ciudad fue inevitable y, además, motor del cambio fisonómico de la ciudad. Gracias a su puerto, la ciudad creció y le dio sentido de prosperidad. *Las puertas de la tierra* se inicia con un fragmento de una intervención llevada a cabo por el pintor Joaquín Torres García que cifra esta idea de protagonismo del puerto en la escena urbana montevideana y la referencia a dos mundos, apenas rozados, el urbano y el fluvial articulado por el puerto. Allí se recupera la impresión de los marineros por la peligrosidad del Río de la Plata conjuntamente con un recorrido por la tradición portuaria del Uruguay en lo que respecta al comercio y la cultura de un país mirando a su puerto aunque, paradójicamente, Carlos María Domínguez enfatiza el hecho de que la población uruguaya desconoce la complejidad topográfica.

Se indica el respeto y miedo que el río más grande del mundo provoca a sus visitantes. De todos los nombres y valoraciones se recupera la idea de "Las puertas de la tierra", motivo del título de la publicación. La metáfora e imagen acentúa una idea: el acceso a un territorio continental desde su frente fluvial. Pero también si la tierra y el territorio son provistos de una puerta, el interrogante es saber hacia dónde comunica tal accesibilidad.

El autor interpela con la imagen "para conocer estas puertas hay que llegar y partir desde el agua. Aprender a cruzarlas" (Domínguez, 2007: 13). Señala las dificultades, materiales y simbólicas, que la comunidad rioplatense tiene de conectar sus orillas. El práctico condensa la complejidad del cruce del Río de la Plata ya que es el encargado de conducir el cruce por las aguas fluviales —conociendo todos los obstáculos de su lecho— y, el suyo es el primer oficio que resalta el conflicto de intereses económicos entre las dos comunidades rioplatenses.

En las dos publicaciones de Carlos María Domínguez se ordenan imágenes elocuentes en lo que respecta al tratamiento de la figuración del estuario: la primera de ellas corresponde al "contrabando como forma de desaparición" (Domínguez, 2002: 155), en particular, el referido al humano. Todo contrabando supone el tráfico clandestino de una frontera, en este caso estatal, a otra. La narrativa de Carlos María Domínguez involucra por un lado, la tensión con el orden jurídico y normativo —la circulación de personas, lo que está permitido pasar libremente, etc.- y, por otro, la puesta en relieve del carácter arbitrario que rige las prerrogativas del Estado. La escritura de Domínguez enfatiza a través de la recuperación de voces de la costa, que una vida en comunidad puede organizarse dejando a un lado, al menos parcialmente, las determinaciones del Estado: "Cuando venía la Delta [...]. Se hacía una mesa larga y ahí nos sentábamos lo bagayeros [...]. Jamás se tocó el tema de que nosotros fuéramos uruguayos o argentinos. Nadie hablaba de eso [...]. Los milicos jugaban partidos con nosotros" (Domínguez, 2007: 165).

En el tercer párrafo de la introducción de *Escritos en el agua*, el narrador sintetiza la condición del río como camuflaje fluvial, ya que en verdad es "trampa implacable" (Domínguez, 2006: 10), el grado de "dramático destino" (Domínguez, 2007: 10) de sus aguas. Es así que la primera fundación nominal del río, sugerida por Américo Vespucio como Río Jordán exhibe la antítesis de esta representación al tiempo de inaugurar una nominación distanciada de la realidad. La disociación del río con la realidad se expande como idea polémica hacia la adjetivación con la que la tradición literaria argentina lo ha nombrado. Estos recortes de la tradición son explicitados irónicamente por Carlos María Domínguez, adjetivaciones e imágenes que también hizo Juan José Saer en el tratado imaginario sobre el Río de la Plata aunque de una manera no crítica. En efecto, tanto Saer como Domínguez recuerdan las mismas expresiones realizadas por la literatura argentina: Jorge Luis Borges, "sueñera y barro"; Leopoldo Lugones, "el río color de león"; Baldomero Fernández Moreno, "café con leche". Domínguez se retira de estas nominaciones por juzgarlas ociosas y se aproxima de ese modo a los dos autores próximos a su inscripción estética: Walsh y Conti.

Este es el recorte estético y valorativo que el autor uruguayo realiza de la tradición literaria argentina. Destina un par de párrafos a la representación del Río de la Plata efectuada por Juan José Saer, aunque sólo lo hace tomando como punto de análisis el tratado imaginario con el fin de polemizar aspectos estéticos y éticos de su producción. Domínguez se diferencia de la escritura de Saer ya que éste lo representa sólo desde la mirada del lado occidental. La lectura de Saer sobre el Río de la Plata actualiza otra ilusión sostenida desde el nombre propio. Según Domínguez, Saer mira el Río de la Plata desde la superficie líquida, la mirada de quien contempla una visual para asociarla a otra imagen, la continental. En el programa estético saeriano y, en general, en el de la literatura argentina, los escritos sobre el estuario nunca se sumergen en las profundidades de las aguas del Plata. Esta fragmentación no figura dentro de las implicancias observadas por el autor de *La casa de papel*. La crítica que Domínguez hace se expande a la totalidad de la literatura Argentina, ya que la mirada que se tiene a propósito del estuario platense es esquiva, especialmente recortada y supeditada a la pampa. El párrafo dedicado a la lectura del tratado imaginario saeriano reviste algunas indicaciones para realizar. El pasaje dice lo siguiente:

> La presunción de Saer revela la vigencia de una ilusoria confianza: el Río de la Plata tendría un comportamiento uniforme en sus dimensiones físicas e imaginarias. Consagra no sólo un error, también la ignorancia de un fenómeno esquivo a la mirada argentina que, con la imaginación puesta en los terrores de la pampa, creció de espalda a sus orillas y vio en el ancho cauce una monótona descarga. (Domínguez, 2007: 11)

Según Carlos María Domínguez, el modo de nombrar y dar cuenta del Río de la Plata en el autor santafecino no tiene respaldo con la realidad. La muerte y el equívoco puntean los rasgos de su fisonomía en este modo sesgado de referirlo. La imaginación está al servicio del terror y una apropiación de la complejidad del Río de la Plata en tanto mezquindad. La anchura del río es apropiada por la cultura argentina con su correspondencia monótona de la pampa. La observación de Domínguez de que la literatura uruguaya "no ha puesto un pie en el agua" (Domínguez, 2002: 11) se contrasta con la presencia que el estuario tiene en su cultura. La orilla es central por cuanto es el espacio en que se reúnen las anécdotas, los testimonios y los intercambios entre los personajes y el río. La costa se vincula con un movimiento vital que articula contrabando, contemplación, testimonios, vida y muerte. En cambio, en el lado argentino, el frente fluvial es recuperado en dos oportunidades. En la primera invocación, referida a la última dictadura militar, se menciona a los balnearios que convocaban a los sectores populares mientras que los clubes privados reunían a los sectores más acomodados de la sociedad. El Río de la Plata exhibía una tajante separación de corte clasista. La segunda referencia a la costa argentina da cuenta de la última dictadura militar. Señala que la costa fue mayoritariamente expropiada por clubes y empresas privando, el uso de estos lugares a los sectores populares. Sólo quedaba luego de esta privatización "mirar el agua negra, saturada de bolsas de plástico, excrementos, restos de cartón, vidrios y botellas rotas para comprender que algo había terminado para siempre" (Domínguez, 2007: 12). El río pasó a ocupar un lugar de estafa ya que exteriorizaba un reflejo de negritud y suciedad. Su extensión ribereña continuó comunicando historias, encuentros, contrabando, cazadores y la llegada de los cadáveres argentinos.

[8.1.1] La disputa limítrofe
del Río de la Plata entre los Estados nacionales

Un epicentro clave en la historia institucional de los dos países rioplatenses en lo que concierne a la resolución del problema limítrofe del Río de la Plata tuvo lugar en el Congreso Argentino a comienzos del siglo XX cuando Argentina definió una estrategia tendiente a posicionarse en relación a qué argumentos viables garantizarían la mayor obtención de territorio. Llamó la atención, en ese contexto, el discurso de Emilio Mitre con su vehemente énfasis defensivo, ya que consignaba la amenaza cierta de que Uruguay bombardee desde su costa. En principio, Mitre da testimonio del avance del delta sobre el río y, en particular, el de Playa Honda, que es un enorme banco de arena localizado en el centro del estuario y que hoy tiene una superficie de cientos de kilómetros cuadrados. De este proceso de acumulación y sedimentación es evidente que el Río de la Plata será en el futuro sólo un gran río de aguas muy profundas e igualmente angosto. Al producirse el proceso de sedimentación, el único territorio que continuará transportando aguas será el cauce de aguas más profundas o *talweg*. El punto de discordia es que el canal de aguas más profundas pasa muy cerca del frente continental uruguayo y aceptar la división del Río de la Plata en la mitad de su extensión presupondría que, en el futuro, Argentina quede sin río debido al rápido proceso de sedimentación que tiene su lecho. El río que será tendrá como atributo un máximo de caudal de aguas en un cauce estrecho con orillas sumamente elevadas. Mitre, citado por Domínguez, desmonta el mito sarmientino de llave del Río de la Plata para la isla Martín García. Dice Emilio Mitre:

> Así que aquel concepto de Llave del Río de la Plata que tiene Martín García, es una de las tantas ilusiones del pueblo, a quien se le hace creer tantas cosas. Una batería puesta en tierra firme, convenientemente colocada estaría en situación ventajosísima para dominar por completo este canal en cualquier tiempo. (Domínguez, 2006: 24)

Por fuera de la narrativa de Carlos María Domínguez y procurando ampliar el contexto en el que se inscribe el discurso de Emilio Mitre, el problema de la definición fronteriza entre los países no se inició en 1908 con este discurso. Durante la cancillería de Estanislao Zeballos, en la presidencia de José Figueroa Alcorta, la llamada teoría zeballista entendía que el Río de la Plata pertenecía jurisdiccionalmente sólo a la República Argentina y que el Uruguay podía utilizar el frente fluvial "sólo con marea alta" (Domínguez, 2006: 28) ya que, en caso contrario se estarían utilizando aguas argentinas. El posicionamiento extremo de costa cero para la República Oriental del Uruguay generó diversos reclamos del país oriental a tal punto de amenazar con la ruptura de relaciones diplomáticas entre los países intervinientes. Durante el transcurso de la presidencia de José Figueroa Alcorta, se produjeron, además, tres casos de interpelaciones del Estado uruguayo al Estado argentino: la pesca industrial del Estado occidental del Plata con autorización del gobierno en territorio fluvial uruguayo, la negativa de la Marina Argentina de que el Uruguay auxilie a víctimas del naufragio del buque Constitución frente a Colonia del Sacramento y, el caso más resonado, la práctica militar del Estado argentino entre la isla de Flores y el banco Inglés frente a las costas de Montevideo. Ante este estado de situación, la República Oriental del Uruguay desarrolló la estrategia de aliarse con el Brasil, que mantenía controversias diplomáticas con Argentina por otro sector limítrofe común y, luego de la renuncia de diversos funcionarios clave de los dos países rioplatenses, comenzaron las discusiones diplomáticas sobre los límites del río.

La primera dificultad encontrada por los Estados intervinientes fue la de persuadir a la comunidad internacional sobre la existencia de un territorio definido como río, ya que de ser considerado frente marítimo la jurisdicción de cada país caería sobre una franja mínima frente a sus costas. En cambio, de ser apreciado en tanto espejo fluvial, la jurisdicción y soberanía pertenecería íntegramente a los dos Estados y posibilitaría que terceros países se sometieran a la jurisprudencia de los Estados platenses. El límite externo quedó entonces fijado en una línea imaginaria que va desde Punta del Este, en la República Oriental del Uruguay, hasta Punta Rasa, del cabo San Antonio, en la República Argentina. El trazo del límite se definió recién en 1961. Definido el límite externo, y antes de enmarcar estrategias persuasivas sobre cómo ganar la mayor cantidad de territorio, los Estados del Plata se encontraron con rasgos topográficos y geológicos que representaron un inconveniente agravando la complejidad de la discusión. Por principio general del derecho, las aguas de todo río que divide dos Estados nacionales son separadas fraccionando el espejo fluvial en una línea imaginaria en la mitad entre costa y costa. Si en la primera discusión, dada la extensión de las aguas del Río de la Plata, se tuvo que demostrar que efectivamente era un río, se debió luego analizar en detalle la complejidad de su superficie emergida y sumergida. El Río de la Plata no sólo es el río más ancho del mundo. También presenta una dinámica interna originada por los enormes caudales de agua, limo, vientos y la fuerza de un frente marítimo que cambia permanentemente su fisonomía. Finalmente, en 1973 se firmó el *Tratado del Río de la Plata y su frente marítimo* entre los dos presidentes rioplatenses y se acordó la utilización de una franja de uso exclusivo para cada país y un área extensa para uso común. La posición de Zeballos fue pulverizada y la propuesta del legislador Emilio Mitre de fijar un límite a partir del canal *thalweg* fue relativizada. La argumentación expansionista de Argentina tuvo que ceder ante los argumentos uruguayos y el conflicto fue resuelto en términos diplomáticos. Cabe la conjetura de que es quizás este marco de conflictividad, que se remonta a los comienzos de la Colonia, entre las dos costas, lo que ha permitido esbozar presupuestos bajo los cuales se indaga la distancia abierta entre los dos países.

A la tensión producida entre las dos orillas del Río de la Plata se le suma la conflictividad de las características topográficas de un estuario que dificulta cualquier intento de navegación entre sus aguas. Dice el autor de *Las puertas de la tierra* sobre la sinergia producida por la intempestividad de las aguas del Plata y los conflictos de soberanía territorial: "Es que el agua se mueve y con ella arrastra barcos, leyes y destinos. Al fin y al cabo, siempre separó dos orillas y diría el río que no es su problema que fundaran en ella dos países" (Domínguez, 2007: 48).

[8.1.2] Tumbas para los navegantes y lecho mortuorio para los desaparecidos

El camuflaje es un procedimiento empleado en el reino animal como estrategia de adaptación de algunas especies tendiente a disimular su presencia confundiéndose con otro animal o como parte del ámbito físico en que viven. 'Cripsis' es el término empleado en biología animal para referir este fenómeno de mimetismo. Ahora bien, el camuflaje militar es una estrategia defensiva para pasar desapercibido mimetizándose con el medio natural. De este modo, tanto el rostro como los uniformes adquieren motivos y colores del ámbito bélico donde se encuentren. El camuflaje como recurso militar fue tomado de la estética cubista y empleado por primera vez por el ejército francés en 1915. El recurso creado por los artistas cubistas del *dazzle painting* consistió en una técnica pictórica aplicada a los barcos con el fin de realizar una intervención artística en ellos consistente en romper las líneas rectas en alta mar. Para ello, Norman Wilkinson pensó que para no ser percibido por los submarinos se debía pintar con colores intensos y superpuestos la estructura de los barcos de guerra. De esta intervención surgieron luego los ya conocidos trajes de diseño militar con formas irregulares y las tonalidades ocre, gris, verde y castaño con el fin de confundirse en el medio natural.

En Carlos María Domínguez el tópico del camuflaje como estrategia defensiva o de ataque se encuentra presente, primero en la prosopopeya del Río de la Plata cuando este simula ser un río tranquilo siendo en verdad una trampa mortal según la impresión de los marineros –piénsese especialmente en el primer párrafo de *Escritos en el agua*–, en segundo lugar, en los contrabandistas al intentar pasar desapercibidos por la Gendarmería de los dos países y, por último, en el arrojo de los cuerpos al río con forma de bultos inanimados para pasar inadvertidos ante la mirada de los lugareños. Igual estrategia es empleada para los bagayos: "Las esperábamos en los arroyos con una embarcación a motor, *pintadas de gris, como las de la prefectura, y con un buen reflector*" (Domínguez, 2006: 171, el subrayado es mío).

En el segundo párrafo de la introducción de *Escritos en el agua* se organiza la impresión de los bañistas uruguayos con el río y la impresión de un navegante extranjero que percibe el Río de la Plata como "infierno de los navegantes" (Domínguez, 2006: 9), contraste que anuncia la escisión trazada por la mirada continental del Río de la Plata diferenciada de aquellas experiencias alejadas de las costas *in situ*. En la segunda parte del primer párrafo, la voz narradora se dirige directamente a la movilidad de sus límites externos e internos, la condición de peligrosidad que se separa de la imagen canonizada por el sistema literario y, particularmente, interpela la idea de inmovilidad que viene desde la prosa de Eduardo Mallea. La condición del río como tumba de un espacio traicionero y trágico es extensible al acontecimiento de arrojo de cuerpos durante la última dictadura militar argentina.

Este capítulo de *Escritos en el agua* analiza el impacto del contrabando como línea de fuego y combate. Remite al lugar preponderante que tuvo la isla Juncal y su vieja moradora, Julia Lafranconi. La mutabilidad de los ríos persiste bajo las condiciones climáticas, fluviales y marítimas. El capítulo se cancela con la imagen de los cuerpos en el río, sumado el asesinato de los militares a bagayeros durante los gobiernos de facto en las dos orillas rioplatenses. De este modo, contrabando y muerte confluyen en el final de este capítulo. Sobre Julia Lafranconi y el contrabando. Dice una de las voces recuperadas por Domínguez:

> Doña Julia manejaba el gran contrabando humano, de la Argentina hacia acá, y de acá para la Argentina […]. Y en Carmelo estaban los más grandes contrabandistas […]. En la isla de doña Julia no se escondía nada. Estaban los bultos en la costa. Cajones, bultos grandes, chicos, todo embalado […]. No sabías si iban o venían. Pero si estaban en la costa era para embarcarse al otro día o en dos días". (Domínguez, 2007: 82)

El tráfico de ganado y mercancías durante la colonia, los exiliados históricos que se han desplazado desde Argentina a Uruguay, especialmente los de las dos postguerras del siglo XX, y en particular, el ingreso a Argentina tanto de judíos como de nazis huyendo de Alemania. Todos migrando a través de la isla Juncal y ayudados por los contrabandistas. De esas experiencias y modalidades de tránsito se destaca la consideración valorativa del narrador de estimar los objetos y personas de contrabando como una forma de desaparición. La movilidad de sus bancos, aguas y condiciones climáticas reafirman la idea de un estuario cuyos límites e identidad no serán nunca revelados, entre otras razones por la referencia que suscita su nombre oficial alejada de sus características topográficas y culturales. El movimiento de contrabando funcionaba de diversas maneras. La escena en que los gendarmes controlaban y vigilaban el escenario fluvial con el fin de capturar a los contrabandistas era contrapuesta a la estrategia de éstos de hundir parcialmente el bote, estrategia que consistía en adherir plantas a la estructura simulando ser camalotes. El efecto metonímico producido por el camuflaje es sorprendente: "Los milicos habían visto una luz, un bote, la pitada de un cigarro […]. Lo único que, en todo caso, podían ver era el paso de unos camalotes por el río" (Domínguez, 2007: 81). El capítulo "Ríos de sangre" se dirige directamente al contrabando y desaparición de personas. Los cuerpos arrojados al Río de la Plata y el delta paranaense durante la última dictadura cívico-militar argentina son representados a través del relato desgarrador de quien observó el lanzamiento de cuerpos vivos desde aviones y helicópteros en el Río de la Plata hasta su posterior hallazgo en las costas.

> Venían los aviones y había que esperar que tiraran los bultos, y después cruzar, a veces tapados con ramas […]. El helicóptero abría las compuertas y largaba bultos al agua. Y usted iba a mirar y eran tipos envueltos en

> bolsas, atados con alambre. Cuánta gente encontrábamos después. Salían en bolsas, o envueltos en esas frazadas de las cárceles. Otras veces llegaban a la costa [...]. Los tiraban donde cayeran, y el agua, después, los traía [...]. Los mataban o les inyectaban algo, porque nosotros encontrábamos cuerpos frescos, bien frescos, y no tenían golpes [...] no tenían herida de bala ni grandes magulladuras [...]. En general era gente joven. (Domínguez, 2007: 182)

El capítulo once, "Ríos de sangre", posee como rasgo el tratamiento puntual de los cuerpos tirados al Río de la Plata, especialmente en el sector costero de la República Oriental del Uruguay. El relato de los testimonios indica también la prerrogativa de las autoridades de que aquellos que vieran la escena no debían hablar con nadie; la imposición del silencio sellaba la posibilidad de articular lo acontecido. De hecho, pese a la abrumadora presencia de los cadáveres. Nunca se inició una denuncia o investigación de oficio para explicar los alcances del suceso. Según los testigos, nadie estaba interesado en hablar ni en la posibilidad de saber qué había ocurrido. El principal testimonio corresponde a los contrabandistas entre las dos orillas, ya que desde la parte media del río y a una considerable distancia de cualquiera de las costas, podían apreciar, camuflados, la escena.

En el penúltimo capítulo de *Escritos en el agua*, "Un torrente de memoria y olvido", Domínguez retoma el hilo narrativo sobre los rasgos hiperbólicos, del caudal del Río de la Plata: "Con su caudal de aguas rojas, pardas y amarillas, sus barcos hundidos, el Delta, la orilla ausente, el río carga miles de cadáveres [...]. Se han deshecho en el agua" (Domínguez, 2007: 183). Es el capítulo más comprometido políticamente con relación a la desaparición/aparición de cadáveres en el Río de la Plata. Los sucesos también son recuperados en la narración a través del testimonio de testigos que habitaban las cercanías del Río de la Plata. Aviones y helicópteros merodeaban las cercanías de la costa uruguaya buscando la mayor profundidad del estuario. A la pesadez de los bultos se le agregaban pesas para que no flotaran. Esto, sumado al envoltorio que le hacían con frazadas, generaba una imagen de borradura de la silueta humana y, al mismo tiempo, el esfuerzo por reasegurar la desaparición física para quien no debía integrar un orden comunitario y representativo de los ideales propiciados por el poder estatal: "Durante la dictadura acá tiraron cantidad [...]. Veíamos los helicópteros que tiraban los bultos en la costa del Guazú [...]. Los tiraban con pesas, se ve que buscando la hondura mayor, pero entonces no imaginábamos que era gente" (Domínguez, 2007: 184).

Hay un territorio constituido por el Río de la Plata y el terreno ganado por la ESMA al espacio fluvial que erige una zona de exterminio especial. Los cuerpos arrojados debían llegar al fondo del río. En el caso de las desapariciones físicas en el continente –las consumadas en la Escuela de Mecánica de la Armada– este objetivo se procuraba no con el agua sino con el fuego. El resto dejado por la quema corporal ocupó el lugar ganado al Río de la Plata en los fondos de la ESMA. Asociado con esta idea surge explícitamente el vínculo con la desaparición del cuerpo de Rodolfo Walsh, su último cuento "Juan se iba al río" y Haroldo Conti:

> Muchos prisioneros fueron quemados en parrillas, otros incendiados con leña y luego utilizados para rellenar los suelos donde parquizaron su área de deportes. Presumiblemente, los restos de Rodolfo Walsh yacen en esos terrenos ganados al río y los de Haroldo Conti en sus aguas. Un prisionero del campo "cree que lo hicieron arder, como cuenta Scilingo, en el campo de deportes, junto al río de su último cuento, que apareció en él", diría Vertbitsky. (Domínguez, 2007: 186)

El Río de la Plata es caracterizado por una serie de términos que se distancian de aquellos consagrados por la tradición literaria. Hay un proceso de memoria y olvido, aventuras, orgullos y vergüenzas sepultadas, y todo esto envuelto en un torbellino de aguas, una suerte de lodo capturado por la mirada de una voz que procura dar sentido a una totalidad inconmensurable. En la pregunta formulada en uno de los testimonios, se cifra la duda que recubre la subjetividad del sobreviviente: "¿No estaré muerto, yo, y no me di cuenta?, es la duda del sobreviviente que el río sumerge en sus aguas" (Domínguez, 2007: 186).

[8.1.3] Intrusión y sacralidad

Jean-Luc Nancy reflexiona la figura del intruso (2000) y Giorgio Agamben revisa la condición humana desde la noción de *homo sacer* (2000 b). Ambas nociones –la intrusión y la adjetivación *sacer* para referir lo humano– permiten distinguir una visión de los acontecimientos culturales que involucran la exclusión de sujetos en ámbitos estatales y comunitarios. Tal como se ha indicado antes, Nancy destaca del intruso una fuerza vital que, intempestivamente, irrumpe en un espacio determinado. Una figura privilegiada en su pensamiento, asociada con la intrusión, es la del extranjero que penetra en una comunidad y guarda su condición de ajenidad. Si su inclusión está asociada al libre ingreso y egreso, a que aquél sea esperado y recibido por la comunidad, pierde su rango de otredad diferenciada y ya no está al margen en tanto mirada de extrañamiento para sí y los demás: deja de ser intruso y algo de su razón de extranjero. El intruso inserto en una comunidad perturba la intimidad como quien espía desde la mirilla de una puerta. Dice Nancy: "El intruso no es otro que yo mismo y el hombre mismo (…) intruso en el mundo tanto como en sí mismo, inquietante oleada de lo ajeno, *conatus* de una infinidad excreciente" (Nancy, 2001: 459).

La noción *sacer* es un latinismo fuertemente asociado a la profanidad. Todo acto de profanación convierte algo del orden de lo humano para otorgarle un rango de sacrificio. El adjetivo *sacer* designa el carácter de consagración a los dioses y también es un término asociado con la exclusión comunitaria por su acepción de maldito. La profanación puede tener dos movimientos: un objeto o símbolo puede pasar del orden de lo humano a lo divino o bien a la inversa. Lo más significativo de estos desplazamientos es que los objetos o símbolos implicados conserven un resto de profanidad cuando son consagrados o bien un residuo de sacralidad cuando se ingresa al orden de la mundanidad, movimiento de visibilidad e invisibilidad que restituye la significación de objetos y símbolos. El resto que queda impregnado como gesto del pasaje de lo humano o lo divino es la abertura en que Nancy se detiene en *Noli me tangere* (2000) sobre la ascensión de Jesucristo atravesada por la mirada de María Magdalena. La sacralidad tiene una imposición soberana del pasaje de una constelación de significados a otra, al producir una interpretación de ese pasaje, el resto, inasible y lejano, pierde su potencial. El rechazo a la negación de las Madres de Plaza de Mayo de recibir la indemnización del Estado mantuvo a los desaparecidos en un umbral ya que, con este gesto, no reconocieron su condición de muertos por el terrorismo de Estado.

Si el contrabando es una forma de desaparición, el Río de la Plata es el espacio por antonomasia privilegiado para pasar a la clandestinidad y, por lo tanto, a la invisibilidad de los cuerpos que debían ser desaparecidos. Este movimiento que involucra la desaparición/aparición específicamente de personas –tanto el tráfico de indocumentados como el arrojo de los cuerpos desde los aviones y helicópteros– hace que el estuario y el tópico del cruce se vuelvan políticos. Es así que el reconocimiento a nivel de imaginario social del tráfico y contrabando por sus dos orillas enmarca por un lado que los vínculos humanos no estén sujetos al orden y ley de los Estados y, por otro, que la ilegalidad de una acción que involucra el comercio hace que la mercancía, al pasar de una frontera a otra tenga un nuevo uso al ser restituido al orden de lo humano. Es decir, la mercancía se invisibiliza para ser profanada a un nuevo uso y circulación. Los cuerpos arrojados al Río de la Plata, en cambio, tienen un impulso tánico opuesto: borrar su existencia de la faz de lo humano para dejar un espacio inconmensurable de vacío que atraviesa lo inefable en su intento por poner en palabras lo acontecido. Dice Giorgio Agamben sobre el movimiento dialéctico de consagración/profanación:

> Los juristas romanos sabían perfectamente qué significaba profanar. Sagradas o religiosas eran las cosas que pertenecían de algún modo a los dioses […]. Y si consagrar era el término que designaba la salida de las cosas de la esfera del derecho humano, profanar significaba por el contrario restituirlos al libre uso de los hombres. (2005: 98)

En Domínguez, el Río de la Plata aparece como una "pesada máquina que rueda" (2002: 18) y, en este procedimiento imaginario de representación del estuario, se inscribe la particular envergadura que tiene el *topos* en lo que respecta a su carácter contingente de la cultura, ya que la intempestividad y la tragedia organizan el vínculo subjetivo de los hombres con su frente fluvial. Y son esas aguas removidas de lodo y barro las que trae a nivel de la memoria y el testimonio de los hombres del río, la memoria de lo acontecido. Tal como se indicó a propósito del término romano *sacer*, esta palabra en cuestión, cadalso, registra una serie ambivalente de acepciones: emplazado que se utiliza para llevar a cabo la ejecución de la pena de muerte y también lugar destinado para realizar un acto solemne de fuerte connotación mortuoria (*RAE*, 2014). El estuario, a lo largo de la producción cronística de Carlos María Domínguez, da cuenta de la sacralidad y solemnidad de un emplazado cargado de muertos, como la referencia inequívoca desde donde la vida es susceptible de sacrificio. Es seguramente desde este último sentido en que Domínguez procuró dar a la palabra 'enterradero' la acepción de cúmulo de cadáveres, aunque la palabra en cuestión remita, en cambio, al emplazado donde los perseguidos se esconden del orden policial.

En esta misma línea, *Escritos en el agua* homologa las profundidades del estuario platense con las de un cementerio que oculta y vela los muertos alojados en sus aguas. La carga tánica con la que se juega la escritura de Domínguez en relación al Río de la Plata añade la idea de que sus aguas son la mortaja que vela un espacio pensado ya como sepulcro: mortaja y cadalso remiten a la sacralidad aurática. La segunda equivalencia organizada en los dos libros analizados señala que los cascos de los barcos hundidos que asoman con las bajantes que, en una dimensión metonímica, remiten a la totalidad de lo que se aloja en sus profundidades. De este modo: enterradero, cadalso, mortaja, cementerio y fantasmagoría tiñen las historias de los lugareños entremezcladas con los acontecimientos de la década de 1970 y la historia traumática desde los comienzos de la Conquista.

A la representación del Río de la Plata como un lecho mortuorio se le agrega un movimiento particular que involucra a los prácticos y bagayeros por un lado, y a las mercancías y los cadáveres por el otro. El contrabando exhibe la ilegalidad e invisibilidad de las mercancías llevadas de un lado a otro del río, y esos bultos que logran pasar vuelven a tener una circulación y valor de uso en la comunidad. La particularidad que se da en los testimonios de aquellos que vieron los bultos humanos caer desde el aire o llegar a las costas uruguayas, corrompidos por el agua o el impacto de la caída, es que esa llegada a la orilla oriental, a diferencia del contrabando, no facturaba un retorno a la comunidad dada la política de silencio impuesta por la dictadura uruguaya. El ocultamiento final de los cuerpos no lograba poner en palabras de los testigos el acontecimiento siniestro y perturbador del hallazgo. Nada había sido programado para que esos pesados bultos llegaran a ese destino y, sin embargo, a la contingencia del suceso se le impuso el silencio tras la visión inopinada de los testigos. Con ese silencio quedaba lisiada la posibilidad de retorno a la comunidad del cuerpo encontrado. Retorno que implicaba el derecho de duelo.

Si se concibe la idea de que el contrabando es una forma de desaparición, cabe indicar que esa condición de desaparecido se ajusta en estricto sentido mientras transita las aguas del Río de la Plata. Una vez llegados a la costa, el valor de uso retorna en los objetos su condición de profanidad. En el contrabando se sale no solo del orden mundano y simbólico sino también se vuelve materialmente invisible al orden panóptico estatal, recuérdese la estrategia de camuflaje que se usaba para que las mercancías y las personas no fueran vistas. Aquí el sentido descriptivo de la palabra enterradero cobra una magnitud ineludible. Este movimiento dialéctico de profanar y consagrar no está reservado a los bultos que llegan como cadáveres. El sistema de producción concebido por el Estado liberal exhibe un sentido negativo en la lógica capitalista, ya que la producción de cadáveres, según se indicó desde Giorgio Agamben, es la producción de la desaparición corrompible en las aguas del Río de la Plata. Si los bultos asomaban a la orilla, la maquinaria biopolítica exponía su falla.

[8.2] Rodolfo Walsh: Comunidad y lectores

El problema de la noción e institución autor involucró parte de la agenda de dos de los pensadores franceses más influyentes de la segunda mitad del siglo XX: Michel Foucault y Roland Barthes. En *¿Qué es un autor?* (1995) Foucault formula dos preguntas centrales que revisan la emergencia del autor en la modernidad: ¿Qué importa quién habla? y ¿cuándo hay obra? En la obra moderna la dimensión del autor funcionó como copartícipe de una totalidad inscripta tanto en las leyes de mercado como en las condiciones particulares en la constitución del yo de la escritura. Aquí radica la hipótesis más fuerte de Foucault, la escritura es una abertura en la que el sujeto que escribe no deja de desaparecer. La tematización y vínculo entre escritura y muerte se puede remontar a *Las mil y una noches*, como en la puesta en relato mantiene en suspenso la inminencia de la muerte. Según Foucault, Franz Kafka representa el sacrificio de la vida en personajes emblemáticos, como los protagonistas de *La metamorfosis, El proceso* o *Ante la ley*. Más que preguntar sobre la gestualidad y estilo del autor en la obra, lo que se pone en juego en la textualidad es el tiempo particular que despliega, aunque es igualmente cierto que el nombre propio del autor asegura una inscripción, un modo de ser del lenguaje y el discurso. Ante este programa de reflexiones, Michel Foucault identifica la noción *función autor* con el fin de caracterizar y dar existencia a ciertos discursos y sus modos de circulación. Esta función autor permite indagar el funcionamiento que ciertos discursos establecen hacia una proliferación indefinida. La pregunta inicial sobre quién habla es para Foucault una pregunta sin importancia; lo trascendente es observar de qué manera se consolidan y garantizan los mecanismos de circulación en la cultura, cuál es la emergencia y especificidad en la obra de un autor capaz de potenciar y suscitar nuevos discursos.

La noción autor es un acontecimiento registrado en un momento histórico puntual, que posee una singularidad en la historia de las ideas y la cultura. Autor apunta a la relación entre este y el texto, de qué manera la textualidad hace hablar a aquél. El presupuesto inicial con el que trabaja el autor de *La microfísica del poder* es que la escritura es un espacio en que el sujeto implicado no acaba con su desaparición. Esta noción plantea otro vínculo virtual: la escritura y la muerte. La escritura está ligada al sacrificio de la vida. La marca autor no es más que la singularidad de una ausencia. ¿Obra? ¿Qué es una obra? ¿Todos los escritos de un autor? Las nociones de escritura y obra minan la de autor. La representación autoral da cuenta de un uso puntual del término. La estética borgeana ha planteado la tematización en relatos como "Pierre Menard, autor del Quijote", "Borges y yo", "Poema de los dones". En cada uno de ellos la referencia a escritores, pública y tradicionalmente reconocibles como Cervantes o el propio Borges, deja al descubierto la tensa relación efectuada entre la referencia social de una institución, como la del autor, y las inscripciones que este posee en el terreno de la ficción. Algunos de los rasgos inevitables de la función autor tienen que ver con su condición de objetos de apropiación cultural y social. La función autor transita entre el enunciado y el *alter ego* que está implicado en la escritura. El autor es una entidad que excede a la referencia impresa en el libro. El nombre autor no corresponde necesariamente al estado civil sino más bien "en la ruptura que instaura cierto grupo de discursos y su modo de ser singular" (Foucault, 1986: 94). Instalado el régimen de propiedad intelectual para los autores, se confirieron reglas de derechos y garantías jurídicas conjuntamente con las relaciones entre los escritores, los editores y la industria del libro. Así, las obras tienen la peculiaridad de dar signos e indicaciones asociadas con el autor. Esos autores se encuentran en una posición transdiscursiva.

En un eje de discusión muy próximo, Roland Barthes (2002) en "La muerte del autor" se interroga, al igual que Foucault, sobre quién habla en el texto ¿el autor, el estilo, la literatura? Escribir para Barthes presupone el olvido de la identidad, la pérdida y ruptura como proceso de duplicidad. La célebre frase "muere el autor para que nazca el lector" (Barthes, 2002: 65) tilda de algún modo el inicio de estos interrogantes. Para Barthes el que habla es el lenguaje, al autor lo escuchamos en entrevistas y críticas. Mantener en suspenso la figura autor implica la relación causal obra/autor. El acontecimiento de la escritura es la encrucijada y convergencia intertextual, de lo cómico y lo trágico, y es el lector el que reúne los componentes de estas relaciones. Incrustarle a una obra un autor es sellarlo; negarle una condición de movimiento y devenir en el horizonte de la interpretación: "Aunque todavía sea muy poderoso el imperio del autor [...] es el lenguaje y no el autor el que habla; [...] es sólo el lenguaje el que actúa, performa, y no el yo" (Barthes, 2002: 67). De una manera complementaria, en "De la obra al texto" (1984) Barthes formula una serie de proposiciones en las que explica diferentes rasgos constitutivos de la textualidad. En principio señala que la obra es la materialidad y un trabajo. Este se encuentra detrás de la *doxa* por su condición paradojal, por su implicancia simbólica y la pluralidad de sentidos. El texto no es reductible y se lo puede leer sin la prerrogativa del padre. El nuevo relato no es reproducción sino desplazamiento o aplazamiento y es allí donde se produce además un acto político y ético inherente a sí mismo.

[8.2.1] *"Juan se iba por el río" de Rodolfo Walsh: Desaparición del cuento y quema del cuerpo*

> "Yo necesito vivir en el río"
>
> Rodolfo Walsh

Estas reflexiones sobre la figura/institución autoral se pliegan solidariamente a "Dos lectores" de Lilia Ferreyra, publicado en la contratapa del diario *Página 12* (2006) en su edición del 9 de enero de 2006, por una serie de puntualizaciones en que la referencia al autor Rodolfo Walsh, también la de Lilia Ferreyra, sobrevuela desde las primeras palabras. La publicación narra el reencuentro en Madrid de la autora con su amigo Martín Gras quien había visto el cuerpo acribillado de Rodolfo Walsh y también el borrador de su último cuento perdido "Juan se iba por el río" antes de la desaparición conjunta del cadáver y el escrito. En el devenir del encuentro, rememorado por Lilia Ferreyra, ambos reconstruyen la totalidad del cuento. En "Dos lectores" se explicita la desaparición de la escritura del último cuento escrito y corregido por Walsh y se afirma un acto de violencia en perjuicio de un escritor que definía su profesión en tanto impetuoso oficio de escribir. Al mismo tiempo, "Dos lectores" pone dialécticamente en contacto la inscripción autoral Rodolfo Walsh y su emblemática "Carta abierta de Rodolfo Walsh a la Junta Militar" (1977). La singularidad del escrito de Lilia Ferreyra radica en que la emergencia de ese enunciado es consecuencia del destino que tuvieron Walsh y su último cuento. "Dos lectores" es publicado como reposición de una serie de ausencias: el cuerpo de Rodolfo Walsh y el cuento "Juan se iba al río", al mismo tiempo con el diálogo que la obra del autor de *Operación masacre* tiene con Lilia Ferreyra en tanto escucha y primera lectora de sus borradores, al menos en lo que respecta a los últimos seis años de producción escritural de Walsh.

"Dos lectores" narra el modo en que Ferreyra interpeló a Gras con relación al destino final del cuerpo de Walsh. En el devenir del encuentro ambos recuerdan el último cuento. A medida que Ferreyra reconstruye parte de la trama del relato, su interlocutor retoma el hilo narrativo y, entre ambos, reponen la totalidad. Martín Gras, al asumir el lugar de narrador de "Juan se iba por el río" dice: "yo lo leí en la ESMA" (Ferreyra, 2006). La decisión de interrupción y continuidad de la narración remite a la condición comunitaria de aquellos que al abrigo de la recuperación de una historia se reúnen con el fin de estar en comunión con una experiencia. En lo improvisto de la noche, la inminencia de lo que a ambos les incumbe y desean compartir. El conocimiento de la primera lectora, y ahora narradora del cuento, acerca de que otro está al tanto de la historia, redobla la apuesta por conocer aquello que el otro tiene como requerimiento de una narración ahora colectiva. En la ficción, Juan ve la llegada de San Martín a orillas del Río de la Plata mientras recuerda lo pasado y, entonces, desafiando su destino, pasa al otro lado. Juan transita el Río de la Plata en una bajante. El final indeterminado había sido preanunciado por el autor ya que Rodolfo Walsh decide abandonar a su personaje y quedarse en la otra orilla, la Argentina. Para Lilia es la cifra perfecta para entender un destino atravesado por la ideología y el compromiso. La indeterminación de la acción que aparece en el título, *iba*, proyecta de modo equivalente el destino igualmente indeterminado del autor. Hay un diálogo en la reconstrucción de la historia que redobla la condición comunitaria.

Tanto las características de trama, estilo, argumento, como las condiciones de producción, recepción y restitución de la ficción desaparecida constituyen un estímulo para pensar las nociones de autor, comunidad lectora y universo de sentido. Al mismo tiempo, el destino de esa escritura, el cuerpo tangible, señala otro dispositivo de interpretación estrechamente asociado al exterminio de los años 70. El escrito de Ferreyra inquiere, entre otros planteos, la inscripción de la comunidad y su vínculo con la política. "Dos lectores" es además de un homenaje a quien fuera su compañero de vida, la interpelación de la autora a su amigo en Madrid, "¿Qué pasó con Rodolfo?" (Ferreyra, 2006), Ferreyra encuadra el contexto de enunciación y provoca la gran pregunta sobre el destino final de Rodolfo Walsh. Dos imágenes son preponderantes en este marco: la del cuerpo acribillado de Walsh, visto por Gras, y la escena en que se encuentra corrigiendo su último cuento, Lilia Ferreyra. Es en el intersticio de las dos imágenes donde se cifra la necesidad de saber qué pasó. Ante la imagen de la muerte se interpone la desaparición y quema del cuerpo del escritor. Desaparición corporal que vislumbra también la desaparición del cuerpo de la escritura de sus últimos borradores. En la palabra de su amigo narrándole el destino final de Walsh, ella, Ferreyra, recuerda la escena de escritura frente a la máquina de escribir. Los textos de Walsh, al igual que él, quedaron a merced de la requisa de la ESMA.

La imagen del autor escribiendo remite al contexto de lectura en el que Ferreyra leía los últimos escritos de su compañero. Entre los borradores se encontraba la novela interrumpida que da sustento al cuento. El cuento narra la actitud de un destierro. El actor social más característico de la historia nacionalista argentina, el gaucho, aquí decide cruzar el Río de la Plata ya que el territorio en el que vive no lo contiene. El relato coincide con los prolegómenos de la primera corriente inmigratoria, el derrotado que ve los trastos del emblema nacional, las arengas de los generales antes de las guerras y el retorno del cadáver de San Martín. Los momentos son coincidentes con el final de la vida de Juan, pero, a diferencia de la resignación por la inminencia de la muerte, como en *El entenado*, este decide el cruce fluvial. El título se vuelve ambivalente en cuanto a que el destino último, si logra o no llegar a la otra orilla, no se conoce. El hipérbaton de la interpelación e imprecación a los coroneles por parte de Alsina "En la patria de ellos, yo me cago" (Ferreyra, 2006) se cifra el gesto de resistencia y desafío característicos del género gauchesco (Ludmer, 1988).

"Juan se iba por el río" es un relato que no existe en la materialidad de la escritura. Un cuerpo escritural desaparecido del que se dispone, no obstante, de una lectura, de una práctica de rememoración y también de una contrarréplica que supone "Dos lectores". Ya en el argumento de la ficción, la alusión a Alsina, la batalla de Cepeda, el retorno y *aparición* del cuerpo —otro cuerpo— de San Martín a través del río a la Argentina son hechos que se conectan con los avatares políticos e históricos del siglo XIX. Representa a quien intervino en las guerras civiles y no quiso participar de un proyecto que afirmaba el desprecio por intervenir en una contienda que no le era propia. La generación del 80 construyó su propio fantasma expresado en sectores radicalizados: el inmigrante que podía romper con la unidad nacional. El miedo ocultó fantasmalmente lo que quedó atrapado entre las guerras. Es un punto intersticial entre un modelo de país que muere –y con él la figura social del gaucho– y otro que nace. Hay una borradura del semblante histórico/cultural anterior.

La desaparición del cuento y la quema del cuerpo de Walsh parecen invertir un modo de intervención biopolítica. Se quema un cuerpo y se desaparece una escritura. La quema del cuerpo tiene también un gesto de antropofagia: a Walsh presumiblemente lo hicieron "asadito" (Vertbitsky, 2006: 68) en la ESMA. En toda esta serie de asuntos está interceptada la inscripción autor, lector y memoria. Quien repone la historia, en una dimensión pública, es quien firma la nota como compañera de Rodolfo Walsh. Los dos únicos lectores del borrador se reconocen como tales del otro lado del mar: una es víctima del exilio; el otro, del cautiverio de la ESMA. En el relato que se construye en el horizonte lector surge tanto la rememoración del tiempo del horror y, por extensión, de la historia, el encuentro de dos personas que ingresan a un orden del pasado y, por esa razón, del reconocimiento recíproco de uno a otro.

"Dos lectores" se constituye como la arqueología de un cuento desaparecido. Su autora refiere, desde la trama del relato y los acontecimientos de la ESMA allí rememorados, una representación dialéctico/alegórica del Río de la Plata, ya que este funge como continuidad del campo de concentración de la ESMA. Por otro lado, aquellas condiciones que produjeron el exterminio de Rodolfo Walsh deben ser rastreadas en la célebre "Carta a la Junta", ya que en ella se indica un mapa del exterminio del primer año de la dictadura argentina. Asimismo, tanto el contenido comprometido en el cuento –especialmente el modo en que se articula la representación del Río de la Plata– como las condiciones de su desaparición material son centrales en términos políticos. No sólo por el potencial de interpelación hacia el poder que, de manera alegórica, realiza la trama del cuento, sino también por la manera en que la voz narradora se sitúa particularmente crítica dentro de los acontecimientos histórico-culturales de finales de siglo XIX. La representación de Juan ante el Río de la Plata supone paradójicamente un retiro de la escena política argentina que se ha vuelto excluyente para amplios sectores populares. La elección del protagonista de abandonar el país se opone a la afirmación del autor Rodolfo Walsh de quedarse con las conscientes consecuencias de esa decisión. Sin saberlo, los militares no tenían previsto que la carta púbica más polémica de ese período ya hubiera sido enviada para su difusión pública. Entre la representación pública y política del autor, "Juan se iba por el río" y "Carta a la junta" se entreteje una triangulación posible que, en clave alegórica, sostendría los ejes a partir de los cuales se vislumbra la gran escena política de los años setenta.

Ferreyra acompañó a Walsh hasta sus últimos días y consolidó un vínculo junto a él que involucró su vida privada y también profesional, ya que intervino como escucha de todos los manuscritos desde finales de la década de 1960, sugiriéndole en cada oportunidad aspectos formales y, por sobre todo, tonales y rítmicos de sus escritos que involucraban el acento y la sintaxis, para que estos tuvieran el efecto buscado por el autor. Ferreyra era una asidua lectora de la literatura latina y, en particular, de los clásicos políticos de Roma, razón por la cual había seducido a su compañero con los clásicos latinos. En especial, las *Catilinarias* de Cicerón. Afirma en relación a su rol de escucha en el proceso de escritura de Walsh:

> Mi mayor complicidad era mi oído, porque Rodolfo confiaba mucho en mi sentido rítmico de la oración, de la frase, y en la carga emocional. De algún modo, en su escritura, yo cumplía un rol como de armonía o de equilibrio si había un exceso de adjetivación o si al leer una frase quedaba renga desde el punto de vista rítmico. Siempre que Rodolfo leía o escribía algo, me tenía que sentar a escuchar esa pieza. Sobre todo, se dio en la escritura de la Carta a la Junta Militar, la cual fue pulida línea a línea, y también en su último cuento Juan se iba por el río y en otros cuentos perdidos que Rodolfo me leía. Como yo intervenía desde mi oído en su escritura puedo recordar y están en mi memoria algunos párrafos y algún hilo narrativo de esos cuentos que robaron de nuestra casita en San Vicente después de su muerte. (Ferreyra, 2007)

Dijo Walsh sobre su vínculo con Ferreyra: "Mi soldadura con Lilia es indestructible" (Ferreyra, 2014) y esta representa tal relación en su vínculo a los tumultuosos años de las dos décadas con el que compartió su tiempo: "Estar unidos dos individuos pero en la marejada de lo colectivo" (Ferreyra, 2014). Estas dos imágenes, decididamente poéticas, enmarcan una dupla de la historia de militantes en los convulsionados años de plomo de Argentina.

Las consecuencias del terrorismo de Estado llegarían a su propio núcleo familiar ya en septiembre de 1976, cuando su hija Victoria se suicida para no ser interceptada por las fuerzas armadas. Ese mismo año es asesinado su amigo personal, Paco Urondo. Al cumplirse un año del comienzo de la última dictadura, Rodolfo Walsh tenía escrita la "Carta abierta de un escritor a la Junta Militar" y también el cuento "Juan se iba por el río". La carta pudo ser difundida a través del correo, mientras que su último cuento fue leído sólo por su compañera y luego por su amigo Gras en la ESMA antes de ser desaparecido en el marco de la incautación de sus bienes personales en la casa que tenía alquilada en la zona del delta bonaerense. Walsh fue emboscado por un comando de la Escuela Superior de la Armada al frente de Alfredo Astiz y Jorge Acosta en el barrio San Cristobal. Walsh fue acribillado y conducido a la sede de la ESMA. Todas sus pertenencias de la casa de San Vicente fueron enviadas al pañón de la ESMA donde se depositaban ilegalmente los bienes de los detenidos/desaparecidos para ser expropiados clandestinamente por las fuerzas militares. En el 2011, y tras dos años de investigación judicial, fueron sentenciados los responsables del asesinato de Walsh y del secuestro ilegal de sus bienes personales. En una de las audiencias, su hija, Patricia Walsh, al testimoniar increpó directamente a los imputados para que restituyeran su último cuento "Juan se iba por el río"[1]. Dijo al salir de los Tribunales Federales: "Lo que más me interesa de ello es que se llevaron el último cuento que mi padre había escrito ´Juan se iba por el río´. Durante el juicio les pedí a los represores en la cara que me lo devolvieran", señaló a los medios. El mismo reclamo realizó su compañera Lilia Ferreyra[2] ya que consideró que la desaparición de los últimos borradores de su ex compañero semeja un atentado al legado cultural de Argentina. En la sentencia se previó la reserva de prueba en el Campo de deportes que la Armada tiene en el fondo de la ESMA, en el barrio de Núñez, ya que allí podrían estar enterrados a orillas del Río de la Plata los restos de Walsh. En esos lugares se llevaron a cabo durante años actividades deportivas, especialmente partidos de fútbol por parte de los militares. Vemos ahí una correspondencia atroz con los partidos de futbol realizados por los nazis en los campos con los *Sonderkomandos*, tópico analizado por Giorgio Agamben, y las prácticas deportivas llevadas a cabo por las fuerzas militares de Argentina.

Estéticamente "Juan se iba por el río" atraviesa un desgarro. La imposibilidad del protagonista por conocer un destino que subvierte un mandato, el de continuar soportando el país de los otros, la oligarquía, a la vez que tolerar la llegada de nuevos otros, los inmigrantes. Por otro, un sujeto de la

---

[1] En la edición del 23 de abril de 2010 del diario *La Nación*, la periodista Maia Jastreblansky reconstruye parte del testimonio de Patricia Walsh en el artículo titulado "La historia desconocida de Rodolfo Walsh que reveló la causa ESMA".

[2] En la llamada mega causa ESMA, dijo Ferreyra en esta misma línea: "Cuando declaré en el juicio de la mega causa ESMA no sólo declaré sobre la desaparición de Rodolfo sino me detuve en relatar lo que estaba en mi memoria de todos esos escritos inéditos que eran, en relación a Rodolfo, desaparecerlo en la extensión de su significado de su vida […]. Por eso conté el argumento del cuento ´Juan se iba por el río". (Ferreyra, 2014)

escritura que responde a la desaparición de un escritor de los años de plomo. El desagarro deja abierta una hendidura en la que centellea, como diría Barthes, a propósito del erotismo, una afirmación. Dice Roland Barthes:

> ¿El lugar más erótico de un cuerpo no está acaso allí donde la vestimenta se abre? En la perversión [...] no hay zonas erógenas [...] es la intermitencia, como bien lo ha dicho el psicoanálisis, la que es erótica: la de la piel que centellea entre dos piezas (el pantalón y el pulóver), entre dos bordes (la camisa entreabierta, el guante y la manga); es ese centelleo el que seduce, o mejor: la puesta en escena de una apariencia-desaparición. (Barthes, 2008: 19)

La vinculación erótica que se desprende de la experiencia de lectura repone un deseo: reconstruir un objeto perdido, desde la fragmentación del recuerdo y el hallazgo de un interlocutor. Al mismo tiempo, la pérdida se deja revelar sólo desde los fragmentos de sus restos[3]. La escena erótica implica la intimidad entre dos amigos en el devenir de la noche madrileña, con el despertar del día finaliza la escena. "Dos lectores" repone una intermitencia por la intensidad de lo que viene como fulgor y también el ejercicio de memoria sella un acontecimiento de perversión como escena de clausura hacia dos cuerpos, el autoral y el escriturario, que en su desaparición física inscriben simbólicamente lo siniestro. La escritura de Lilia Ferreyra actualiza una serie de imágenes muy presentes en el imaginario social en lo que respecta a la experiencia dictatorial ya desde la primera década del nuevo siglo. En efecto, existe un reconocimiento en el horizonte de lectura capaz de identificar la escena de aquellos que aún en el exilio recuperan la añoranza de lo perdido. Y este encuentro particular entre Ferreyra y Gras, el vínculo de dos amigos cuyo punto articulador es la desaparición de Rodolfo Walsh y su obra, remite a la potencia abierta sobre la amistad en tanto alteridad inmanente de un sí mismo con un otro. Lo que dos amigos comparten es la constitución del devenir de la vida que se expresa como contenido político y afirmación vital. Agamben (2007) lo expresa en estos términos:

> L´amico non é un altro io, ma una alterità immanente nella stessitá, un devenir altro dello stesso. Nel punto in cui io percepisco la mia esistenza come dolce, la mia sensazione é attraversata da un con-sentire che la disloca e deporta verso l´amico, verso l´altro stesso. L´amicizia é questa

---

[3] En otro fragmento de *El placer del texto* se lee: "No hay ausencia más que del otro: es el otro quien parte, soy yo quien me quedo. El otro se encuentra en estado de perpetua partida, de viaje; es, por vocación, migratorio, huidizo; yo soy, yo que amor, por vocación inversa, sedentario, inmóvil, predispuesto, en espera, encogido en mi lugar, *en sufrimiento*, como un bulto en un rincón perdido de una estación". (Barthes, 2008: 55)

> desoggettivazione nel cuore stesso della sensazione piú intima di sé [...]
> l'amicizia é la condivisione che precede ogni divisione, perché ció che ha
> da spartire é il fatto stesso di esistere, la vita stessa. Ed é questa spartizio-
> ne senza oggetto, questo con-sentire originale che costituisce la politica.
> (Agamben, 2007: 19)[4]

Los dos amigos que se vuelven a encontrar dan cuenta de la necesidad
social de una intersubjetividad capaz de comprometer políticamente la
asunción de una comunidad para examinar un tiempo pasado y proyectar
el porvenir de sus vidas. La presunción de que el cuerpo de Rodolfo Walsh
fue quemado y desaparecido en los fondos de la ESMA se hace presente
en la confesión de Adolfo Scilingo cuando habilita tal destino luego de
escuchar la interpelación de Vertbitsky. El carácter de excepcionalidad en
relación a la muerte de Walsh, el acribillamiento del que fue víctima, hizo
que su cuerpo no fuera arrojado a las aguas del Río de la Plata ya que no se
tiraban cuerpos muertos o heridos en el continente ni se efectuaban vuelos
para un solo detenido. Hay un reconocimiento del Río de la Plata como
depositario de cadáveres y también una explicitación de las condiciones
materiales del arrojo sobre sus aguas. Sumado a esto, se indica además una
mirada de los uniformados en lo que respecta a la representación del Río de
la Plata como continuidad del centro clandestino de detención. La ESMA y
sus fondos pegados al río tienen una primera conexión de lo que luego se
sistematizará como técnica de desaparición de cuerpos desde el campo de
exterminio y los vuelos de la muerte hacia el estuario platense:

> Walsh fue emboscado por un pelotón de la ESMA en la cita revelada bajo
> tormento por un compañero. Astiz debía entregarlo con vida a la sala de
> torturas. Walsh le arruinó el plan al empuñar la diminuta pistola [...]. Cin-
> co prisioneros conocieron los preparativos de la operación. Uno vio en
> la Escuela de Mecánica de la Armada el cadáver de Walsh cegado por las
> balas. Cree que lo hicieron arder, como cuenta Scilingo, en el campo de de-
> portes, junto al río de su último cuento que desapareció con él. (Vertbitsky,
> 2006: 84)

Se ha asociado la desaparición física del autor de *Operación masacre* con
la publicación de la "Carta abierta de Rodolfo Walsh a la junta militar".

---

[4] "El amigo no es un otro yo, sino una alteridad inmanente en la mismidad, un devenir otro
de lo mismo. En el punto en que percibo mi existencia como dulce, mi sensación está atravesada por un co-sentir que la disloca y transporta a través del amigo, a través de un otro
mismo. La amistad es esta desobjetivación en el corazón mismo de la sensación más íntima
de sí [...] la amistad es la co-división que precede a cada división, porque esto que tiene
para repartir es el hecho mismo de existir, la vida misma. Y es esta repartición sin objeto,
este co-sentir original que constituye la política". (Agamben, 2007: 19, la traducción es mía)

Según algunos testimonios de la época, la carta fue enviada al momento de su captura[5]. En consecuencia, la asociación de un acontecimiento con otro es inevitable, ya que se presenta la persecución y su potencial destino como desaparecido. La carta pública es una "forma de expresión clandestina" (Walsh, 2008: 429) en la que Rodolfo Walsh denuncia parte del plan sistemático de desaparición y en él los arrojos de personas vivas al Río de la Plata:

> Veinticinco cuerpos mutilados afloraron entre marzo y octubre de 1976 en las costas uruguayas [...] fondeados en el Río de la Plata por buques de esa fuerza [...] incluyendo el chico de quince años, Floreal Avellaneda, "atado de pies y manos con lastimaduras en la región anal y fracturas visibles" según su autopsia [...] de alfombrar de muertos el Río de la Plata o de arrojar prisioneros al mar desde los transportes de la Primera Brigada Aérea [...]. Las 3 A son hoy las 3 Armas. (Walsh, 2008:43)

El texto de denuncia es especialmente perspicaz por el cúmulo de información y la organización discursiva. Walsh define claramente un posicionamiento de escritor en que se juega políticamente por una escritura capaz de hacer desaparecer su propia vida. La relación entre escritura periodística y política posee las prerrogativas de la década de 1960 en lo que respecta a la relación que el escritor/intelectual mantuvo con la dimensión crítica hacia la sociedad y el poder. Existe en el autor la incontrolable fuerza de la denuncia aunque "sin esperanza de ser escuchado, con la certeza de ser perseguido, pero fiel al compromiso que asumí hace mucho tiempo de dar testimonio en momentos difíciles" (Walsh, 2006: 438). Esta cita junto a la que se presenta en bloque más abajo son comentadas por Lilia Ferreyra como los fragmentos en los que ella especialmente intervino para conferirles tanto desde la sintaxis como la selección léxica, la modulación y el acento apropiado. La estrategia de representar la alteridad prefigura la idea del mal absoluto, estableciendo una evidente correspondencia entre los miembros de la Junta con la barbarie más primitiva. En esa correspondencia y retroceso "civilizatorio" se recuperan las escenas antiquísimas de la extracción de vísceras propia de los rituales profanatorios. La técnica de tortura emula los viejos materiales de conquista y exterminio del enemigo:

---

[5] "La noche del 24 de marzo del 77 festejamos la apuesta que Rodolfo había hecho consigo mismo de que al cumplirse un año de la dictadura militar iba a tener terminada y pasada en limpio la ´Carta abierta a la Junta Militar´ y el cuento ´Juan se iba por el río´. La Carta era un documento de denuncia [...]. Estas dos líneas de escritura y trabajo eran como una especie de diapasón en el que Rodolfo proyectaba seguir escribiendo en el tiempo que venía". (Ferreyra, 2014)

> La falta de límites en el tiempo ha sido complementada con la falta de lími-
> tes en los métodos, retrocediendo a épocas en que se operó directamente
> sobre las articulaciones y las vísceras de las víctimas, ahora con auxiliares
> quirúrgicos y farmacológicos de que no dispusieron los antiguos verdugos.
> El potro, el torno, el despellejamiento en vida, la sierra de los inquisidores
> medievales reaparecen en los testimonios junto con la picana y el submari-
> no. El soplete de las actualizaciones contemporáneas. (Walsh, 2006: 430)

En las presentes páginas se han examinado las consecuencias materiales
y simbólicas de una doble desaparición. El escritor/autor público Rodolfo
Walsh y su último texto por él escrito y corregido. Asimismo, se ha revisado de qué manera la publicación asociada a Walsh, "Carta abierta a la Junta
Militar", repone parte de las implicancias públicas de una figura de autor
que hizo llamar la atención del poder para actualizar la maquinaria de eliminación en su cuerpo. Los alcances de esta doble desaparición se proyectan al otro escritor que corrió el mismo destino que Walsh: Haroldo Conti.
El tiempo histórico y cultural configuró la constitución de un pasado que
se organiza no sólo desde la fragmentación de los restos –documentos o
práctica de la memoria– sino también desde la irrefutable condición de las
fuentes en cuestión. Es en esta dirección que se puede formular la conjetura de que la obra de Rodolfo Walsh es un mapa en el que convergen la
discursividad, el impacto de la escritura de autor hacia la escena pública
y política más las implicancias de esa figura pública y de escritor en una
acción biopolítica decisiva. Su posicionamiento es, a la luz que otorga la
distancia histórica, una marca distintiva en el conjunto de la escena.

[8.2.2] *Comunidad y formas políticas*

David Viñas indicó: "Walsh aquí […]; el viejo de La Torre en la década
infame, hace 50 años. Dorrego allá. Incluso en el siglo XVIII Túpac Ama-
ru; es decir, ir recuperando figuras a contrapelo, […] frente a las cuales el
poder es despiadado" (*P4R Operación Walsh*, 2001). Viñas organiza una
genealogía con relación a una virtual tradición selectiva de la que Walsh
formaría parte. En ella, el lugar de resistencia y rebeldía hacia el poder obli-
garía a detener la mirada hacia sí por parte de lo instituido y sufrir el rigor
y la violencia despiadada de un orden estatal. En esa línea, en los debates
instaurados por Foucault y Barthes a propósito de la muerte del autor no
se sospechó la condición singular que implicaba el aniquilamiento y la
desaparición material de un escritor y los modos en que una cultura, al
revisar un pasado desde una perspectiva biopolítica, pudiera envolver sobre una obra tal suceso. Al apotegma consignado sobre la muerte del autor
se esboza el suceso de que quien escribe no cesa de desaparecer o, en el

caso que se toca en estas páginas, no deja de persistir en tanto afirmación. A Félix Guattari (2006) le preocupó el desarrollo de una idea de política atravesada tanto por la macropolítica como por la micropolítica. Para esta última, es decisivo pensar la energía de lo que acaece en la política del deseo, la subjetividad y la relación con el otro. La micropolítica se encarga de las estrategias de economía del deseo en la esfera del campo social. El principal asunto de deliberación de la micropolítica no está en el orden de la representación sino más bien en el campo de la producción de subjetividad. Esta preponderancia de lo social por sobre lo individual, lleva a Guattari a evitar el término *sujeto* por el de agenciamiento colectivo de enunciación. En el orden macropolítico se ubican los sucesos y formas de vida en su mera exterioridad sociológica. La micropolítica por el contrario, agita fuerzas que promueven la disolución de formas y engendramiento de procesos que comprenden la subjetividad y el deseo. Según Guattari, los dos dispositivos descriptos participan de un todo denominado política.

Muy próximo a la categoría de micro/macro política se ubican las nociones molar y molecular, pensadas en procesos de orden. El orden molar, relacionado con la macropolítica, señala las estratificaciones que organizan territorialmente a los sujetos, objetos y sus sistemas de referencia. En el orden molecular, próximo a la noción de micropolítica, acontecen los flujos, devenires, intensidades, etc. La idea de territorio implica un mecanismo de organización de los seres para delimitar y articular sus existencias y flujos. En el territorio hay apropiación y subjetividad encerrada en sí misma. Los sujetos se sienten en casa porque pueden organizar un espacio que les es propio como identidad. Desde el territorio se convergen todas las prácticas y comportamientos estéticos, culturales y cognitivos. Todo territorio es susceptible de ser desterritorializado, de abrirse simbólicamente a nuevas líneas de fuga y sentidos. Un territorio puede también salirse de su cauce. La reterritorialización procura recomponer un territorio desterritorializado. En los proceso de territorialización que los individuos y la sociedad construyen aparece una advertencia: "acabamos muchas veces reivindicando un territorio en el edificio de las identidades reconocidas: en disonancia con nuestra conciencia y sus ideales, nos convertimos entonces en los propios productores de algunas secuencias de la cadena de montaje del deseo" (Guattari, 2006: 16). El viraje producido desde Foucault/Agamben hacia Guattari no presupone un desplazamiento de términos en el que el segundo reemplaza al primero. Más bien se efectúa entre ambos una suerte de desvalijamientos recíprocos en cuanto a que las formulaciones intersubjetivas se constituyen en la medida de un reconocimiento a la huella o herida del pasado.

La constitución y revisión de la idea de comunidad es decisiva. Jean-Luc Nancy (2007) desafía la consideración de la noción de comunidad en un marco de escepticismo global, especialmente tras los ataques a las torres gemelas de Nueva York. La prerrogativa de comunidad a la que el intelectual francés intenta desafiar la posiciona con las condiciones de omnipotencia y omnipresencia como principales atributos comunitarios. A la comunidad se le demanda soberanía e intimidad, límites precisos sin fisuras ni afuera. La comunidad constituye una identidad inquebrantable que encarna el espíritu o esencia de sus miembros. En este sentido, la primera disociación que señala Nancy es considerar el divorcio entre la política del estar en común. Descompensación de la política por desaparición de los pueblos en tanto unidad omnipresente y abarcadora. El presupuesto paradójico con el que revisa la idea de comunidad sostiene que la misma se sobrepone como imposible, ya que la comunidad se erige "en aquellos que están sin comunidad" (Nancy, 2007:23). Apartado de los modelos totalitarios de comunidad, Nancy confiere un carácter esencial a la comunidad en tanto aquella que "se realiza como su propia obra" (Nancy, 2007: 24). Comunidad sostiene más un potencial de concreción que las prerrogativas sostenidas en la modernidad. La comunidad es integrada por aquellos sin comunidad. La comunidad sin obra que no se muestra como acabada y concluida. Así, agrega el autor de *El intruso*:

> Nos encontramos en una desgarradura interna de la civilización única que civiliza y barbariza el mundo en un mismo movimiento [...] ha devuelto la comunidad humana enteramente a sí mismo y a su secreto sin dios y sin valor de mercado. Con eso es con lo que hay que trabajar: con la comunidad enfrentada a sí misma, con nosotros enfrentados a nosotros, con el con que se entre al con. Un enfrentamiento que sin duda pertenece esencialmente a la comunidad. (Nancy, 2007: 33)

El 24 de marzo del año 2012 se inauguró en el Espacio para la memoria y los derechos humanos, ex ESMA, una serie de paneles trasparentes en forma de biombo donde se reproducía la "Carta a la Junta". Por sugerencia y asesoramiento estético de León Ferrari. Se respetó la tipografía usada por Rodolfo Walsh en la década de 1970 a través de la máquina portátil Olimpia que utilizaba el autor en su actividad como escritor[6]. Acompañan esta muestra una serie de eucaliptus que rodea los paneles con el fin de recordar

---

[6] Dijo Lilia Ferreyra en la apertura de su discurso: "Treinta y cinco años después de su asesinato. Treinta y cinco años después de que descargara en un buzón las primeras copias de la Carta abierta a la Junta Militar, hoy hemos plantado ese excepcional texto cuya vigencia atraviesa las décadas a metros del Casino de Oficiales, el edificio donde funcionó el núcleo del centro clandestino de la ESMA desde donde fueron eliminados en los vuelos de

los árboles que estaban en la casa de San Vicente donde vivió Walsh junto a su compañera hasta el final. La reunión de este obituario frente a la sede del Casino de oficiales, donde se encontraba el corazón del centro clandestino de desapariciones de personas, impone un decisivo contraste. En el acto de inauguración ocurrido en el Espacio para la memoria y los derechos humanos, Lilia Ferreyra afirmó lo siguiente:

> Rodolfo decía que iban a pasar varias décadas para el que pueblo argentino pudiera renacer del daño causado por la dictadura. En esa apuesta, los dos últimos párrafos de la carta son hilos tendidos que se bifurcan hacia el futuro [...]. En un diálogo imposible que trasciende porque trasciende la muerte quisiera decirte Rodolfo, te escucharon: la carta llegó hasta aquí. (Ferreyra, 2012)

La vida en comunidad admite no sólo un estar juntos sino sostenerse en el afecto; esto implica a cada individuo y ciudadano afectar y ser afectado. Presupone que "es ser tocado y es tocar [...] lo que el tocar toca es el límite es nada más un tocar que empuja el límite más allá" (Nancy, 2007: 51). El encuentro fortuito entre Lilia Ferreyra y Martín Gras en una noche madrileña exterioriza la pregunta ya prefigurada en el título y el final del texto publicado en *Página 12*: ¿Dos lectores conforman una comunidad? El deseo por significar y, en alguna medida, restituir el pasado a través de la lectura de "Dos lectores" deja abierta la incursión de nuevos vínculos intersubjetivos desde donde el porvenir pueda articular lo venidero en tanto comunidad potencial y posible. En "Juan se iba por el río" y "Carta a la junta" se dejan entrever posibles derivaciones a las formulaciones facturadas por Michel Foucault asociadas a quién habla, e incluso se establece un nexo virtual entre ambos enunciados que explica, desde el procedimiento de la inversión, la vida en tanto sacrificio *por* la escritura.

En el último cuento de Walsh se lleva a cabo un doble registro de desaparición autoral y escritural pero, pese a la desaparición conjunta del sujeto de la escritura y el sujeto del enunciado, la inminencia autoral persiste a través de los efectos de las líneas de fuga que se proyectan en el tiempo y el espacio. Así, en "los hilos tendidos que se bifurcan hacia el futuro" (Ferreyra, 2012) se trama la reunión fortuita en Madrid que, en clave comunitaria, restituye la desaparición forzada de un cuento y una experiencia en tanto apropiación colectiva de enunciación y el retorno de la tipografía de la máquina Olimpia y los eucaliptus de la casa de San Vicente dejan solapar, ahora en una proyección alegórica, el retorno de una inscripción

---

la muerte unas 5000 personas y desde donde desapareció el cuerpo acribillado de Rodolfo Walsh". (Ferreyra, 2012)

autoral que se bifurca con la firma de Rodolfo Walsh y la escucha productiva de Lilia Ferreyra. Ambos, de manera desigual, artífices del mayor texto político de polémica y del emblemático cuento situado, en un sentido de desbaratamiento recíproco, en los resquicios de dos épocas.

Excursus. Instantánea en la ESMA: desde el fondo del campo a la orilla del río

> "Uno vio en la Escuela de Mecánica de la Armada el cadáver de Walsh cegado por las balas. Cree que lo hicieron arder, como cuenta Scilingo, en el campo de deportes, junto al río de su último cuento que desapareció con él"
>
> Vertbitsky, 1995: 84

> –¿Quemaban un cuerpo y después jugaban un partido de fútbol en el campo de deportes?
> –Nooooo. Ese campo de deportes es muy grande, de tierras recuperadas al río. La última parte es prácticamente inaccesible, no está en uso. Era al fondo de todo, justo al lado del río.
>
> Vertbitsky, 1995: 53

George Didi Huberman (2004) analiza de un modo dialéctico las imágenes del Holocausto nazi a partir de unas pocas fotografías tomadas en el campo de concentración Auschwitch en agosto de 1944 por parte de un grupo de internos con el fin de mostrar al mundo el horror dentro del *lager*. La reflexión que lleva a cabo el autor implica que al arrebatar una imagen desde el interior del campo se testifica no sólo el semblante de la barbarie nazi sino también los alcances y limitaciones de un orden que es captado a partir del encuadre y el ángulo elegido por los internos. Los detalles técnicos asociados a las tomas dan un marco formal de lo inimaginable que allí sucedía. Lograr el encuadre buscado, romper el techo del crematorio V para que, al repararlo, puedan disponer del ángulo que enfocaba la quema de cuerpos y también la fila de personas en dirección a la cámara de gas, significó arriesgar la vida en el intento por tomar esa instantánea.

A propósito de la cámara y la estrategia conjunta para realizar las fotos, comenta el autor: "Escondida en el fondo de un cubo, la cámara llegó a manos de un judío griego llamado Alex [...] apostado más abajo, delante de las fosas de incineración que supuestamente trabajaba en ellas con los demás miembros del equipo" (Didi Huberman, 2004: 29). Una de las auxiliares externas de los nazis fue la encargada de retirar el rollo de fotografía en un envase de crema dental para que llegue a la prensa occidental. Lo inimaginable tomaba así para Occidente un montaje. El testimonio visual contradijo el intento de los SS de eliminar toda evidencia documental o testimonial de lo sucedido en el campo de concentración como la desaparición de los cadáveres, sus cenizas, la documentación de archivo y los crematorios.

La recuperación de esta singularísima historia dentro del Holocausto trae un análisis alrededor de la memoria y la experiencia del horror en los campos de concentración. La lectura del campo a partir de la experiencia de estas fotos implica en Didi Huberman requerir la figura de la nómada con sus dos valencias implicadas: la simplicidad y la complejidad de la lectura. El autor admite el apotegma mediante el cual para recordar es necesario imaginar por la distancia temporal, las políticas de eliminación de pruebas, el rechazo al horror: "Simplicidad de una mónada, de manera que la imagen aparece en su texto […]. Complejidad de un montaje; es el contraste desgarrador; en la misma y única experiencia, de dos planos totalmente opuestos". (Didi Huberman, 2004: 55)

Para quien tomaba la fotografía, la instantaneidad del acontecimiento construía un complejo sistema de articulación y montaje del tiempo. Esta problematización temporal se intensifica en la conciencia de quien toma las fotos, sabiendo que su muerte es también inminente pero que de ella depende atestiguar el horror aunque su destino esté anunciado. En la lectura de las fotos se arriesga poco en términos de hipótesis si a estas se las circunscribe a la idea de un simulacro. El exceso de interpretación en las imágenes es para el autor, un especial recaudo a consignar. En primer lugar la hipertrofia consiste en la pretensión de querer ver en la fotografía todo el acontecimiento del horror cuando en verdad se dispone de un punto de vista sincrónico y diacrónicamente establecido. El segundo riesgo consiste en vaciar la imagen del contenido. En esta perspectiva la fotografía puede ser concebida como el ojo de la historia.

La idea de dispositivo en tanto categoría biopolítica proviene del Michel Foucault (2006) que, sin arriesgar una definición taxativa de la noción, la señala como aquella reunión de discursos, prácticas, arquitectura, discursos ideológicos y programáticos, decretos, leyes, enunciados morales configurantes de una red que emerge en un tiempo particular con el fin de responder a una demanda y emergencia específica por parte del poder para producir un fin puntual en el juego del poder. En un sentido más comprometido, Foucault piensa el dispositivo en el vínculo de los seres vivientes y la temporalidad histórica, los procesos de subjetivación y las reglas que se concretan en las relaciones de poder. Giorgio Agamben (2006), al recuperar el análisis de Foucault, afirma que el dispositivo en un sentido amplio se encarga de orientar, modelar o controlar los gestos, las intervenciones y las conductas que puedan ser conducentes en la determinación de las praxis y los sentimientos de los seres vivientes. Agamben no sólo piensa las cárceles, las escuelas, las iglesias o el Estado sino, además, aquellos dispositivos que atraviesan la cotidianeidad de los individuos como la escritura, la lapicera o las modas tecnológicas en la que los sujetos son capturados en una dirección de sentido específica. La idea de sujeto queda así interceptada en el encuentro de su condición de ser viviente y los efectos producidos por los dispositivos. La potencia de vida y la *techné* conforman el núcleo desde donde se representa el sujeto contemporáneo y es en la representación de cada dispositivo en la que se entrelaza además un deseo de felicidad. De modo que imagen y dispositivo lleva a indagar, en una relación de contenido y forma, un modo especial desde donde configurar un sentido posible a los ya instituidos en lo que respecta al presente de la ex ESMA devenido hoy Espacio para la memoria y para la promoción y defensa de los derechos humanos[7].

La intervención del espacio, mapas y trazos

La Escuela Mecánica de la Armada o ESMA fue una escuela militar en la que se formaron los cuadros técnicos y militares de la Fuerza Armada Argentina desde finales de la década de 1920 hasta 1998. En el año 2004 fue expropiada por el Poder Ejecutivo Nacional con el fin de convertirlo en el ente interjuridiccional Espacio para la memoria y para la promoción y defensa de los derechos humanos[8]. Este lugar se encuentra ubicado entre

[7] No se desconocen las polémicas abiertas alrededor de los memoriales vinculados con las experiencias dictatoriales y, en particular, las concernientes a la ex ESMA. En este sentido, se siguen los debates abiertos por Pierre Nora (1992) y Elizabeth Jelin (2002) en relación a los territorios y las políticas de la memoria.

[8] A menos de dos kilómetros del Campo de Deportes de la ex ESMA, siguiendo la costa del Río de la Plata hacia el sur, se encuentra el Parque de la memoria. Este espacio público constituye un memorial de los desaparecidos de la última dictadura cívico-militar argentina. A solo 300 metros de allí se encuentra ubicado el aeropuerto militar que constituía el centro de operaciones de los llamados *vuelos de la muerte*. En efecto, en 1997 diversas organizaciones de derechos humanos solicitaron a la Ciudad Autónoma de Buenos Aires un lugar destinado a la rememoración de las víctimas del plan genocida de los años 70. Fue así que en el 21 de julio 1998 se sancionó la ley 46 que mandataba la creación del Parque de la memoria. En esa norma se ordenaba que en el lugar figuren los nombres de todos los detenidos desaparecidos que figuran en el informe de la CONADEP. Asimismo se dejó suficiente espacio para la potencial incorporación de nuevos nombres que ingresen tras las investigaciones judiciales que se llevan a cabo con la apertura de los juicios por delitos de lesa humanidad. Hasta el momento figuran en el predio 10.700 nombres. El memorial está conformado por cuatro estelas de hormigón que poseen treinta mil unidades de pórfido pa-

las avenidas Libertador, Comodoro Martín Rivadavia y Leopoldo Lugones y las calles Pico y Calzadilla en la Ciudad Autónoma de Buenos Aires. Fue donado por el Concejo Deliberante de la ciudad de Buenos Aires al entonces Ministerio de Marina en 1924 y, por entonces, comprendía el actual terreno más el espacio situado entre el arroyo Medrano y la continuidad de la calle Deheza. Este sector lindante con el Río de la Plata es conocido como Campo de deportes de la Armada y estaba conectado con el predio de la ESMA a través de un puente peatonal que pasaba por la avenida Lugones y Cantilo. En el año 1998 el Presidente Carlos Menem trasladó el funcionamiento de las dependencias de la ESMA a la Base Naval Puerto Belgrano procurando demoler la totalidad del predio sobre la avenida Libertador y construir allí un espacio verde que diera cuenta de la unidad nacional. Tras el repudio de las organizaciones de derechos humanos este plan fue desestimado.

Desde 1976 hasta 1983 funcionó en la ESMA el principal centro clandestino de detención y desaparición de personas, computándose más de 5000 detenciones/desapariciones. El campo de detención cumplió esa tarea hasta noviembre de 1983 tras las elecciones presidenciales que llevó a Raúl Ricardo Alfonsín a la presidencia. Una vez constituido el predio como espacio cultural para la memoria se inauguró el Museo de Malvinas e Islas del Atlántico Sur en junio del 2014, en el fondo del predio de la ex ESMA. En el Boletín Oficial de junio de 2014 se indica que el museo tiene por objeto: "Difundir, comunicar, exhibir y concientizar a todos los habitantes de la nación acerca de la soberanía argentina sobre las islas" (Boletín Oficial PEN; 2014). Por fuera del edificio de tres plantas se encuentra el Parque de la Soberanía conformado por una plaza abierta y un lago artificial en el que se encuentran las siluetas de las islas Malvinas. El museo Malvinas está asentado donde antes se encontraba el Módulo de alojamiento de las habitaciones de los suboficiales y aspirantes.

tagónico que registran los nombres de las víctimas. En el año 2009 se crea la ley 3.078 que le confiere al predio una mayor autonomía y encuadre jurídico. De hecho, el Consejo de Gestión está integrado por las organizaciones de derechos humanos, el Estado de la ciudad de Buenos Aires y la Universidad Nacional de Buenos Aires. El predio en su conjunto tiene catorce hectáreas entre las que se encuentra el Monumento a las Víctimas del Terrorismo de Estado y un conjunto importante de esculturas alegóricas al período rememorado. El monumento tiene la forma de una herida en dirección al Río de la Plata. El predio fue severamente cuestionado en el año de su inauguración por las Madres de Plaza de Mayo y otras organizaciones sociales ya que criticaban la contradicción del Estado de la ciudad de Buenos Aires de realizar ese emprendimiento en momentos donde imperaba aún una política del olvido. En el año 2012 el Parque de la Memoria recibió el Premio Konex de Platino en la terna Entidades de Artes Visuales.

La primera referencia visual que se presenta a propósito de la ESMA en el imaginario social es la fachada del Pabellón central o edificio de las Cuatro columnas apostado frente a la avenida Libertador en el centro del conjunto de edificios emplazados sobre una línea paralela a esta arteria urbana. La fachada neoclásica del edificio, las columnas de estilo toscano, la puerta neoclásica con arco de medio punto y paneles simétricos conjuntamente con el techo de tejas, conforman la primera imagen visual externa del predio. La visual privada del imaginario social sobre la ESMA está reservada a las principales salas de detención y torturas en el edificio del casino de Oficiales. En especial, la del sótano y la del ático. En la actualidad se realizan recorridos por la ex ESMA que comprenden la visita de los edificios de los Casinos, el Centro Cultural de la Memoria Haroldo Conti –antes Pabellón de Armas–, el Archivo Nacional de la Memoria –antes Escuela de Guerra Naval–, la Casa de Nuestros Hijos, la Vida y la Esperanza, Madres de Plaza de Mayo, línea fundadora –antes Pabellón Alfa–, la Plaza de la Declaración de los Derechos Humanos –antes Plaza de Armas–, entre otras instalaciones. La visita contempla además la asistencia al Museo de Malvinas y al Canal Encuentro.

El modo de presentar la disposición del recorrido, los diferentes relatos que narran y describen la constitución del campo de exterminio desde 1976, delinean un territorio de la memoria precisamente por el interés de organizar, en el marco de una participación ciudadana, una construcción histórico-cultural de concientización y crítica de lo acontecido. En el territorio de la memoria interviene una relación específica del espacio y el tiempo que podría coincidir con el cronotopos bajtiniano en cuanto a que esa relación puntual de las coordenadas espacio-temporales delinean, al mismo tiempo, una imagen humana en el tiempo atravesada por las circunstancias espaciales que, en este caso, tiene su epicentro en el Espacio para la memoria. La sustitución de los nombres que identificaban en cada espacio una actividad específica del campo tiene una asociación con las nuevas instituciones emplazadas ahora dentro del Espacio de la memoria. Estas sustituciones permean en la materialidad de la representación del pasado con la que se dejan entrever, en esa operación, recortes y tradiciones. Ahora bien, el factor más comprometido luego de la recuperación de la ex ESMA tiene que ver con la intervención del espacio producida en los fondos del predio, es decir, con la edificación del Museo de Malvinas y el Parque de la Soberanía integrado tanto por el lago artificial como por la representación de elementos iconográficos de las islas Malvinas y la territorio marítimo en general situados en el Parque de la soberanía.

Frente a esa representación del espacio ESMA que remite a la última dictadura cívico-militar argentina interesa conformar otra en la que el primer plano tenga un trazo que, sin desconocer o discutir los asuntos del anterior, sitúe alrededor del predio un vínculo cronotópico particular con el espacio y el tiempo. Para el recorrido se toma como epicentro el fondo del predio, el cerco perimetral posterior, el terreno que va entre la ex ESMA y la avenida Lugones más el Campo de deportes de la Armada Argentina hasta la orilla del Río de la Plata que pertenece jurisdiccionalmente hoy a la Ciudad Autónoma de Buenos Aires. Este recorte del espacio necesariamente delimita un punto de atención inexorable: los dos destinos (el arrojo al Río de la Plata a través de los vuelos de la muerte o bien la incineración en los fondos del Campo de deportes) desde donde los internos culminaban su peregrinar por el campo de exterminio. Hay una representación entre las asociaciones de derechos humanos y los Estados nacional y de la Ciudad Autónoma de Buenos Aires inscripta en el significante ESMA que, tomando como punto de partida su fachada, recorre desde la arquitectura una tradición occidental en la que las agrupaciones de derechos humanos vendrían a poner en jaque como discurso de protesta tras la recuperación del predio. En esa tradición occidental, bélica y cristiana, se articula la arquitectura clásica y el interior espartano, las referencias bíblicas, los valores castrenses, la heteronormatividad, la familia nuclear, los valores nacionalistas en su legado romántico y decimonónico.

Fotografía 1

La primera fotografía, cuya toma se realizó desde el segundo piso del Museo Malvinas, presenta una organización del espacio sostenida por el corte y la irrupción de líneas rectas impuestas, en primer lugar, por la frontera del espejo de agua. La toma fue realizada, junto a las otras fotografías, el día 29 de octubre de 2015. El ángulo que corta el cuadrante del lago, la explanada con asientos, quebranta la línea recta del lago mientras que, por similitud, continúa con una tonalidad plateada por efecto mimético del cielo que también impone esa coloración al agua del lago. El vidriado de la fachada frontal del Museo Malvinas y el mapa de las islas junto al nombre de éstas siguen esta variante cromática del espacio dispuesta a lo largo de la segunda parte superior del lado derecho. La línea perimetral posterior de la pileta se encuentra paralela a la línea cromada de la barandilla, próxima al punto donde está apostado el dispositivo fotográfico. El límite izquierdo del lago tiene una orientación paralela al paredón perimetral posterior y la avenida Lugones que se observa con la igual coloración del cielo y el agua del lago. Los chorros de agua en el lago artificial acompañan el sistema de cortes y líneas paralelas junto al límite de la pared del Museo. Este sistema de cortes y superposiciones con líneas definidas organizan una característica fundamental de la representación de los fondos de la ex ESMA en la que la definición cromática es acompañada por un espacio especialmente cuidado, con colores nítidos y prolijamente preservados. Se advierte también una escasa referencia a la década en que funcionó el campo de concentración.

El Parque de la Soberanía muestra objetos e intervenciones entre las que figuran las islas Georgias y Sandwich del Sur, el Faro del fin del mundo, el Crucero Belgrano, la flora y la fauna del archipiélago. En el fondo de la imagen se ve la fachada en la que ahora funciona el canal educativo Encuentro. Las antenas satelitales dispuestas en el frente muestran la nueva identidad y función del edificio. Esta fachada es una de las pocas referencias visuales de la fotografía que nos remite al tiempo en que funcionó un campo de exterminio junto a las dos coníferas que se ubican en un ligero ángulo con respecto al edificio del canal educativo. En un sentido global, la imagen que aparece se caracteriza por una total intervención y saturación del lugar en el que se inscriben dos épocas (la del 70 y la década en que fue recuperado el predio por acción del Poder Ejecutivo Nacional) y dos acontecimientos siniestros: la política de exterminio en el campo y la guerra de Malvinas. En esta doble articulación temporal y contingente se delinea la silueta del nuevo predio como espacio para la memoria. En efecto, esta sinergia es producida y captada por la fotografía 1, por un Estado que dice comprometerse por la verdad de un tiempo pasado (1976-1983) y, al mismo tiempo, propicia la instalación de un memorial que es, en una misma proclama, un reclamo a propósito de la soberanía por las islas Malvinas. Esta política genera, como primer efecto, un corte. Allí donde en el pasado el Estado torturó y desapareció personas, hoy no sólo indaga por la verdad sino también construye un discurso por la recuperación de las islas que no necesariamente forma parte del *ethos* de aquellos que están atravesados por el acontecimiento del campo de exterminio.

En el predio donde está el Museo Malvinas juraron la bandera nacional niños y niñas de CABA. Esta connivencia que desprende la articulación del Estado y las proclamas soberanistas de las islas desplaza también la discusión sobre qué condición y responsabilidad biopolítica tuvo antes y después del período 1976-1983. Al saturar la imagen tomada por la cámara, el sujeto de la mirada queda al resguardo del vacío y la contingencia, por lo menos en lo que respecta al peregrinar de los cadáveres hasta el Campo de deportes. Lo nuevo, lo viejo reciclado y la novedad tecnológica son configurantes del relato vinculado a las proclamas de soberanía por las islas Malvinas cubriendo la totalidad del espacio.

Fotografía 2

Fotografía 3

Las fotografías 2 y 3 reúnen los dos lados del cerco perimetral posterior de la ex ESMA, muy próximo al Canal Encuentro. La imagen de los dos lados muestra, a diferencia de la primera fotografía, una escasa o nula intervención tras el traspaso en el 2004 al ente interjuridiccional. Prevalece la vegetación autóctona cubriendo incluso la vereda perimetral interna. El avance de la vegetación sobre este perímetro junto a la vegetación seca testimonia que la atención de las nuevas autoridades no se centró en esta área. Las flores de ceibo, planta nacional por excelencia de ese ecosistema y también de buena parte del litoral argentino, a diferencia de la implantación de las coníferas en el hoy Parque de la memoria, confiere a la imagen una connotación estética diferencial junto a los postes que afirman un desgaste del tiempo de las últimas décadas. La parte superior de la imagen está protagonizada por las copas de los árboles procedentes del lado exterior del predio. La fotografía tres presenta un ligero cambio en el ángulo de la toma. Destaca la plataforma de material a ras del suelo, que antecede al rejado y las columnas, lo que indica que el terreno interior del predio de la ESMA fue rellenado como medida de prevención a una posible inundación. Esa referencia nos remite a un tiempo en que el límite del predio de la ESMA y la costa se encontraban especialmente próximos. La alcantarilla de desagüe de baldosas de piedra que se encuentra a un lado del cerco perimetral del lado externo da cuenta de otro dispositivo de control de agua ante una eventual inundación. Los mosaicos y el pastizal seco que cubre la alcantarilla indican una imagen no intervenida ni por la ESMA ni por la actual administración del lugar. En una línea paralela al paredón, línea que no provoca como en la fotografía 1 un corte abrupto, se encuentran las tipas adultas, otra especie floral autóctona del ecosistema, con décadas de vida. En la imagen 3 prácticamente no hay cielo. La coloración particular de los pilotes está también en los edificios y fachadas que se mantienen intactos como la parte posterior del Casino de aspirantes y cantina, el puente peatonal que une el predio con el Campo de deportes y todos los miradores de vigilantes dispuestos principalmente sobre las avenidas Lugones y Rivadavia.

El color ocre de la muralla y el conjunto formado por las baldosas del suelo y la hierba seca contrastan con los colores límpidos de la imagen 1 (limpidez que se corresponde con la fachada del predio que se dispone sobre avenida Libertador y todos los edificios reciclados) y, en un mismo tiempo, conectan cromáticamente el puente aéreo y el interior de las habitaciones de la planta alta del Edificio de las cuatro columnas que, por amparo judicial, no pueden ser manipuladas por ser consideradas elementos de prueba en el marco de la mega causa ESMA.

La imagen del interior del Edificio de las cuatro columnas, fotografía 4, tiene como protagonista el pasillo central de la planta alta que enlaza las diferentes aulas de la ex Escuela de Marina y en las que funcionaron además como parte del complejo centro de detención y tortura durante la última dictadura cívico-militar argentina. El pasillo tiene dos series de líneas paralelas que conducen a un ventanal ubicado en el fondo a través del cual irradia una intensa luz natural (las dos series de líneas paralelas están conformadas por las dos líneas extremas del cielorraso y el zócalo de la pared izquierda junto a la barandilla de los arcos de medio punto). En la línea paralela de puertas de doble hoja se observan las primeras cinco puertas cerradas mientras que las últimas se encuentran abiertas. Esas puertas abiertas funcionan como un elemento disruptivo de la armonía general que se percibe en este importante sector de la fotografía. El aspecto general de la imagen se puede vincular especialmente con un claustro religioso por la sobriedad de la imagen, su arquitectura y la limpidez de su interior.

En el costado derecho se percibe fragmentariamente el patio cubierto, caracterizado por la intensidad de luz que cubre la totalidad del espacio y la restauración general de ese sector que contrasta claramente con el pasillo central, tanto en las paredes como en el techo (obsérvese especialmente ambos cielorrasos por su aspecto cromático y la discordancia de las paredes límpidas del patio en oposición a las paredes descascaradas del pasillo).

El pasillo presenta arcos de medio punto de estilo neoclásico a partir del cual se puede observar el gran patio cubierto que fungió como ámbito de reunión de los internos de la escuela de formación militar. Esa estructura cerrada es un fiel exponente de la arquitectura ingenieril de la revolución industrial, tanto por la estructura como por los materiales empleados, en tanto las cabreadas son de metal y las aberturas de vidrio fueron los materiales básicos de la revolución industrial. Al combinar el estilo neoclásico de la fachada y los pasillos interiores con los arcos de medio punto junto a los materiales y la estructura del patio interior del período de la revolución industrial muestra una resultante ecléctica típica de la arquitectura de la época en que fue construido el predio de la ESMA. Esta combinación de estilos articulaba desde el neoclasicismo francés la sobriedad y determinación del Estado moderno, mientras que el eclecticismo, con la combinación de la influencia industrial, comunicaba arquitectónicamente con la metrópolis inglesa y la fase capitalista industrial. Esta periodización en Argentina (1880-1930) es coincidente además con las grandes corrientes inmigratorias procedentes de Europa.

Fotografía 4

La última imagen corresponde a una fotografía satelital en la que se puede captar la totalidad del territorio de la memoria. El frente fluvial asume un protagonismo no sólo por las dimensiones más importantes del ex campo de concentración, sino por la definición de un espacio que rompe con la clausura de la ex ESMA que aparece en la fotografía ocupando parcialmente el ángulo superior izquierdo, y por la integración que el Campo de deportes tiene con la franja costera del Río de la Plata, predio que en la fotografía aparece ubicado en la totalidad del cuadrante inferior derecho y un sector de la totalidad del margen superior. Todo ese espacio, que fue central en el aparato represor de los años 70, nunca fue estimado como parte del Ente interjuridiccional de la Ex ESMA. Se subraya en el predio la tonalidad verde y el hecho de que todos los lugares fueron preparados como espacio de esparcimiento. No obstante, a la austeridad del Campo de deportes en relación a las otras parcelas contiguas se le suma la zona del ensanchamiento del arroyo Medrano en la que se ha ganado en estas últimas décadas terreno al Río de la Plata. Obsérvese en detalle la coloración negra que emana del arroyo, producto de la contaminación que proviene del área urbana. Los terrenos están apostados sobre la calle Tambor del Tacuarí, que conduce hasta el acceso principal de la Ciudad de los niños. Si en la actualidad el proceso de avance de los límites entre costa y río se prolonga, significa que el proceso de sedimentación y acumulación nunca cesó[9]. Si se pretendiera fijar el límite fronterizo entre costa y río en tiempos en que funcionó el campo de concentración, seguramente se advertiría una línea de frontera distinta a la que se conoce hoy. El Campo de deportes de la Armada tiene en la actualidad aproximadamente 582 metros de ancho por 830 de largo y el arroyo Medrano presenta 520 metros de extensión desde la avenida Cantilo hasta su desembocadura final al Río de la Plata[10].

De hecho, el arroyo Medrano ingresa a la Ciudad Autónoma de Buenos Aires por un sistema entubado que recorre la Avenida General Paz, se extiende por la Avenida Ruiz Huidobro, continúa por Parque Sarmiento, cruza el Parque Saavedra hasta llegar a la Avenida Comodoro Rivadavia para desaguar en el Río de la Plata. Su desembocadura se ha extendido debido a la concreción de rellenos que avanzó a lo largo de todo el siglo XX con la instalación del Campo de Deportes.

[9] A través de la consulta del Instituto Geográfico Nacional y de especialistas en el campo de la geografía se puede constatar que el avance de los terrenos ganados al Río de la Plata desde el Campo de deportes de la Armada a través del rellenado con escombros más el proceso natural de sedimentación no tuvo en los últimos 40 años un avance importante. Las fotos satelitales y las fotografías aéreas permiten constatar, en efecto, que la silueta que hoy se observa del Campo de deportes es muy próxima a los tiempos en que allí funcionó el Centro de detención ilegal de personas.

[10] Tanto la imagen satelital como las mediciones realizadas fueron extraídas de www.googleearth.com

La posibilidad de explorar un recorrido diferencial de lo que fue la ESMA como centro clandestino de detención es sumamente necesaria por la especificidad que tuvo en tanto campo de concentración. La contigüidad de sus límites se integraron en dos sentidos al Río de la Plata, con el fin de garantizar el exterminio de personas: fue el depositario de los cuerpos vivos arrojados desde los aviones, y el río fue testigo de la quema de los

217

cuerpos en los terrenos ganados en esa frontera móvil del agua y la costa en la que hoy se ha vuelto tierra firme para la práctica deportiva. En ese terreno lindero con el río que conecta con el predio de la ex ESMA a través de las instantáneas visuales que llevaron desde la primera fotografía al contacto de la tierra con el agua, Rodolfo Scilingo describió el mecanismo de eliminación material de los cuerpos.

El territorio de la memoria en este trazo pone en un primer plano la línea divisoria que separa el Río de la Plata del terreno del Campo de deportes. Esa frontera que divide dos elementos naturales une los sectores que, en su conjunto, constituían el campo de exterminio ESMA. Es difícil articular la lógica de la productividad del centro de detención y desaparición de personas si no es en el vínculo necesario con el frente fluvial, de la misma manera que el emplazamiento ESMA fue la condición de posibilidad para que el Río de la Plata pueda, desde el imaginario social, conformar *la* imagen que sintetiza provisoriamente el acontecimiento inefable de las desapariciones.

Sin esta necesaria articulación del predio ESMA con el Río de la Plata no se puede representar la complejidad y singularidad del acontecimiento del genocidio del Estado nacional argentino durante el período 1976-1983. Observar esta complejidad implica señalar el *topos* de la memoria de un modo más denso –ya que la línea de la costa es el emplazado desde donde se cremaban los cuerpos y también la vista privilegiada desde donde se ve la amplitud del Río de la Plata cuyo punto de vista es el campo de exterminio–, más narrable –teniendo en cuenta los testimonios tanto de los referentes castrenses como de los testigos y víctimas que cuentan su experiencia de cautiverio en el marco, por ejemplo de la mega causa ESMA–, más tangible en lo que respecta al punto inexorable que representa el lugar desde donde se desaparecían los cuerpos. Ver esta estampa en la que se conjuga el crimen y la connivencia del Estado con la religión oficial grafica el escenario en que George Bataille (2003) representa al matadero en su nexo inevitable con la dimensión mítico/religiosa y la Ley.

[9]

Conclusiones

> Omnipotencia y omnipresencia: eso es lo que siempre se exige de la comunidad, o lo que se busca en ella: soberanía e intimidad, presencia a sí sin falla y sin afuera. Se desea el "espíritu" de un "pueblo" o el "alma" de una asamblea de fieles, se desea identidad de un sujeto o su propiedad.
>
> Jean-Luc Nancy, *La comunidad enfrentada* (2007)

> La relación entre estética y política […] es decir la manera en que las prácticas y las formas de la visibilidad del arte intervienen ellas mismas en el reparto de lo sensible y en su configuración de donde recortan espacios y tiempos.
>
> Jacques Rancière, *El malestar de la estética* (2011)

La primera hipótesis de esta investigación señala que en el período que se examina es factible percibir una alianza entre los personajes presentes en los discursos literarios y no literarios con el Río de la Plata capaz de articular, por primera vez en la historia literaria rioplatense, estética, política y representaciones que se modulan con el imaginario social e histórico del momento. Se ha verificado que los discursos estéticos permiten vislumbrar la tensión entre un orden estatal que procura, especialmente en la década de 1990, representar el período dictatorial en tanto clausura histórica, aunque los personajes implicados exteriorizan diversas incursiones, muchas veces críticas, hacia el pasado. Es especialmente elocuente la preponderancia del aislamiento e individualidad que imperaron en la década de 1990, y en contraposición a la necesidad de contacto intersubjetivo en los personajes y testimonios. Las formaciones estéticas explicitan estas crisis efectuando un movimiento en la relación adentro/fuera, individuo/sociedad. Y, en este encuadre, las prácticas del poder procuran ocultar los mecanismos que se construyen para la desarticulación intersubjetiva.

La dimensión política de esta investigación estuvo ceñida bajo la órbita de la categoría 'biopolítica'. La utilización de este término fue clave para el funcionamiento en que estuvo restringida a la inscripción del cuerpo como objetivo de control y exterminio. En particular, en lo que atañe a los llamados decretos de aniquilamiento y su proyección en la figura del desaparecido. No obstante, a lo largo de la investigación se pudo constatar que los alcances políticos abrían paso hacia una mirada de consideración hacia un otro, a partir del cual el sujeto se constituía.

En el capítulo a propósito del cruce del Río de la Plata se demostró una serie de procedimientos capaces de indicar la figura de un Estado expulsivo de aquellos actores que no se encuadran dentro del orden establecido. El cruce del río en *Kanaka* de Juan Duizeide está signado por la representación de la isla Martín García para distinguir, oblicuamente, la contracara de aquella emblemática propuesta geopolítica de Domingo Faustino Sarmiento. El personaje central y narrador de la novela vuelve a Buenos Aires y es la única novela que realiza un retorno del viaje a su punto de origen. En *Plata quemada* de Ricardo Piglia, *El Dock* de Matilde Sánchez y *Boomerang* de Elvio Gandolfo, el cruce del Río de la Plata está regido por la búsqueda de un lugar que descomprima la tensión política y persecutoria del lado occidental. La particularidad de *Aún* de Mariano Dupont radica en el hecho de que, precisamente, el viaje es interrumpido por la clausura del relato en que el narrador recuerda a su amigo mientras espera la lancha que lo llevará al otro lado del estuario con el fin de hallar la paz que no encuentra en las costas argentinas.

Carlos María Domínguez articula la idea del tópico del contrabando y el cruce clandestino como una forma de desaparición. El contrabando (etimológicamente: estar del otro bando) por su carácter de clandestinidad y recelo, connota a las personas y objetos en tránsito, un lugar de la no visibilidad e ilegalidad. Como síntesis, se pudo constatar que el tópico del cruce del Río de la Plata está marcado en todos los casos por una fuerza centrífuga del Estado nacional argentino en aquellos sujetos políticos que se apartan de las prerrogativas del orden. La desaparición tiene, entonces, dos valencias: por un lado, intercepta el comercio y el tránsito ilegal de mercancías por las aguas del Río de la Plata y, por otro, la figura preponderante de la biopolítica de los años 70: los desaparecidos.

En la reconstrucción efectuada por Lilia Ferreyra del cuento "Juan se iba por el río" se señala la indeterminación del viaje del protagonista del cuento desde la orilla occidental hacia el Uruguay. El autor del cuento, Rodolfo Walsh, deja al protagonista al azar de la contingencia ya que su destino es un viaje al que, deliberadamente, deja en suspenso. La paradoja se inscribe en la suerte de Rodolfo Walsh por cuanto por un lado dejó librada la fortuna del protagonista de su cuento y, por otro, la suya propia, al decidir quedarse del lado argentino para resistir la opresión militar hasta ser capturado por la dictadura a los pocos días de haber finalizado la escritura de su cuento.

En cuanto a la representación de los márgenes del Río de la Plata que separan los dos Estados se pudo verificar una marcada escisión como principio de separación entre ambas márgenes asociado a un criterio nacionalista. Se ha cotejado la imposibilidad que tienen los discursos estéticos y sociales de comendar una articulación entre ambas márgenes para consolidar un espacio que exceda la identificación uruguaya o argentina; la estimación de una comunidad rioplatense se encuentra por el momento obturada desde su fundación colonial por intereses económicos en el control del estuario y, tras los procesos de independencia, la prerrogativa nacionalista. Esta condición se impone por sobre un reconocimiento topográfico común en las dos orillas del Río de la Plata.

La segunda hipótesis se articula sobre la idea del Río de la Plata como espejo a partir del cual los personajes logran configurar un encuentro intersubjetivo con el espacio fluvial en el que la historia personal se ve franqueada de manera frontal o alegórica por los acontecimientos políticos del período. En efecto, se ha examinado en diversas obras –por ejemplo *El entenado* de Juan José Saer– cómo el acto de mirada en el río estuvo atravesado por la experiencia del hallazgo de cadáveres. Los cuerpos encontrados exhibían juventud, heridas, señales de torturas y constituían un enigma hacia quienes contemplaban la escena y no comprendían las causas de sus apariciones. Esas vistas captadas por los personajes incitaron la problematización de su tiempo y las circunstancias de sus vidas. Se ha verificado cómo en otras periodizaciones del sistema literario se producían actos de mirada que problematizaban la relación del sujeto con su tiempo pero sin la determinación biopolítica que se encuentra entre 1980 y 2007.

En la novela *Memorias del río inmóvil* de Cristina Feijóo se dimensiona la mayor crisis subjetiva de Rita Rivero al encontrar a orillas del Río de la Plata a su antiguo camarada político de los años 70, a quien creía muerto. Desde ese momento, su pasado y el presente lograron un movimiento de mutuo desvalijamiento en su interioridad. Floyt no sólo representa el pasado sino también una emanación del Río de la Plata que lo conmina a ver en las profundidades de sus aguas la historia que decidió sepultar. Esta potencia del espacio fluvial de interceptar el pasado histórico en el horizonte presente de la ficción no se ha podido encontrar en *La ciudad frente al río inmóvil* de Eduardo Mallea. Al contrastar las dos novelas se vuelve a demostrar la singularidad del período biopolítico en lo que respecta al protagonismo que el Río de la Plata tiene como espejo a partir del cual los personajes hacen visible, en tanto conciencia histórica, la reducción de la política al exterminio de lo diferente a las razones de Estado. El espanto también cubre la percepción de los sujetos de ficción en la novela *En el corazón de junio* de Luis Gusmán, ya que estos escuchan desde las aguas del río el lamento y los llantos procedentes de ese lugar. También emerge la escena decisiva de una bolsa en la que aparecen los ojos de una víctima instigando a su verdugo.

Se ha atendido particularmente la mirada detenida del narrador de *El río sin orillas* frente a las aguas del Plata, para poder encontrar, en tal caso, el estímulo necesario para escribir. No obstante, esta práctica no bastó para iniciar el proceso de escritura. Solo al final del tratado imaginario, Saer advierte la experiencia de una mujer entrando al río: le permite dimensionar un acontecimiento estético y sensorial, ya que todos sus sentidos absorben la comunión de un cuerpo ingresando en las aguas del río. Al mismo tiempo, se ha contrastado este acontecimiento sensorial y estético con el cuento "De noche, al lado del río" de Marcelo Cohen, ya que el espejo fluvial se vuelve opaco e inhóspito para los personajes que llevan cadáveres para ser arrojados al agua. El río adquiere una dimensión mortuoria y hostil hacia estos sujetos ficcionales que no toleran encontrar en esas aguas sus rostros.

Se ha mirado una escena decisiva tanto en *Memorias del río inmóvil* y *Villa* como *El vuelo*, aquella en la que interviene el recurso de la anagnórisis. La conciencia de los personajes de un tiempo presente que vuelve su mirada al pasado para resignificar una vida. Se demostró la connivencia de sujetos que transitan una doble temporalidad: estar en una comunidad presente y, al mismo tiempo, reconocer una diferencia sustancial por estar atravesados por la violencia del pasado, problematizando las certezas del momento. El binarismo de la década de 1970 –subversivos/poder estatal y su proyección en víctimas/victimarios– se hace presente para interrogar el *status quo*. Rita Rivero exterioriza singularmente el desencuentro y no reconocimiento. El Río de la Plata en *Memorias del río inmóvil* es el espacio que precipita el conflicto tiempo/subjetividad. En el desarrollo de la novela se halló otra secuencia de escenas que confiere mayor coherencia a esta dialéctica de la memoria, el espacio fluvial y el presente hasta culminar con la escena final en la que las miradas de Juan y Rita se encuentran en la imagen perdida de Floyt sumergido en la melancolía.

Se ha constatado que el vínculo ineludible entre la escritura y el yo del enunciado. En las publicaciones se explicita de diferentes modos el *leitmotiv* "ahora mientras escribo", indicando una forma de escritura como principio de inteligibilidad de la experiencia. Asimismo, se observó una puesta de manifiesto de los signos y las estrategias de mediación entre cada signo, el referente y el intérprete, especialmente en *Memorias del río inmóvil* y *Villa*.

La escritura y su vinculación con la historia, *El entenado* y *Memorias del río inmóvil,* revisan alrededor del género de la nueva novela histórica el examen de las condiciones subjetivas de producción de un relato del pasado atravesado por la memoria, el duelo y el lenguaje. En tanto, la confesión, género primario reconocido socialmente como acto de piedad y entrega, sostiene la singularidad de *Villa* y *El vuelo.* En *El entenado* se cotejó una descripción sensorial del río. Este rasgo es constituido por las imágenes olfativas enlazadas con un tiempo atávico, de formación y origen de lo humano. Estas impresiones de la experiencia, asociadas al origen y la mutabilidad, agregan un elemento decisivo a la crisis racionalista, al darse cuenta de que la razón, en el sentido moderno y colonizador del término, fungió más bien como obstáculo a la hora de comprender la alteridad en América.

En diálogo con la recuperación de escenas íntimas se indicó la singularidad de la novela *El entenado* y *El río sin orillas. Tratado imaginario* y *Memorias del río inmóvil.* En la escena en que el entenado nace junto al río luego del exterminio del contingente se revela una conciencia, tanto de soledad y proximidad con el lugar, como la certeza de haber transitado una experiencia común con la expedición en que fundaban un espacio. Al escribir las memorias, el protagonista aguarda en la habitación donde escribe su muerte al tiempo que hace comprensible un tiempo.

En *Memorias del río inmóvil* se destacó la presencia de escenas en las que los protagonistas atraviesan experiencias de intimidad. Estos momentos son especialmente significativos si se considera el proceso de subjetivación iniciado desde el primer encuentro entre Rita Rivero y Floyt. De hecho, la primera indicación que se señaló son los diálogos entre personajes, tal como se ha indicado en la escena final en que cada personaje se concentra en su interioridad.

La tercera hipótesis de la investigación formula que en la periodización propuesta se privilegia una representación del Río de la Plata en tanto lecho mortuorio. De hecho, se ha demostrado que en la bibliografía base se indica de manera directa o indirecta la existencia del Río de la Plata como lecho de muerte de aquellos desaparecidos de la última dictadura cívico-militar. La primera indicación a realizar es la constatación del lecho fluvial en cuanto escenario privilegiado de exterminio. Este dispositivo no aparece de un modo sistemático en la novela *Villa,* ya que el Río de la Plata no es visible a los ojos de la política del terror anterior a 1976, aunque el *topos* fluvial ya era estimado y utilizado de manera ocasional con esta función. De manera que el Río de la Plata presenta una identificación biopolítica en una datación relativamente precisa a la hora de representarlo como lecho de muerte que se circunscribe al período dictatorial comenzado en 1976. De hecho, la amenaza de que el Río de la Plata devuelva los cuerpos a la costa es el asunto tramado en los testimonios recopilados por Carlos María Domínguez y es además la advertencia que formulan los servicios secretos en *Villa*.

A lo largo de la investigación ha aparecido otra forma de abordar esta temática de los cuerpos en el Río de la Plata que se halla en los testimonios de arrojo de personas en *El vuelo* y en Carlos María Domínguez. En la confesión de Adolfo Scilingo se narran las condiciones materiales, técnicas, operativas y subjetivas de quienes intervinieron en la materialización tanto de las torturas como de la eliminación de los cuerpos. En *Escritos en el agua* de Carlos María Domínguez, el testimonio de muchos contrabandistas y ribereños es afectado por la llegada de los cuerpos envueltos o desnudos desde la orilla occidental del gran estuario. En *Memorias del río inmóvil* los cuerpos de los desaparecidos se sitúan como un fulgor, al igual que el personaje que logra salvarse y que hoy está interceptado por la melancolía. Se ha verificado que la aparente quietud de las aguas fluviales mece los cuerpos de los desaparecidos, y es el contraste efectuado entre la quietud de las aguas con el horror que se revela en su lecho lo que provoca la singularidad y exasperación de la trama en la novela de Feijóo. También es cierto que en el escenario urbano se desenvuelve otra historia, consecuencia del silencio forzado de lo que ocurrió en las aguas del Río de la Plata. La trama logra plegar en el continente lo oculto en el lecho platense. En la formulación y desarrollo de esta tercera hipótesis se consigna, además, la consideración de la dialéctica profanatoria alrededor del tópico de los cuerpos en el Río de la Plata. El relato de los desaparecidos, en general, y de los cuerpos arrojados a las aguas, en particular, evidencia la devolución de restos capaces de explicitar, paradójicamente, la exigencia de una restitución. La profanación se constituye por el ocultamiento de un cuerpo que es necesario disponer en el orden de lo sagrado. Al mismo tiempo se observó el imperativo de hallazgo del cuerpo, para que con la verdad de lo acontecido y la sepultura de sus restos sea ubicado en la dimensión *homo sacer* agambeana, en cuanto acepción sagrada de la condición humana.

En *Villa*, el escenario privilegiado para dar cuenta del proceso de *anagnórisis* es la sala de torturas y esta escena en el campo de concentración culmina con la confesión en el cementerio para hacer comprensible lo ocurrido. Adolfo Scilingo, en *El vuelo*, tiene una cita decisiva con la puesta al día de su conciencia y la culpa por el accionar del pasado y el frenesí de los sueños. La reiteración de la imagen del traspié en el avión precipita la confesión a su antiguo enemigo, Horacio Vertbitsky.

Un salto cualitativo en la investigación radica en el hecho de haber asociado a las hipótesis la categoría de lo siniestro en *Memorias del río inmóvil*, *Corazón de junio*, *Escritos en el agua* o *El vuelo*. Esta noción opera en la novela de Feijóo en tanto construcción metonímica, ya que desplaza desde una subjetividad puntual, la crisis de una nación impedida de articular el proceso de duelo y a la vez reponiendo, como es el caso del personaje Pinino, la escena del horror que supone el darse cuenta de su identidad de hijo de desaparecidos y de su madre adoptiva como cómplice de su condición de hijo expropiado.

Giorgio Agamben (2000 b) piensa la vida en tanto forma-de-vida y la intervención del poder para separar la *nuda vida* de la potencia vital. Toda comunidad se organiza, no como un espacio cerrado y definido *per se*, sino más bien en tanto potencial de comunidad. Y en la centralidad del Estado moderno se parte del supuesto ficcional de que el nacimiento de un sujeto es coincidente con el orden Estado nación. De manera que el principio de nacimiento y soberanía se corresponden en la modernidad con la equiparación del sujeto con el Estado. Al pretender hacer coincidir el nacimiento del sujeto con el nacimiento de la nación se impide la separación de ambos términos y se elimina la potencia vital y el deseo de felicidad característicos de la *nuda vida*, en beneficio del orden jurídico estatal. El excluido de este esquema es lógicamente el refugiado y el apátrida. El refugiado es inquietante para el Estado porque desnaturaliza la ligadura del nacimiento con nación y, al no disponer de los derechos ciudadanos, el refugiado se vuelve sagrado para el poder en el sentido romano arcaico —una de las acepciones del término *homo sacer*— de ser consagrado a la muerte.

La comunidad, para Giorgio Agamben, puede no suscribir la idea de identificación entre nación y nacimiento ni tampoco la convocatoria a un orden que intercepte una frontera material y simbólica única. En algún sentido, Agamben dialoga con la movilidad de las fronteras, la suscripción de colectivos identificados al margen de un orden atado a las prerrogativas del Estado. La idea de comunidad política sugerida por Agamben en la relación con los modos de organización jurídico/estatales —en particular la permeabilidad del adentro/afuera, el reconocimiento de una serie diversa de modos de subjetivación contenidos por el Estado— permite extrapolarlo a muchas de las características del arte contemporáneo, su desvinculación con las promesas utópicas y autonómicas modernas, y su intercepción con las formas de la comunidad venidera.

Se ha demostrado en las presentes páginas una serie de imágenes y escenas asociadas a una representación del Río de la Plata como lecho mortuorio. En todos los casos trabajados es perceptible una constante: los personajes se encuentran atravesados por la soledad y la conciencia de un momento político basado en el exterminio. En los enunciados ficcionales y no ficcionales que rememoran lo acontecido en términos biopolíticos se explicitan el deseo de un encuentro intersubjetivo con otros que permita constituir lo que Jean-Luc Nancy precisa como "la comunidad venidera" (2006: 33).

Por último, en el título de este libro se figura una imagen que remite, *prima facie*, a una inscripción negativa de la biopolítica en lo que respecta a la eliminación de cuerpos políticos y aquellos modos de subjetivación alrededor del impacto producido por tales acontecimientos. Esta apuesta estética en la nominación se debe a que se ha advertido la particular representación del estuario regida por un sema protagónico –desaparecidos–, que le confiere un valor particularmente disímil de aquellos ya ponderados en la historia cultural de los márgenes del estuario del Plata. Ahora bien, lo que interesa es advertir además que esa figuración del *topos*, como consecuencia de la intervención del biopoder, vuelve esa imagen la metonimia de una máquina de eliminación, inserta en un territorio y prescripta en tanto plan sistemático de desaparición de personas.

Tal maquinaria criminal tiene en su constitución una falla decisiva que la vuelve defectiva. En efecto, es la *vida* la que se despliega en una serie de pulsiones no necesariamente conectadas a la manera del logos, sistemático y arbóreo. La vida irrumpe infectando la maquinaria de exterminio y logra, con la mediación de la ficción, un horizonte en el que la muerte da paso a nuevas significaciones a través de la dimensión alegórica y realista, los encuentros intersubjetivos de personajes, el género de la confesión, el movimiento dialéctico de la profanación y la consagración en el tráfico humano y de mercancías a través de las orillas.

Esta dimensión positiva que surge en la representación biopolítica del Río de la Plata trata más bien de pulsos, flujos y derivas en que las consecuencias trágicas del aparato de eliminación son regurgitadas a la costa en tanto gesto de interpelación y, por qué no, de una búsqueda a partir de la cual esa misma vida elidida procura desplegarse. Entonces, el río como lecho mortuorio adquiere así diversas formas y procedimientos en el orden del discurso capaces de recuperar voces que no solo problematizan la mera representación de la muerte sino, y aquí se juega su dimensión proteica, apartarse de discursos y proclamas ya valorados socialmente. Por ejemplo se retacea la apuesta por una justicia liberal y formal procedente del mismo Estado que generó las condiciones intelectuales y materiales del plan de exterminio, o se interpela la delimitación de fronteras entre los países intervinientes ya que tales líneas imaginarias escinden todo intento de unión colectiva entre los márgenes del río, o se observan los costos humanos y ambientales al ponderar el territorio del río en tanto mercancía y potencial de saqueo.

En suma, se reponen enunciados en un intento de sobreponer los efectos de la violencia infringida, se explicita la puesta en relato de voces quebradas por el trauma dejándolas oír y explicitando el largo trabajo de volverse audibles en un proceso en el que adviene su propia comprensión del tiempo. O más aún, captar el vínculo sensible de un personaje mirando a otro que ingresa a la orilla y, en ese gesto poético, rescribir la representación del río en una clave no tánica sino erótica desde la sensibilidad del contacto. Así, en el significante *lecho mortuorio* está inscripta la huella embrionaria de la vida en cuyo contenido irradia el horizonte del porvenir. Sus contornos y puntos de fuga arrastran hacia sí una silueta venidera con la memoria trágica, genérica, tonal, amorosa y colectiva de su historia cultual.

Bibliografía y fuentes

Fuentes primarias:

Cohen, Marcelo. 1981 [1981]. "De noche, al lado del agua", *El instrumento más caro del mundo*, Barcelona: Montesinos, 90-101.

Domínguez, Carlos María. 2002 [2002]. *Escritos en el agua. Aventuras, personajes y misterios de Colonia y el Río de la Plata*, Montevideo: Ediciones de la Banda Oriental.

Domínguez, Carlos María. 2007 [2007]. *Las puertas de la tierra. La escena de acero de los puertos y los marinos uruguayos*, Montevideo: Banda Oriental.

Duizeide, Juan Bautista. 2004 [2004]. *Kanaka*, Buenos Aires: Alfaguara.

Dupont, Mariano. 2003 [2003]. *Aún*, Buenos Aires: Emecé.

Feijóo, Cristina. 2001 [2001]. *Memorias del río inmóvil*, Buenos Aires: Alfaguara.

Ferreira, Lilia. 2006. "Dos lectores", Página 12, 9 de enero, 75.

Gandolfo, Elvio. 1993 [1993]. *Boomerang*. Buenos Aires: Planeta.

Gelman, Juan. 2012 [2001]. "País", *Poesía reunida Tomo II (1982-2010)*, Buenos Aires: Seix Barral, 400.

Gusmán, Luis. 1983 [1983]. *En el corazón de Junio*, Buenos Aires: Norma.

Gusmán, Luis. 2006 [1995]. *Villa*, Buenos Aires: Edhasa.

Piglia, Ricardo. 1997 [1997]. *Plata quemada*, Buenos Aires. Planeta.

Saer, Juan José. 1994 [1980]. *Nadie nada nunca*, Buenos Aires: Seix Barral.

Saer, Juan José. 1995 [1983]. *El entenado*, Buenos Aires: Seix Barral.

Saer, Juan José. 1994 [1991]. *El río sin orillas. Tratado imaginario*, Buenos Aires: Alianza.

Sánchez, Matilde. 1993 [1993]. *El Dock*, Buenos Aires: Seix Barral.

Vertbitsky, Horacio. 2006 [1995]. *El vuelo*, Buenos Aires: Sudamericana.

Fuentes secundarias:

AA.VV. 2000 [2000]. *La sombra en el agua. Autores uruguayos varios*, Montevideo: La Gotera.

Borges, Jorge Luis. 1986 [1929]. "Fundación mítica de Buenos Aires", *Cuaderno San Martín*, Buenos Aires: Emecé, 33-34.

Campodónico, Miguel Ángel. 1980 [1980]. "De donde se ahogó la locura", *Donde llegue el Río Pardo*, Montevideo: Ediciones AB, 66-73.

Celan, Paul. 2005 [1948]. "Fugue de la mort", *Le sable des urnes*, Vienne, 45-49.

Conti, Haroldo. 1995 [1966]. *Alrededor de la jaula*, Buenos Aires: Emecé.

Conti, Haroldo. 1997 [1962]. *Sudeste*, Buenos Aires: La Nación.

Conti, Haroldo. 1996 [1975]. "Memoria y celebración", *La balada del álamo Carolina*, Buenos Aires: Emecé, 70-76.

Conti, Haroldo. 2008 [1967]. *Con otra gente*, Buenos Aires: Biblioteca Básica Argentina.

Copi. 2010 [1973]. "El uruguayo" y "Río de la Plata", *Obras, tomo I*, Buenos Aires: Anagrama, 339-364.

Domínguez, Carlos María. 1997 [1997]. *El bastardo*, Buenos Aires: Alfaguara.

Gelman, Juan. 1995 [1995]. "Carta a mi nieto", *HIJOS*, número 1, 85.

Gelman, Juan. 2012 [2000]. "El río", *Poesía reunida Tomo II 1982-2010*, Buenos Aires: Seix-Barral, 295.

Mallea, Eduardo. 1936 [1936]. *La ciudad frente al río inmóvil*, Buenos Aires: Sur.

Mitre, Bartolomé. 1939 [1939]. "Bosquejo del Río de la Plata a finales del siglo XVIII", *Ensayos argentinos*, Buenos Aires: Archivo del Congreso de la Nación Argentina, 57-81.

Morosoli, Juan José. 2006 [1962]. "El viaje hacia el mar", *El viaje hacia el mar*, Montevideo: Ediciones Veinte, 52-62.

Ocampo, Victoria. 1999 [1930]. "Quiromancia de la pampa", *Testimonios*, Buenos Aires: Sudamericana, 27-36.

Onetti, Juan Carlos. 2010 [1950]. *La vida breve*, Buenos Aires: Díada.

Onetti, Juan Carlos. 2010 [1961]. *El astillero*, Buenos Aires: Díada.

Onetti, Juan Carlos. 2010 [1964]. *Juntacadáveres*, Montevideo: Díada.

Paternain, Alejandro. 1990 [1990]. *La batalla del Río de la Lata*, Montevideo: Ediciones Banda Oriental.

Perlonguer, Néstor. 1987 [1980]. *Cadáveres*, Buenos Aires: Último reino.

Saer, Juan José. 1999 [1999]. "Tradición y cambio en el Río de la Plata", *La narración objeto*. Buenos Aires: Seix Barral, 95-112.

Sarmiento, Domingo Faustino. 1997 [1850]. *Argirópolis*, Buenos Aires: Mercosur cultural.

Walsh, Rodolfo. 2008. "Carta abierta de Rodolfo Walsh a la junta militar" [1977], "Claroscuro del río" [1969] y "Magos del agua dulce" [1967], *El violento oficio de escribir. Obras periodísticas (1953-1977)*, Buenos Aires: Ediciones de la Flor, 272-298.

Bibliografía crítica

Barcia, Roque. 1980 [1980]. *Diccionario de sinónimos y antónimos*, Buenos Aires: Sopena.

Brando, Oscar. 2015 [2015]. *La escritura de Juan José Saer*, Buenos Aires: Corregidor.

Corominas, Joan. 2008 [1954]. *Breve diccionario etimológico de la lengua castellana*. 4ª edición, Madrid: Editorial Gredos.

Gramuglio, María Teresa. 1986 [1986]. *Juan José Saer por Juan José Saer*, "El lugar de Saer". Buenos Aires: Celtia, 95-104.

Midart, Jean Paul. 2012 [2012]. *Diccionario Akal de arquitectura del siglo XX*, Madrid: Akal.

Pignoli, Giorgio (y otros). 2003 [2000]. *Diccionario de estética*, Buenos Aires: Estroboscopia.

Real Academia Española. [1780]. *Diccionario de la lengua española*, Madrid: RAE.

Rest, Jaime. 1982 [1982]. "Sarmiento y la comprensión de la realidad" y "Martínez Estrada y la comprensión ontológico", *El cuarto en el recoveco*, Buenos Aires: Capítulo, 18-54.

Sarlo, Beatriz. 2007 [2007]. *Escritos sobre literatura argentina*, Buenos Aires: Siglo XXI.

Vertbitsky, Horacio. 2010 [2012]. *La última dictadura (1976-1983). La mano izquierda de Dios*, Buenos Aires: Sudamericana.

Bibliografía específica

Agamben, Giorgio. 2000 a [2000]. *Lo que queda de Auschwitch*, Valencia: Pre-textos.

Agamben, Giorgio. 2000b [1998]. *Homo sacer. El poder soberano y la nuda vida*, Valencia: Pre-textos.

Agamben, Giorgio. 2005 [2005]. *Profanaciones*, Barcelona: Anagrama.

Agamben, Giorgio. 2007 [2007]. *L´ amico*, Roma: Nottetempo.

Agamben, Giorgio. 2015 [2013]. *Pilato y Jesús*, Buenos Aires: Adriana Hidalgo.

Amar Sánchez, Ana María. 1992 [1992]. *El relato de los hechos. Rodolfo Walsh: testimonio y escritura*, Rosario: Beatriz Viterbo.

Arendt, Hannah.1970 [1970]. *Sobre la violencia*, Madrid: Alianza.

Arendt, Hannah. 1997 [1993]. ¿Qué es la política?, Barcelona: Paidós.

Bajtín, Mijail. 1989 [1979]. *Problemas de los géneros discursivos*, México: Siglo XXI.

Barthes, Roland. 1996 [1984]. *El susurro del lenguaje*, Barcelona: Paidós.

Barthes, Roland. 2002 [1984]. "La muerte del autor", *El susurro del lenguaje. Más allá de la palabra y la escritura*, Paidós: Buenos Aires.

Barthes, Roland.2003 [1964]. *Ensayos críticos*, Buenos Aires: Seix Barral.

Barthes, Roland.2011 [1980]. *La cámara lúcida. Nota sobre la fotografía*, Buenos Aires: Paidós.

Benjamin, Walter. 1989 [1936]. *Discursos interrumpidos I*, Buenos Aires: Taurus.

Benjamin, Walter. 1999 [1920]. *El origen del drama barroco alemán*, Madrid: Taurus.

Benjamin, Walter. [1921]. *El capitalismo como religión* disponible en http://catigaras.blogspot.com/2008/05/el-capitalismo-como-religin-walter.html

Benjamin, Walter. 2000 [1959]. *Tesis de filosofía de la historia*, Buenos Aires: Taurus.

Benjamin, Walter. 2002 [1936]. *El narrador. Consideraciones sobre la obra de Nicolai Leskov*, Buenos Aires: Taurus.

Benjamin, Walter. 2005 [2005]. *Parque central*, Santiago de Chile: Metales preciosos.

Butler, Judith. 2006 [2004]. *Vida precaria. El poder del duelo y la violencia*, Paidós: Buenos Aires.

Calveiro, Pilar. 2008 [1998]. *Poder y desaparición. Los campos de concentración en Argentina*, Buenos Aires: Colihüe.

Crenzel, Emilio. 2008 [2008]. *Historia política del Nunca más. La memoria de las desapariciones en la Argentina*, Buenos Aires: Siglo XXI.

Crespi, Irene y Jorge Ferrario. 1999 [1999]. *Léxico técnico de las artes plásticas*, Buenos Aires: Eudeba.

Deleuze, Gilles. 2008 [1988]. *El pliegue. Leibniz y el barroco*, Buenos Aires: Paidós.

Deleuze, Gilles. 2008 [1993]. *Crítica y clínica*, Barcelona: Anagrama.

Derrida, Jacques. 1966 [1967]. *La escritura y la diferencia*, Barcelona: Anthropos.

Derrida, Jacques. 2000 [1967]. *De la gramatología*, Buenos Aires: Siglo XXI.

Didi-Huberman, Georges. 2004 [2004]. *Imágenes pese a todo. Memoria visual del Holocausto*, Buenos Aires: Paidós.

Didi-Huberman, Georges. 2006 [1967]. *Lo que vemos, lo que nos mira*, Buenos Aires: Manantial.

Didi-Huberman, Georges. 2011 [2000]. *Ante el tiempo. Historia del arte y anacronismo de las imágenes*, Buenos Aires: Adriana Hidalgo.

Duhalde, Eduardo Luis. 1999 [1999]. *El Estado terrorista argentino. Quince años después, una mirada crítica*, Buenos Aires: Eudeba.

Eagleton, Terry. 2008 [2005]. "Invitación a una orgía" y "Los muertos vivientes". *Terror santo*, Barcelona: Debate, 13-84.

Fletcher, Angus. 2002 [1964]. *Alegoría. Teoría de un modo simbólico*, Madrid: Akal.

Font, Enrique (comp.). 2000 [2000]. *Orden o justicia. El falso dilema de los intolerantes*, Rosario: Juris.

Foucault, Michel.1993 [1966]. *El pensamiento del afuera*, Valencia: Pretextos.

Foucault, Michel. 1994 [1966]. *La microfísica del poder*, Valencia: Pretextos.

Foucault, Michel.1995 [1982]. *¿Qué es un autor?*, Rosario: UNR.

Foucault, Michel.1999 [1970]. *El lenguaje al infinito*, Barcelona: Ediciones Dianas.

Foucault, Michel.2006 [2006]. "Gubernamentalidad", Gabriel Giorgi y Fermín Rodríguez (comp.). *Ensayos de biopolítica. Excesos de vida*, Buenos Aires: Paidós, 187-215.

Foucault, Michel.2008 [2004]. *Seguridad, territorio, población*, Madrid: Akal.

Foucault, Michel.2009 [2004]. *Nacimiento de la biopolítica*, Madrid: Akal.

Fourez, Gérard. 1991 [1991]. *Los siete sacramentos*, Barcelona: Ediciones Mensajero.

Freud, Sigmund. 1985 [1925]. "Inhibición, síntoma y angustia", *Obras Completas*, tomo XX, Buenos Aires: Amorrortu editores, 29-45.

Freud, Sigmund. 1999 [1919]. "Lo siniestro", *Obras completas*, Buenos Aires: Amorrortu, 111-121.

Giorgi, Gabriel y Fermín Rodríguez. 2006 [2006]. *Ensayos de biopolítica. Excesos de vida*, Buenos Aires: Paidós.

Guattari, Félix. 2006 [2005]. *Micropolítica: mapas del deseo*, Madrid: Traficante de sueños.

Lazzarato, Maurizio. 2006 [2009]. *Políticas del acontecimiento*, Buenos Aires: Tinta Limón.

Lazzarato, Maurizio. 2013 [2011]. *La fábrica del hombre endeudado. Ensayo sobre la condición neoliberal*, Buenos Aires: Amorrortu.

Ludmer, Josefina. 2000 [1988].*El género gauchesco. Un tratado sobre la patria*, Buenos Aires: Sudamericana.

Nancy, Jean-Luc. 2007 [1983]. *La comunidad enfrentada*, Buenos Aires: La Cabra.

Ranciere, Jacques. 2008 [1996]. *El desacuerdo*, Buenos Aires: La cabra.

Ranciere, Jacques. 2011[2004]. *El malestar de la estética*, Buenos Aires: Capital Intelectual.

Reato, Ceferino. 2016 [2016]. *Disposición final. La Dictadura por dentro y la confesión de Videla sobre los desaparecidos*, Buenos Aires: Sudamericana.

Ricoeur, Paul. 1990 [1990]. *Historia y verdad*, Madrid: Cristiandad.

Robin, Marie Monique. 2014 [2004]. *Escuadrones de la muerte. La escuela francesa*, La Plata: De la campana.

Rorty. Richard. 1991 [1989]. *Contingencia, ironía y solidaridad*, Barcelona: Paidós.

Silva Catela, Ludmila da. 2014 [2004]. *No habrá flores en la tumba del pasado. La experiencia de reconstrucción del mundo de los familiares de desaparecidos*, La Plata: Del Pasaje.

Schmucler, Héctor. 2004. "La memoria y los usos políticos del miedo", *Oficios terrestres*, números 15, Buenos Aires: UBA.

Vertbitsky, Horacio. 2010 [2010]. *La mano izquierda de Dios. La última dictadura (1976-1983)*, Buenos Aires: Sudamericana.

Zagrebelsky, Gustavo y Carlos María Martini. 2000 [2000]. *La exigencia de justicia*, Madrid: Trotta.

Reglamentaciones específicas y otras fuentes

AA.VV. 1968. "RC5-1. Reglamento de acción psicológica del Ejército Argentino", Buenos Aires: Ejército Argentino.

AA.VV. 1973. *Tratado del Río de la Plata y su frente marítimo*, Buenos Aires: Poder Ejecutivo Nacional.

AA.VV. 1973. *Tratado del Río Uruguay*, Buenos Aires: Poder Ejecutivo Nacional.

AA.VV. 1975. "Decretos de Aniquilamiento" (2770 / 75, 2771 / 75 y 2772 / 75), Buenos Aires: Poder Ejecutivo Nacional.

AA.VV. 1976. "Plan del Ejército", Buenos Aires: Poder Ejecutivo Nacional.

AA.VV. 1977. "RC9-1. Reglamento contra elementos subversivos", Buenos Aires: Ejército Argentino.

AA.VV. 1983[1983]. *Nunca más*, Buenos Aires: Eudeba.

AA.VV. 1983. *Decreto 187 / 83 del Poder Ejecutivo Nacional*, Buenos Aires: PEN.

AA.VV. 1984. Alegato del fiscal Julio Strassera Causa 13 / 84 de la Cámara Nacional de Apelaciones en lo criminal y correccional federal de la Capital Federal, Argentina.

AA.VV. 1995. *Constitución Nacional*, Buenos Aires: Congreso de la Nación Argentina.

AA.VV. 2014. *Boletín oficial de la República Argentina*. Número 32900 del 6 de junio de 2014.

Documentales y testimonios

P4R+Operación Walsh. 2000. Documental producido por Gustavo Gordillo y por el Laboratorio de Medios de la Facultad de Ciencias Sociales de la Universidad Nacional de Lomas de Zamora.

Declaraciones de Lilia Ferreyra con motivo de la inauguración de los paneles que reproducen la "Carta a la Junta militar". Espacio para la memoria y los derechos humanos. Disponible en https://www.youtube.com/watch?v=ytUKhg3tro4

Entrevista a Lilia Ferreyra, programa *Somos memoria* de canal Encuentro difundido el 1° de noviembre de 2014. Realizado por Gabriel Villazán y co producido por el Centro cultural de la memoria Haroldo Conti.

Ferraro, León. 1965. "La respuesta de un artista" en revista *Propósito*, número 106: Buenos Aires.

Ferrari, León. 2010. http://www.leonferrari.com.ar

Entrevistas y artículos

Jastreblansky, Maia. 2010. "La historia desconocida de Rodolfo Walsh que reveló la causa ESMA" en diario *La Nación* en la edición del día 23 de abril de 2010.

Llorens, Elizabeth y VELAZCO FERNÁNDEZ, Carlos. 2007. "Entrevista a Lilia Ferreyra", 16 de febrero de 2007 para el sitio www.rebelion.org,

Molina, Daniel. 2001. "Secretos de una familia muy normal", Ñ, 14 de octubre de 2001.

Entrevista a Adolfo Scilingo. *El país*, edición del 24 de junio de 2005.

Filmes

"El viaje hacia el mar". Producción argentino-uruguaya estrenada en 2003 y dirigido por Guillermo Casanova. El guión estuvo a cargo de Guillermo Casanova y Julia Ceres Castro y estuvo basado en el cuento homónimo de Juan José Morosoli. Los actores: Hugo Arana, Julio César Castro; Julio Calcagno, Diego Delgrossi, Héctor Guido y César Troncoso; fotografía: Bárbara Álvarez; edición: Sergio Svissky; música; Jaime Ross.

Las aguas bajan turbias. Dirigida y producida por Hugo del Carril y estrenada en el año 1952. Basada en la novela *El río oscuro* (1943) de Alfredo Varela. El guión fue realizado por Alfredo Varela y Eduardo Borrás. Los protagonistas de la película fueron: Hugo del Carril, Adriana Beretti, Raúl del Valle y Gloria Fernández. La distribución estuvo a cargo de la compañía Hugo del Carril SRL.

Obra pictórica

Ferrari, León. 1965. *Civilización occidental y cristiana*, escultura.

Impreso por TREINTADIEZ S.A. en 2020
Pringles 521 (C1183 AEI)
Ciudad Autónoma de Buenos Aires
Teléfonos: 4864-3297 / 4862-6794
editorial@treintadiez.com

236

www.ingramcontent.com/pod-product-compliance
Lightning Source LLC
Chambersburg PA
CBHW060041260726
48658CB00004B/1133